# Experiência Elementar em Psicologia

Miguel Mahfoud

# Experiência Elementar em Psicologia

## Aprendendo a reconhecer

Artesã

Experiência elementar em psicologia: aprendendo a reconhecer



DIRETOR
Alcebino Santana

COORDENAÇÃO EDITORIAL
Michelle Guimarães El Aouar

DIREÇÃO DE ARTE
Tiago Rabello

REVISÃO
Mariana Alves Santiago

CAPA
Karol Oliveira

DIAGRAMAÇÃO
Deborah Célia Xavier

---

M214 Mahfoud, Miguel.
Experiência elementar em psicologia : aprendendo a reconhecer / Miguel Mahfoud. – 2. ed. – Belo Horizonte : Artesã, 2022.
246 p. ; 21 cm.
ISBN: 978-85-7074-061-8

1. Psicologia. 2. Alteridade. 3. Fenomenologia. 4. Liberdade. I. Título.

CDU 159.9

---

Catalogação: Aline M. Sima CRB-6/2645

IMPRESSO NO BRASIL
*Printed in Brazil*

(31)2511-2040 (31)99403-2227
**www.artesaeditora.com.br**
Rua Rio Pomba 455, Carlos Prates - Cep: 30720-290 | Belo Horizonte - MG
/artesaeditora

A Luigi Giussani

# SUMÁRIO

## CAPÍTULO II



## CAPÍTULO III



## CAPÍTULO IV

## CAPÍTULO V



## CAPÍTULO VI



## À GUISA DE CONCLUSÃO



## REFERÊNCIAS

## PREFÁCIO

# PARA ALÉM DO SENTIMENTO

Em Fenomenologia, resenhas e resumos são traiçoeiros: se eu pudesse dizer este livro em uma página, o livro seria desnecessário. Não tendo essa pretensão, só posso comentar como está sendo para mim acompanhar os movimentos intelectual e experiencial contidos nesta obra, *Experiência elementar em psicologia: aprendendo a reconhecer*.

Lendo algo de Luigi Giussani, lendo os textos de Miguel Mahfoud, ouvindo-o em suas palestras e aulas, algumas coisas me tocaram fortemente. É isso que quero compartilhar agora.

A questão da experiência elementar, esse movimento e essa reflexão que está sendo proposta nesta obra, me tocou principalmente de duas maneiras: uma mais prática e uma mais teórica.

De uma maneira prática, essas ideias e propostas me fizeram pensar que como psicólogo – e não apenas como psicólogo, porque às vezes me sinto apertado dentro dessa categoria – não posso ficar limitado ao sentimento, tenho de ir além.

Do ponto de vista teórico, o que significa ir além do sentimento? O tipo de Psicologia que pratico ao atender pessoas consiste basicamente em estar atento aos sentimentos. Então, ter visto com um pouco mais de clareza que não basta estar atento aos sentimentos e que é preciso ir além dos sentimentos, mexeu comigo e ao mesmo tempo correspondeu a uma aspiração muito grande.

De fato, em português a palavra "sentimento" é perigosa, porque seu significado se bifurca: sensação e sentimento vêm do mesmo radical "*sens*" (e a elas podemos acrescentar ainda a palavra "sentido", que comunga da mesma raiz). É a dificuldade encontrada por Gendlin para explicar o que vem a ser sentimento, porque em inglês há uma complicação semelhante quanto as palavras "*feeling*" e "*sense*". Em português, o adjetivo que se refere ao sujeito que sente é "senciente", mas como sujeito da sensação, não como sujeito do sentimento. Não temos palavra que designe o sujeito do sentimento. Buscando a etimologia da palavra, há algum tempo, verifiquei que a origem de "sentimento" não é segura, ninguém sabe se veio de línguas pouco faladas ou de onde teria vindo, mas a raiz "*sens*" tem a ver com "caminho".

Explicito isso porque no plano da psicoterapia, do atendimento psicológico, permanecer ao nível dos sentimentos é um pouco permanecer ao nível da emoção, da comoção. Gendlin aponta que o sentimento não é exatamente emoção por não se tratar de estardalhaço; é algo muito mais discreto. E, na verdade, ele estava procurando o quê? Então vamos falar claramente: é preciso ir além do sentimento.

Às vezes é preciso ir até mesmo contra o sentimento para descobrir algo que se revela por baixo dele. Identifico que esteja relacionado com ética, com senso de valor – e não com valor declarado, mas valor sentido e experienciado, nem sempre claramente consciente. É uma das características desta obra de Miguel Mahfoud e de Luigi Giussani.

Deixo alguns exemplos aqui:

Um jovem tem duas namoradas e me diz que elas representam satisfações diferentes: uma representa o tradicional, a família e, a outra, a aventura, a maluquice de que todos nós precisamos. Só que uma não sabia da outra e ele não estava bem com isso. Então, o problema dele não é qual das duas escolher, mas não estar bem com essa situação. O que fazer com esse "não estar bem"? A questão está muito além do sentimento meramente aparente; tem a ver com "tem algo de errado aí, tem algo que eu não consigo admitir". Tem a ver com "exigência" – termo que Giussani usa e que aparece muito neste livro. Experiência elementar remete a exigência, muito mais do que a sentimento. Minha tarefa de acompanhante psicológico daquele rapaz não seria a de ajudá-lo a avaliar com qual das duas namoradas ficar, mas ajudá-lo a permanecer diante do incômodo que ele está sentindo, porque tudo na vida leva a fechar os olhos para esse tipo de incômodo: as novelas e a televisão nos levam a fechar os olhos desconsiderando-o completamente. Martin Buber também falava isto: o sentimento decorre da experiência ou a acompanha, mas não é a experiência. Considero isso uma preciosidade muito grande.

Outro exemplo se refere a uma mulher cuja filha foi estuprada: a filha sofreu muito, ela também sofreu horrivelmente e se dedicou intensamente à busca do estuprador; tendo encontrado, conseguiu pô-lo na cadeia e queria até matá-lo. Então, nesse caso não se trata somente de "como vou lidar com esse ódio que está me corroendo", mas sobretudo de reconhecer o sentimento de que aquilo que aconteceu clama por justiça. A questão não é diminuir o ódio, mas trata-se de "isso não pode ficar assim", "um desrespeito muito grande aconteceu". Então, por trás do ódio ou da raiva, que seriam os sentimentos, ou por trás da vontade de matar, que seria o desejo, existe um senso de justiça que está sendo desconsiderado. Têm coisas que não podem ficar assim e a isso eu chamo de senso ético.

Do ponto de vista teórico – escrevi sobre isso já há algum tempo –, a característica principal das coisas do nosso mundo é o movimento. E também no ser humano: nossa característica principal são nossos movimentos. Mas se você considerar como simples movimentos tudo o que faz, estará perdendo muita coisa. Então, eu daria nomes diferentes. Num determinado nível de consideração você pode chamar de *movimento*, no nível um pouco mais complexo, você pode chamar o movimento de *comportamento*, e em um nível ainda mais complexo, você chama o movimento de *ação*: Mover-se, comportar-se e agir. Se você buscar compreender certas ações somente enquanto *movimento*, você não dá conta. E digo mais. Se você for compreender somente enquanto *comportamento*, também não. Você tem de compreender o movimento especificamente como *ação*.

Compreender um movimento significaria conseguir explicá-lo, por exemplo, detectando os mecanismos musculares envolvidos. Agora, pense em um movimento de apertar um botão na hora de votar na câmara indevassável das eleições: tem uma maquininha eletrônica lá e você aperta um botão. Exercer o ato de apertar um botão se explica pela contração do músculo de seu braço? Desse modo você não explicaria sua tomada de posição como cidadão, faltaria muito. Então, considerar o ato de apertar o botão, agora como comportamento, já seria bem mais complexo. O ato em questão não se explica em função de fisiologia ou em função de músculos envolvidos; o comportamento se explica como resposta a estímulos, por exemplo. De forma muito imediata se poderia dizer: eu vejo o artefato eletrônico na minha frente e discrimino o botão em função de uma lista de nomes e apertar o botão de número 3 é questão de discriminação. Assim eu teria explicado meu posicionamento político de cidadão? Não, ainda não. A mera Psicologia não explica isso. Reduzir um posicionamento político de cidadão a uma questão de discriminação de estímulos, a meu ver, é muito pouco: seria preciso ampliar nosso olhar. Então, tudo isso fica muito mais fácil de ser abordado se você olhar o ato de apertar o botão não como simples movimento e nem mesmo como um simples comportamento, mas se você o olhar como uma *ação*, como um agir.

O movimento se explica pelos músculos, o comportamento se explica pelos estímulos, o agir se explica pelo quê? O que mirar quando olho um movimento humano enquanto agir? O valor. Não o valor declarado – que é uma mentira que arrumo para mim mesmo – mas o valor sentido, o valor espontâneo, o senso do valor.

Então, compreender as ações humanas de uma forma mais completa implica chegar no nível dos valores, que está além do nível dos estímulos. Creio que isso amplie bastante a questão. Em um acompanhamento psicológico não posso ficar só no emocional, eu preciso – junto com a pessoa – ir além do emocional e tocar no campo experiencial do valor.

Então, as considerações de Miguel Mahfoud presentes em *Experiência elementar em psicologia: aprendendo a reconhecer* me fazem pensar em tudo isso e também me levam a considerar que, em nossa profissão de psicólogos, carecemos de um instrumental teórico que dê apoio a uma atuação que ao menos respeite a importância da original experiência do valor: o mundo das exigências e evidências. Isso tem um paralelo na história da filosofia que é muito rico de ser explorado. Nesse sentido, as reflexões deste livro me parecem não só muito importantes, como também oportunas.

Deixo aqui esses comentários como minha contribuição a essa construção coletiva que está acontecendo, dando parabéns a Miguel Mahfoud e a seus colaboradores.

**Mauro Martins Amatuzzi**

*Professor aposentado pela Universidade de São Paulo*

## APRESENTAÇÃO

# NECESSIDADES MOVEM O MERCADO, EXIGÊNCIAS ORIGINAIS MOVEM A PESSOA E A HISTÓRIA

Sinto-me sobremaneira honrado por apresentar este livro de Miguel Mahfoud, sobre experiência elementar, por diversas razões que espero conseguir alinhavar em seguida, superando o tumultuoso aflorar de razões, cada uma das quais parece reclamar seu espaço prioritário.

A categoria da experiência elementar é de uma fecundidade extraordinária. Ela projeta focos de luz em uma multiplicidade de problemas muito relevantes no ambiente intelectual, como nos informa Mahfoud ao citar intelectuais de diferentes áreas do saber, os quais, na Europa e na América, a utilizam pondo em evidência seu poder heurístico.

Essa categoria foi elaborada por Luigi Giussani no livro *O senso religioso*[1] e retomada na maior parte de suas obras; no entanto, somente nestes últimos anos, passou a ser estudada com a finalidade de extrair toda a riqueza existente no âmbito de diversas ciências.

O presente estudo de Mahfoud é fruto de anos de ensino e pesquisa no Programa de Pós-Graduação em Psicologia da Uni-

1 GIUSSANI, Luigi. *O senso religioso*. Tradução de Paulo Afonso E. de Oliveira. Jundiaí - SP: Paco, 2017. 244 p.

versidade Federal de Minas Gerais, conduzidos com a finalidade de elaborar uma metodologia terapêutica capaz de valorizar em extremo grau a liberdade do paciente e a capacidade de enfrentar seu drama existencial, operando uma "rigorosa revisão dos conceitos de pessoa e de experiência".[2]

A finalidade deste método, apresentado em sua dimensão teórica e testado na prática clínica, em diálogo com mestrandos e doutorandos, é restituir ao paciente o conhecimento dos dinamismos mais profundos de sua consciência. Assim, ele poderá compreender as raízes de seu mal-estar e tomar decisões importantes a respeito, na certeza de estar agindo como protagonista de sua vida.

A experiência elementar está na origem e é o fundamento desses anos de trabalho de Miguel Mahfoud e de alguns resultados descritos no presente volume, oferecendo uma preciosa "contribuição para a atividade profissional do psicólogo".[3] Vale a pena apresentá-la agora nas palavras de seu autor, Luigi Giussani:

> Trata-se de um conjunto de exigências e evidências com as quais o homem é lançado no confronto com tudo o que existe. [...] A elas podem ser dados muitos nomes, através de diversas expressões, como: exigência de felicidade, exigência de verdade, exigência de justiça, etc. Seja como for, são como uma centelha que põe em ação o motor humano; antes delas não ocorre nenhum movimento, nenhuma dinâmica humana. Qualquer afirmação de uma pessoa, desde a mais banal e quotidiana até a mais ponderada e plena de consequências, só pode ser feita tendo por base esse núcleo de evidências e exigências originais.[4]

Essa experiência emerge na consciência da pessoa como desejo de encontrar respostas adequadas a tais exigências, como desejo de felicidade, de justiça, de liberdade, de amar e ser amado, de realização pessoal, etc. A filosofia antiga e a literatura universal constituem a mais ampla documentação deste conjunto de exigências como o movente de toda ação humana. Desde Homero, dos clássicos da tragédia grega até autores contemporâneos podem ser encontradas descrições dessa experiência. Expressões da

2 Introdução do presente volume, p. 37.
3 Introdução do presente volume, p. 33.
4 GIUSSANI, Luigi. *O senso religioso*. op. cit., p. 23.

"experiência elementar" encontram-se presentes em todas as culturas e em todas as épocas históricas.[5] Essa é a razão pela qual a leitura de obras filosóficas ou de obras de arte de tempos passados desperta o interesse. Elas são capazes de comover o observador, pois algo presente nelas tem a capacidade de falar ao coração do homem e da mulher de hoje, assim como falou aos de seu tempo.

Nesse sentido, não se trata da dedução de aspectos da realidade humana a partir de algum princípio metafísico, mas da observação realista e apaixonada da experiência humana, seguindo o método fenomenológico, procurando retornar às coisas mesmas.[6] Superando o ponto de chegada do humanismo delineado por Sartre e por Heidegger que conduz à remoção do sujeito, o pensamento fenomenológico afirma a necessidade de deixar falar a experiência elementar do homem.[7] Com muita maestria, Mahfoud avança nessa direção, conduzindo o leitor ao núcleo mais profundo de sua personalidade. Afirma ele:

> A todos nós interessa reconhecer o que somos, profundamente, porque nos interessa a realização. A nossa realização enquanto pessoas. Então, trata-se de aprender a reconhecer os elementos essenciais do nosso ser, aprender a reconhecer que somos exigência de felicidade que somos exigência de realização.[8]

A experiência elementar recebe influências de cada contexto

5 Podendo-se encontrar inúmeras expressões poéticas ou filosóficas que documentam esta aspiração infinita à satisfação, à realização, o poema de Alfonso Di Nola serve como exemplificação: "o pássaro: / Não sei o que sinto, / Mas sinto que a terra me foge, / Ou que fujo da terra, / Que a terra é azul, / Mas prefiro o azul do céu. / Não sei o que sinto... / Mas sinto que preciso subir, / Que preciso voar, que preciso do espaço infinito. / O que sinto são as asas que pedem mais azul, / são as asas que pedem mais espaço, / São as asas que pedem mais estrelas. Não sei o que sinto... / Mas sinto que a terra não basta, / Não basta para mim. / Pássaro do caminho". (DI NOLA, Alfonso M. *Le livre d'or de la priére*. Verviers (Bélgica): Marabout Université, 1956. N. 37.). O poema citado encontra-se em língua portuguesa na coletânea: MURARO, Rose Marie. *As mais belas orações de todos os tempos*. São Paulo: Pensamento, 2001. 204 p.

6 ALES BELLO, Angela. *Fenomenologia e ciências humanas*: psicologia, história e religião. Edição e tradução de Miguel Mahfoud e Marina Massimi. Bauru - SP: Edusc, 2004. 330 p.

7 Expoentes da filosofia de língua francesa, desde Ricoeur a Lévinas, a Marion movem-se essa direção.

8 Introdução do presente volume, p. 32.

histórico-cultural, mas resulta ser mais do que o produto de uma determinada cultura, pois suas expressões podem ser encontradas com traços muito semelhantes, em todas as culturas humanas. Ela constitui o núcleo mais profundo da identidade pessoal e, exatamente por isso, se torna o crivo crítico com o qual cada pessoa se aproxima da realidade para avaliá-la.

Em cada pessoa encontrada, em cada circunstância enfrentada, procura-se alguma correspondência com essa experiência elementar, alguma capacidade de responder ao próprio desejo, à própria inquietação que busca respostas hoje mais plenas do que as que foram encontradas ontem. Nesse sentido, a experiência elementar caracteriza-se por uma irresistível inquietação que se move em busca de respostas cada vez mais satisfatórias, porque o desejo humano tende ao infinito, considerando, portanto, sempre provisória e apenas momentaneamente adequada, a resposta encontrada.

Trata-se de uma realidade pouco focalizada pela reflexão científica e, por isso, não adequadamente compreendida em todas as suas implicações, nem suficientemente valorizada para que as dinâmicas da cultura contemporânea possam considerá-la como ponto de referência em seu diálogo com pessoas e grupos. A sociedade moderna e contemporânea sabe lidar com as necessidades (de moradia, de saúde, de educação, de trabalho, entre outras), de fato, o mercado oferece respostas a essas necessidades. Mas as exigências elementares desenvolvem o desejo de bens que não estão disponíveis no mercado, por isso a tendência é ignorá-las, como se fossem fantasias sem fundamento. Mas é arbitrário concluir que os bens dos quais o mercado não dispõe não existem. Os bens relacionais, por exemplo, a maternidade e a paternidade, não se encontram no mercado, mas ninguém que use a razão poderia negar sua existência.

Na medida em que o horizonte do conhecimento coincide com os interesses do mercado e poder, é inevitável a desvalorização das exigências elementares. Com efeito, de um lado, a cultura dominante renuncia a busca por respostas às interrogações e às inquietações que brotam da experiência elementar; de outro, considera essas exigências como aspectos da subjetividade individual, fluidas e variáveis de acordo com o arbítrio individual, totalmente absorvida no processo de banalização, próprio da cultura contemporânea.

O filósofo Luc Ferry, de indubitável credo laico, em busca do fundamento teórico para um novo humanismo pós-metafísico e pós- nietzschiano, parece intuir algo que se aproxima da experiência elementar quando afirma:

> Eu não *invento* a verdade, a justiça, a beleza ou o amor, eu os *descubro* em mim mesmo, mas como algo que me ultrapassa e que, por assim dizer, me é dado a partir de fora – sem que eu possa identificar o fundamento último dessa doação. Subsiste um mistério da transcendência que não há como assimilar.[9]

Giussani compreende a experiência elementar e as exigências originárias que a descrevem como aspectos objetivos da subjetividade humana. "A experiência elementar nos constitui – afirma Mahfoud –, trata-se de uma estrutura originária da pessoa".[10] Essas exigências emergem aos olhos do observador como fenômenos da realidade, detectáveis como dados da experiência humana. A pessoa pode responder de maneira arbitrária às exigências, mas ela não pode evitar que essas aflorem à sua consciência como desejos potencialmente infinitos, que buscam respostas adequadas. As exigências elementares fazem parte da subjetividade da pessoa, que pode procurar livremente as respostas que pareçam mais apropriadas, inclusive as mais contraditórias ou as mais absurdas, de acordo com os parâmetros da cultura dominante. Mas a pessoa não pode evitar que elas, ao surgirem como desejos, produzam inquietação.

Nesse sentido, a experiência elementar identifica o ponto de encontro entre a livre subjetividade da pessoa e uma dimensão objetiva. Está a dispor do arbítrio individual a forma de responder a essas exigências, mas não está ao dispor do próprio arbítrio evitar que elas se manifestem na própria consciência, por mais que a pessoa tente abafá-las ou ignorá-las. Na realidade, elas despertam a energia da inteligência e a força da liberdade para avaliar e para escolher, entre uma pluralidade de opções, a que mais corresponde. A experiência elementar constitui, então, o movente de toda

9 FERRY, Luc. *Famílias, amo vocês*: política e vida privada na era da globalização. Tradução de Jorge Bastos. Rio de Janeiro: Objetiva, 2008, p. 99. (Grifos do autor).

10 Capítulo I do presente volume. p. 62.

atividade humana e, ao mesmo tempo, o crivo crítico com o qual é avaliada toda a realidade com que a pessoa se depara e, além disso, há um horizonte interior em que a pessoa se move.

Levar a sério as próprias exigências elementares, identificando-as no coração de cada circunstância vivida, exige atenção para surpreender a própria experiência humana, procurando seu significado. Isso implica também dar-se conta da dimensão dramática da existência por causa da desproporção entre a expectativa de resposta satisfatória e a limitação concretamente encontrada. Além disso, o drama depende do fato que, na maioria das vezes, a possibilidade de realização e de felicidade de uma pessoa depende da liberdade de outra, isto é, da atitude de outra pessoa, longe da capacidade de controlar e determinar sua resposta, como a possibilidade de um jovem apaixonado fazer a experiência exaltante de amar e ser amado depender da liberdade que a moça por ele amada tem de responder positivamente ou não à sua expectativa. Afirma Mahfoud: "O drama é que não podemos ser por nós mesmos. [...] Para ser, dependo".[11]

Essa realidade resulta exigente e, às vezes, dolorosa, por isso, a cultura dominante parece ter feito a opção de ignorar as exigências elementares e renunciar à busca de respostas que correspondam aos desejos que elas despertam. Afirma Mahfoud: "É duro porque esperamos vida, e a morte se apresenta: quero amar a pessoa e não consigo; faço tudo o que posso e ainda não é isso; dou tudo de mim e não construo o que queria; expresso, mas inadequadamente".[12] Esse contexto não enfrentado deixa um vazio detectado por Lipovetsky e Serroy à espera de ser preenchido: "Enquanto o sentimento de vazio aumenta, multiplicam-se comportamentos inebriantes para escapar à noite de um mundo sem valor, ao abismo da falta de objetivo e de sentido".[13]

As necessidades humanas básicas são facilmente identificáveis. Elas movem o mercado, podem ser quantificadas, vendidas e compradas. Mas os desejos, por sua natureza, tendem ao infinito

11 Capítulo I do presente volume, p. 55.

12 Capítulo II do presente volume, p. 108.

13 LIPOVETSKY, Gilles; SERROY, Jean. *Cultura-Mundo*: resposta a uma sociedade desorientada. Tradução de Maria Lucia Machado. São Paulo: Companhia das Letras, 2011, p. 31.

e não podem ser saciados por nenhuma mercadoria. "O mercado, organizado para dar resposta às necessidades humanas, encontra-se impotente diante do desejo, por isso, tende a censurá-lo".[14] Pode-se responder à necessidade de moradia, mas não se sabe como responder ao desejo de que a habitação seja também um lar. É possível responder com relativa facilidade às necessidades sexuais das pessoas, mas é muito mais difícil responder ao desejo de amar e de ser amada que cada pessoa traz dentro de si. A razão humana, entendida como capacidade de dar-se conta da realidade segundo a totalidade de seus fatores, pode enfrentar essas questões, mesmo que elas não sejam manuseáveis como as necessidades básicas.

Essa renúncia de buscar os significados da realidade foi expressa com clareza por Dewey, quando afirma, em uma de suas obras: "abandonar a busca da realidade, do valor absoluto e imutável, pode parecer um sacrifício, mas essa renúncia é condição para empenhar-se em uma vocação mais vital"[15], a saber: empenhar-se na solução de problemas práticos e técnicos, e na procura de valores compartilhados por todos.

O abandono do interesse pelo significado da existência conduziu, inevitavelmente, a uma visão banal da realidade, a um processo de banalização que reduz o significado de todas as coisas: da vida e da morte, da paternidade e da maternidade, da amizade e do bem comum, da intimidade e do trabalho. A cultura de massa oferece quotidianamente produtos cujas marcas são superficialidade unida a certa retórica de vulgaridade.

É inevitável reconhecer, na esteira de Hannah Arendt, uma conexão entre cultura da banalidade e o vertiginoso crescimento da violência urbana.[16] Abriram-se as portas para graus antes desconhecidos de violência. E Lipovetsky pode celebrar: "Todos os

14 PETRINI, João Carlos. *Pós-modernidade e família*: um itinerário de compreensão. Bauru - SP: Edusc, 2003. p. 38. Cabe perguntar-se se o uso excessivo de álcool e substâncias psicoativas não estaria ligado a limitações na abordagem das exigências originárias.

15 DEWEY, John. *The quest for certainty*: a study of the relation of knowledge and action. London: George Allen & Unwin. 1930. p. 529.

16 ARENDT, Hannah. *Origens do totalitarismo*. Tradução de Roberto Raposo. São Paulo: Companhia das Letras, 1998. 562 p.; e, da mesma autora: ARENDT, Hannah. *Eichmann em Jerusalém*: um relato sobre a banalidade do mal. Tradução de José Rubens Siqueira. São Paulo: Companhia das Letras. 1999. 338 p.

'cumes' se abatem pouco a pouco, arrastados pela vasta operação de neutralização e banalização sociais. Só a esfera privada parece sair vitoriosa desta vaga de apatia: [...] viver sem ideal e sem fim transcendente tornou-se possível".[17]

O passado foi cuidadosamente desconstruído, não podendo ser considerado como tempo da construção da civilização e habitado por heróis e santos, arquétipos significativos para o presente. E em uma etapa sucessiva, as promessas de progresso que mobilizaram gerações para atitudes revolucionárias foram consideradas "meta-narrativas", isto é, fabulações destituídas de fundamento.[18] Inaugura-se um tempo separado de suas origens e de seu destino: homens e mulheres sem raízes e sem metas, a não ser a fruição dos bens que a modernidade oferece, numa nova edição do *carpe diem*. Com a desvalorização do passado, a derrocada das construções voluntaristas e com a tendência a abandonar qualquer sistema de significado que exige disciplina, sacrifícios e fidelidade aos compromissos assumidos, o período pós-moderno reduz de forma inédita o arco do tempo ao momento presente. Esse ambiente favorece, juntamente com a banalização de tudo, a expansão do mercado, pela capacidade que tem de oferecer, se não respostas adequadas às exigências elementares, pelo menos, substitutivos mais acessíveis.

Mahfoud deteve-se mais nas contribuições que a categoria de experiência elementar traz para a Psicologia, fazendo rápidas referências a problemas na ordem da cultura, da sociedade e do universo acadêmico. Gostaria de estender um pouco esse olhar para indicar outras contribuições da "experiência elementar" que estão à espera de aprofundamentos análogos aos apresentados neste volume.

A ciência moderna declarou-se sem competência ou interesse para responder a perguntas relevantes para a concreta existência das pessoas. Max Weber no escrito "A ciência como vocação", ci-

17 LIPOVETSKY, Gilles. *A era do vazio*: ensaio sobre o individualismo contemporâneo. Tradução de Miguel Serras Pereira e Ana Luisa Faria. Lisboa: Relógio d'Água, 1989. p. 48-49.

18 LYOTARD, Jean François. *A condição pós-moderna*. 9. ed. Tradução de Ricardo Corrêa Barbosa. São Paulo: José Olympio, 2006. 131 p. Ver também o item "A implosão do tempo" (p. 34-36) em PETRINI, João Carlos. Mudanças sociais e mudanças familiares. *In*: PETRINI, João Carlos; CAVALCANTI, Vanessa Ribeiro Simon (org.). *Família, sociedade e subjetividade*. Petrópolis - RJ: Vozes, 2005. p. 29-53.

tando Tolstói, afirma: A ciência não tem sentido porque não responde à nossa pergunta, a única pergunta importante para nós: o que devemos fazer e como devemos viver?" E acrescenta: "É inegável que a ciência não dá tal resposta".[19] A ciência positivista raramente considera os aspectos da realidade humana focalizados pela experiência elementar ou porque o instrumental de que dispõe não é capaz de apreender esses aspectos, ou porque se recusa a vê-los. As consequências podem ser graves.[20]

Weber ironicamente questiona: "Se a ciência não dá, quem dará a resposta à pergunta: 'Que faremos e como disporemos nossas vidas?' [...]. 'Podemos dizer que somente um profeta ou um salvador podem dar as respostas'."[21] E logo se apressa a dizer que o profeta esperado não existe. Em seguida, ele afirma que quem quiser vencer o desconforto de viver sem respostas às perguntas do por que e do significado de todas as coisas deve fazer o "sacrifício intelectual", renunciando a usar a razão para poder ter acesso a um profeta ou a um salvador.[22] Foi reduzido o espaço reservado à razão na medida em que se pretendeu inibir o seu uso para elucidar as questões que mais interessam à pessoa no seu concreto modo de ser e de agir. Dessa maneira, foram abertos caminhos para que sentimentos e emoções subjetivos pudessem determinar decisões relevantes para a existência, sem que fossem submetidos ao crivo da razão,

19 WEBER, Max. *Ensaios de sociologia*. 3. ed. Tradução de Waltensir Dutra. Rio de Janeiro: Zahar, 1974. p. 169-170. A esse respeito, é interessante a posição de Wittgenstein no *Tractatus*, quando afirma: "Sentimos que, mesmo que todas as questões científicas *possíveis* tenham obtido resposta, nossos problemas de vida não terão sido sequer tocados. É certo que não restará, nesse caso, mais nenhuma questão; e a resposta é precisamente essa". (WITTGENSTEIN, Ludwig. *Trartatus Logico-Philosophicus*. Tradução de Luiz Henrique Lopes dos Santos. 3. ed. São Paulo: Edusp, 2001. p. 279.).

20 Algumas décadas atrás, uma grande cidade da Europa quis enfrentar o problema dos idosos que viviam relegados em asilos, oferecendo moradia individual em apartamentos, serviços de higiene, alimentação e saúde em domicílio. Os autores do projeto pensavam dar uma resposta adequada ao drama dos idosos, respondendo a suas necessidades básicas. Aconteceu que o índice de suicídio entre aqueles idosos subiu vertiginosamente depois que foram transferidos dos asilos aos apartamentos, a ponto de ser suspendida a experiência. Os estudiosos que investigaram as necessidades dos idosos e os operadores sociais que executaram o plano não se davam conta que além das necessidades acendidas havia outra dimensão de vida que não era considerada. E não se tratava de mais uma necessidade básica, mas de exigências originárias que tinham permanecido sem resposta.

21 WEBER, 1974, op. cit., p. 180.

22 Ibid, p. 183.

ampliando-se o território abandonado a formas de irracionalismo.

No entanto, parece corresponder mais à realidade atual o contrário: quem quiser usar a razão para compreender o que mais interessa ao ser humano concreto, para agir razoavelmente a respeito do significado de tudo e das decisões a tomar, este sim deve fazer o sacrifício intelectual. Deve aceitar as ordens do poder em todos aqueles territórios a respeito dos quais a ciência é usada como fonte de inspiração para decidir comportamentos, mesmo quando declara não ter competência para orientar a conduta.

A razão iluminista/positivista torna-se razão instrumental, tomando como seu ponto de referência o poder (econômico, ideológico, militar, midiático, político, etc.) e tende a construir um "mundo totalmente administrado". Horkheimer e Adorno, a esse respeito, afirmam: "O que os homens querem aprender da natureza é utilizá-la, de modo a dominá-la plenamente, bem como a dominar os próprios homens. Além disso, nada mais importa".[23] Esse padrão do mundo científico (com seus critérios para a atribuição de verbas) acaba tendo uma visão reduzida da realidade, recortada segundo os próprios esquemas de eficiência e de utilidade.

A sociedade moderna, então, entra em crise por uma carência da razão usada segundo o paradigma iluminista, que não é mais capaz de dar conta de todos os fatores da realidade, de orientar suas conquistas para responder às exigências humanas. Com efeito, a razão não mais compara seus produtos com as exigências elementares, com as exigências de liberdade, justiça, verdade, felicidade, e sim com as exigências do mercado, isto é, do lucro e do poder.

Ao estudar a crise da sociologia ocidental, Alvin Gouldner identificou como utilitarista o ambiente cultural marcado pela racionalidade positivista. E falando da teoria social nesse ambiente afirma: "a ciência social de uma cultura utilitarista, tende sempre a um empirismo sem teoria, no qual a conceitualização dos problemas é secundária, enquanto as energias são dedicadas a questões de medição, [...]. Cria-se, dessa maneira, um vazio conceitual".[24]

Os modos reduzidos de usar a razão, anteriormente acenados,

23 HORKHEIMER, Max; ADORNO, Theodor. *Dialettica dell'Illuminismo*. 2. ed. Tradução de Renato Solmi. Torino: Einaudi, 1976. p. 12.

24 GOULDNER, Alvin. *La crisis de la sociologia occidental*. Tradução de Nestor Miguez. Buenos Aires: Amorrortu, 1973. p. 83. (Tradução nossa).

juntamente com outras circunstâncias do atual contexto sociocultural, abrem espaços a novas formas de niilismo. Não se trata de um niilismo trágico, como o de Nietzsche, mas de uma versão descontraída, ou como disse Del Noce, gaia. O resultado é uma falta de motivação, de paixão humana pela realidade, a ausência do gosto de viver e de lutar quotidianamente para construir pacientemente o quotidiano, em vista de um objetivo desejável. Malraux se faz intérprete agudo dessa mentalidade, quando afirma: "Não há ideal a que possamos sacrificar-nos, porque de todos eles conhecemos a mentira, nós os que ignoramos em absoluto o que seja a verdade".[25]

"A decretação da morte da moderna subjetividade"[26] veio demolir grande parte do edifício científico construído a partir do Iluminismo. Sem retomar o debate filosófico em curso a respeito do destino da subjetividade[27], cabe recordar que a emancipação, isto é, a saída da menoridade do sujeito proclamada por Kant[28] acabou transmutando-se, na feliz expressão de Guy Debord, na sociedade do espetáculo,[29] onde os cidadãos são "atores" que desempenham papéis, isto é, uma parte na sociedade, seguindo roteiros determinados por outros.

Não somente o sujeito foi removido, mas todos os valores iluministas e republicanos, bem como os ideais éticos, religiosos e políticos foram sistematicamente desarticulados, submetidos, especialmente durante o século XX, a uma intensa obra de desconstrução. Segundo Ferry, foram destruídas "até a raiz as tradições e os ideais transcendentes que freavam o 'movimento'" da globalização liberal.[30]

A categoria da "experiência elementar", passando ao largo de uma ingênua reafirmação do sujeito segundo a tradição idealista, oferece a possibilidade de ir além do impasse atual. Com efeito, o

25 MALRAUX, André. *A tentação do Ocidente*. Tradução de Amónio Ramos Rosa. Lisboa: Livros do Brasil, 2005. p. 50.

26 BICCA, Luiz. *Racionalidade moderna e subjetividade*. São Paulo: Loyola, 1997. p. 182.

27 Ibid.

28 KANT, Immanuel. Resposta à pergunta: que é "Esclarecimento?". *In*: KANT, Immanuel. *Textos seletos*. Tradução de Raimundo Vier e Floriano de Souza Fernandes. Petrópolis-RJ: Vozes, 1974. p. 100-117.

29 DEBORD, Guy. *A sociedade do espetáculo*. Tradução de Estela dos Santos Abreu. Rio de Janeiro: Contraponto, 1997. 237 p.

30 FERRY, Luc. 2008, op. cit., p. 26-27.

conjunto de exigências identifica um ponto de consistência que permite observar sujeitos/atores em suas dinâmicas de vida, podendo analisar o fluxo da existência na sua dimensão pessoal e nas interações com o ambiente familiar e de trabalho e com o contexto cultural e político. Algo permanente na pessoa, não "desmancha no ar"[31] e restitui um ponto de solidez, de consistência do eu, que no contexto cultural tende a ser visto como partido em fragmentos desarticulados.

É necessário restituir à razão humana toda a sua extensão e capacidade de dirigir seu foco a todos os aspectos da realidade, nada descartando do que é humano, segundo o famoso verso de Terêncio: "*Homo sum: humani nihil a me alienum puto*",[32] pois a realidade é mais ampla e tem maior profundidade do que o método científico muitas vezes entende.

O reconhecimento das exigências originárias como movente para a ação e como critério que tudo submete à avaliação crítica restitui à pessoa um importante protagonismo na construção da própria existência. A moderna "temporalidade dominada pelo precário e pelo efêmero, marcada pela primazia do aqui e agora" apresenta uma esfera subjetiva sempre mais autorreferenciada, dando origem a um indivíduo instável, de convicções voláteis, e compromissos fluidos, segundo as análises de Lipovetsky.[33]

O aporte de Giussani e a reflexão de Mahfoud nos asseguram que existem outras possibilidades de enfrentar os desafios da existência, mais positivas, mais dignas, mais ricas de significado e de beleza. Elas dependem do olhar atento e apaixonado dirigido à experiência humana que podemos aprender para despertar do entorpecimento que empobrece o eu, para trazer à tona o coração que estava imerso na sonolência e na inconsciência, para percor-

31 A expressão foi usada por Marx no *Manifesto do Partido Comunista* e utilizada por Berman Marshall como título de livro: MARSHALL, Berman. *Tudo que é sólido desmancha no ar*: a aventura da modernidade. Tradução de Carlos Felipe Moisés e Ana Maria Ioriatti. São Paulo: Companhia de Bolso, 2007. 465 p.

32 "Sou homem, nada do que é humano me é estranho". (Publio Terenzio Afro, II século a.C.). O verso é pronunciado pela personagem Cremete em: TERENZIO. Heautontimo rumenos. In: *Comoediae*: le comedie di Terenzio. Edição bilíngue. Tradução de Giovanni Latanzi. Milano: Garzanti, 1947. p. 30-31. (I. 77). (Tradução nossa).

33 LIPOVETSKY, Gilles; CHARLES, Sébastien. *Os tempos hipermodernos*. Tradução de Mário Vilela. São Paulo: Barcarolla, 2004, p. 51.

rer o caminho da vida como aventura entusiasmante, recolhendo as provocações da realidade, sem nada censurar e sem nunca desistir de esperar o descortinar daquele horizonte que o coração teimosamente aguarda.

Nesse horizonte, abre-se a possibilidade de encontrar pessoas e grupos portadores de universos culturais, éticos e religiosos diferentes, que descobrem a possibilidade de dialogar, a partir das exigências partilhadas, podendo comparar as respostas encontradas. Delineia-se, dessa maneira, uma nova possibilidade de encontro e de diálogo em todos os espaços da sociedade e, particularmente, em ambientes multiculturais.

A experiência elementar oportunamente reconhecida como conjunto de exigências originárias pode tornar-se o ponto de referência para a razão que usa o método científico, isto é, para os pesquisadores que realizam trabalho acadêmico. Esse ponto de referência poderá ser ativado num diálogo aberto e permanente entre os membros da comunidade científica e da sociedade em geral, oferecendo uma base objetiva para a realização do "processo de argumentação sensível à verdade", recomendado por Habermas.

O presente estudo procura indicar uma porta de acesso à realidade mais abrangente e um uso da razão que possa levar em consideração a totalidade dos fatores em jogo, na tentativa de superar os limites e as reduções anteriormente indicados.

**Giancarlo Petrini**

Universidade Católica do Salvador – UCSAL

# INTRODUÇÃO

# APRENDENDO A RECONHECER

Certa vez, numa exposição de imagens barrocas, alguém me disse: "Note que a imagem tem um movimento: ela pede que você se mexa, que seu olhar se mova, não porque seja dispersa, mas porque ela tem uma dinâmica própria". Aprendi a reconhecê-la.

As vestes soltas ao vento, as dobras dos mantos, a mão voltada para o lado... Nada ao acaso: as linhas estão pedindo que você olhe para algum ponto essencial daquela imagem. Há uma multiplicidade de elementos e direções, mas tudo aquilo não vai se dispersar, nem levar ao vazio: algum traço faz você voltar, seu olhar é conduzido para algo fundamental daquela figura, para algum elemento que a caracteriza.

Passei a notar que algumas estátuas forjadas ao estilo barroco não têm esse dinamismo: a imagem resulta dispersa, o olhar se perde fora da figura ou em um detalhe qualquer... É de estilo, mas não é uma estátua barroca, não apresenta a dinâmica que lhe é própria. Esse é o típico caso de alguém que organiza uma coisa bonita, mas não conhece sua dinâmica peculiar.

Nós, psicólogos, às vezes, fazemos algo semelhante: administramos, tentamos ajeitar as coisas; mas, por não reconhecer a dinâmica própria do ser pessoa, alguns aspectos acabam sobrando, ficam desconexos, dispersando... Porque a unidade da experiência não é dada por nós, não é constituída por nós. Está na origem. A experiência tem uma unidade em si mesma. Ao reconhecermos essa dinâmica peculiar, podemos lidar mais cuidadosamente com a experiência, com seu desenvolvimento, com sua unidade.

Enquanto o sujeito procura cuidar de sua experiência de trabalho, por exemplo, vai entrando em contradição com tantos outros aspectos de sua vida e de sua pessoa: as muitas coisas das quais gosta, a família, o tempo dedicado ao estudo... Ou seja, cada aspecto contradiz muitos outros, compete com outras áreas, como pedaços que não coadunam entre si. Tantas vezes a nossa capacidade e criatividade profissionais não chegam a levar em conta o dinamismo próprio da experiência e seu potencial integrador.

É interessante notar que o barroco tem uma unidade que muitas vezes não reconhecemos: achamos que é um tanto caótico, que há grande diversidade de elementos meio soltos, excesso de detalhes etc. Não é bem isso. Há muitíssimos detalhes, mas há uma unidade expressa – apreensível pela nossa inteligência – que é o aspecto essencial e característico daquela figura. Quando estamos diante de uma pessoa se dá algo semelhante. Por isso, é preciso aprender a reconhecer o essencial da experiência em seu dinamismo característico.

A todos nós interessa reconhecer o que somos, profundamente, porque nos interessa a realização, a nossa realização enquanto pessoas. Então, trata-se de aprender a reconhecer os elementos essenciais do nosso ser, aprender a reconhecer que somos exigência de felicidade, exigência de realização, de conhecimento, por exemplo, não como um setor isolado da vida, mas como expressão de uma exigência fundamental do nosso ser.

Com este volume não queremos oferecer um modelo de pensamento por meio do qual se possa considerar a pessoa. Trata-se mais de um convite ao leitor a um trabalho de observação atenta para chegar a um verdadeiro **reconhecimento**: fique atento à própria experiência e identifique sua dinâmica; tire consequências do fato que a nossa humanidade seja assim; cuide da experiência humana nos aspectos que lhe são definidores.

Nisso há uma forte crítica à maneira com a qual temos feito Psicologia. Frequentemente privilegiamos o modelo de ser humano a ele mesmo; fixamo-nos em um aspecto preferido, definindo toda pessoa por aquele aspecto que preferimos, ou que nos interessa ideologicamente afirmar. Assim, a abertura para a totalidade se perde, comprometendo o resultado do conhecimento científico; a exigência de realização se confunde, comprometendo o dinamismo propriamente humano tanto da pessoa atendida quanto do psicólogo.

Oxalá este livro possa ser uma contribuição para a atividade profissional do psicólogo, tornando-a mais viva e mais rica na medida em que tivermos, enquanto nos relacionamos, o essencial diante dos olhos.

A característica da elaboração aqui apresentada é a de aceitar o **desafio metodológico** proposto por Luigi Giussani[1] para o conhecimento da experiência humana – a saber, realismo, razoabilidade e moralidade – enquanto examinamos o trabalho psicológico.

Nosso propósito não é, de modo algum, o de desenvolver sua teoria ou discuti-la de um ponto de vista psicológico. Queremos, com a **antropologia** de Giussani, aprender a reconhecer o essencial da experiência para enxergar o dinamismo humano em ato e identificar consequências para o trabalho psicológico. Estamos conscientes quanto ao risco de injustas simplificações quando se busca aplicação de um pensamento tão magistralmente articulado num horizonte de totalidade, como o de Giussani, a uma área de saber específica. Mas nos lançamos nessa arriscada empreitada cientes também da original contribuição que esse autor nos oferece para justamente vencer os reducionismos típicos da Psicologia que, ocupando-se dos tantos possíveis aspectos da experiência humana, deixou de ser Psicologia da pessoa.

## 1. Experiência elementar: o conceito e sua atualidade

"Experiência elementar" – termo cunhado por Giussani[2] para designar o ímpeto original que está na base de todo gesto ou posicionamento humano – é o grande eixo das elaborações que cons-

1 GIUSSANI, Luigi. *O senso religioso*. Tradução de Paulo Afonso E. de Oliveira. Jundiaí - SP: Paco, 2017. 244 p.

2 Ibid.

tituem o presente livro. E não estamos sós nessa empreitada. Esse conceito, bem como o conjunto das propostas de Giussani, vem sendo tomado sob as mais diversas perspectivas: no âmbito da metodologia científica, com o astrofísico M. Bersanelli;[3] no âmbito da Pedagogia, com G. Chiosso;[4] das Ciências Médicas, com G. Cesana;[5] da Jurisprudência, com M. Cartabia;[6] da Antropologia Filosófica e Teológica, com S. Grygiel[7] e A. Scola;[8] da Filosofia, com C. Esposito, G. Maddalena e P. Ponzio[9] e com C. Di Martino.[10] A própria multiplicidade de implicações atuais daquela Antropologia se tornou objeto de debate no livro organizado por E. Buzzi[11] no Canadá. Um original debate sobre multiculturalismo foi organizado por J. Prades[12] a partir dessa perspectiva. Dois encontros científicos já se dedicaram a debater e identificar a originalidade do conceito de

3 BERSANELLI, Marco; GARGANTINI, Mario. *Solo lo stupore conosce*: l'avventura della ricerca scientifica. Milano: Rizzoli, 2003. 389 p. (Tradução espanhola: BERSANELLI, Marco; GARGANTINI, Mario. *Sólo el assombro conoce*: la aventura de la investigación científica. Tradução de Javier Corona. Madrid: Encuentro, 2006. 358 p.; BERSANELLI, Marco. El valor de la hipótesis positiva en la investigación: "Sofia e el descubrimiento de las fresas". *In*: RUIZ, Guiomar (org.). *La aventura del descubrimiento*. Tradução de Guiomar Ruiz. Madrid: Encuentro, 2009. p. 43-50.

4 CHIOSSO, Giorgio. *Teorie dell'educazione e della formazione*. Milano: Mondadori università, 2004. 192 p. (Coleção Azimut); CHIOSSO, Giorgio. (org.) *Sperare nell'uomo*: Giussani, Morin, MacIntyre e la questione educativa. Tonno: SEI, 2009. 275 p.

5 CESANA, Giancarlo. *Il "ministero" della salute*: note introduttive alla medicina. 2. ed. Firenze: Studio Editorial Fiorentino, 2005. 268 p.

6 CARTABIA, Marta. Diritti umani e pluralità delle culture: un percorso possibile. *In*: PRADES, Javier (org.). All'origine della diversità: le sfide del multiculturalismo. Prefácio de Angelo Scola. Milano: Guerini, 2008, p. 33-47; SIMONCINI, Andrea *et al*. *Esperienza elementare e diritto naturale*. Milano: Guerini, 2011. 128 p.

7 GRYGIEL, Stanislaw. Esperienza primordiale. Trabalho apresentado no Seminário *Esperienza elementare, rivelazione e dialogo con le culture*, 1, 2004, Roma, Itália.

8 SCOLA, Angelo. *L'esperienza elementare*: la vena profonda de magistero di Giovanni Paolo II. Milano: Marietti, 2003. 175 p.; SCOLA, Angelo. *Luigi Giussani*: un pensamiento original. Tradução de Antonio Ciudad. Revisão de José Miguel Oriol. Madrid: Encuentro, 2006. 88 p.

9 ESPOSITO, Costantino; MADDALENA. Giovanni; PONZIO, Paolo. *Felicità e desiderio*: letture di filosofia. Bari: Edizione di Pagina, 2004. 120 p.; *Bellezza e realtà*: letture di filosofia. Bari: Edizione di Pagina, 2007. 136 p.; Finito infinito: letture di filosofia. Bari: Edizione di Pagina, 2007. 128 p.

10 DI MARTINO, Carmine. *El conocimiento siempre es un acontecimiento*. Tradução de Ignacio de los Reyes Melero. Madrid: Encuentro, 2010. 64 p.

11 BUZZI, Elisa (org.). *A generative thougth*: an introduction to the works of Luigi Giussani. Montreal: McGill-Queen's University Press, 2003. 200 p.

12 PRADES, Javier (org.). *All'origine della diversità*: le sfide del multiculturalismo. Prefácio de Angelo Scola. Milano: Guerini, 2008. 240 p.

experiência elementar: o *Seminário Experiência elementar, revelação e diálogo com as culturas*, promovido pela Pontifícia Universidade Lateranense na Itália, em 2004,[13] e o *Simpósio Internacional e Interdisciplinar sobre Experiência Elementar*, [14]realizado no Brasil, em 2009, este reunindo pesquisadores de 12 diferentes universidades de Itália, Espanha, Canadá, Japão e Brasil, com contribuições das áreas de Psicologia, Psiquiatria, Filosofia, História, Sociologia, Educação, Letras, Bioética e Física.

De 2005 a 2016, a obra de Luigi Giussani foi objeto privilegiado de estudo em disciplinas no Departamento de Psicologia da Faculdade de Filosofia e Ciências Humanas da Universidade Federal de Minas Gerais: Experiência Elementar em Psicologia I e II e Estágio Supervisionado II: Plantão Psicológico e Experiência Elementar.

No mesmo período, orientamos pesquisas com essa perspectiva na Iniciação Científica, Mestrado e Doutorado, resultando em diversas publicações.[15]

13 *Seminário Esperienza elementare, rivelazione e dialogo con le culture*, promovido pela Pontifícia Universidade Lateranense em 21 e 22 de junho de 2004, em Roma, Itália.

14 Simpósio promovido pelo Laboratório Análise de Processos em Subjetividade (LAPS) do Programa de Pós-Graduação em Psicologia da Universidade Federal de Minas Gerais e pelo Grupo de Pesquisa "Estudos em Psicologia e Ciências Humanas: história e memória", em 18 e 19 de março de 2009, na Faculdade de Filosofia e Ciências Humanas da Universidade Federal de Minas Gerais, em Belo Horizonte - MG.

15 Dentre muitos outros, cf.: GASPAR, Yuri Elias Gaspar. *Unidade na diversidade*: investigação fenomenológica de experiências de encontro inter-religioso. 2014. 260 f. Tese (Doutorado em Psicologia) - Universidade Federal de Minas Gerais.; LEITE, Roberta Vasconcelos. *Experiência ontológica e tradição na experiência de guardiões de memórias*. 2015. 229 f. Tese (Doutorado em Psicologia) - Universidade Federal de Minas Gerais.; GASPAR, Yuri Elias. *Ser voluntário, ser realizado*: investigação fenomenológica numa instituição espírita. Belo Horizonte. 2010. 186 f. Dissertação (Mestrado em Psicologia) - Universidade Federal de Minas Gerais.; LEITE, Roberta Vasconcelos. *Viver a tradição e encontrar a alteridade rural*: investigação fenomenológica na comunidade rural de Morro Vermelho. Belo Horizonte. 2011. 140 f. Dissertação (Mestrado em Psicologia) - Universidade Federal de Mimas Gerais.; GUIMARÃES, Ana Cláudia Bernardes. *Realização pessoal na experiência comunitária em Alcoólicos Anônimos*: uma pesquisa fenomenológica. 2014. 265 f. Dissertação (Mestrado em Mestrado em Psicologia) - Universidade Federal de Minas Gerais.; MAIA, Lícia Caetano; MAHFOUD. Miguel. Experiência elementar em Psicologia: da consciência de si à construção do contexto educacional. *In*: SANTIAGO, Ana Lydia; CAMPOS, Regina Helena de Freitas (org.). *Educação de crianças e jovens na contemporaneidade*: pesquisas sobre sintomas na escola e subjetividade. Belo Horizonte: PUC-Minas. 2011. p. 349-361.; RUAS SOUZA, Bianca Gabrielle. *A arte como expressão do humano*. 2019. Monografia. (Especialização em Curso de Especialização em Psicologia Clínica: Gestalt-terapia e Análise Existencial) - Universidade Federal de Minas Gerais.

Entre 2009 e 2015, o "Grupo Experiência Elementar em Psicologia: estudo, pesquisa e intervenção" ministrou diversas edições do Curso de Atualização *Introdução à Experiência Elementar: implicações para a Psicologia*, na Universidade Federal de Minas Gerais (UFMG), na Universidade de São Paulo *campus* Ribeirão Preto (USP-RP) e na Universidade Federal de São Paulo (Unifesp), além de outro curso inicial na Universidade Católica do Salvador (UCSAL). Entre 2010 e 2016, foram desenvolvidas três edições do Curso de Aperfeiçoamento em *Experiência Elementar em Psicologia*, curso de pós-graduação *latu sensu* em experiência elementar, realizado na Universidade Federal de Minas Gerais.

---

Na formulação de Luigi Giussani,[16] experiência elementar designa o ímpeto original que está na base de todo gesto ou posicionamento humano, pelo qual a pessoa pode reconhecer suas exigências fundamentais (de felicidade e de justiça, por exemplo) e também reconhecer evidências fundamentais (como a da própria existência e a de uma realidade que a transcende). Assim identificada, a própria experiência fornece critérios de avaliação que permitem chegar a juízos pessoais a respeito da correspondência entre tudo o que o sujeito encontra no mundo e na história, e os anseios que constituem sua própria pessoa.

A hermenêutica da existência humana – que permite apreender essa dimensão fundante e constitutiva de cada pessoa – está baseada na linguagem do ato humano, capaz de clarear o elemento originário do sujeito do ato.[17]

Nesse sentido, a intersubjetividade e a história são campos privilegiados de explicitação do original no humano e podem por ele ser modulados. Tal posição teórica contém, em germe, uma possibilidade de superação do moderno dualismo sujeito-mundo. [18]Uma das consequências estaria no próprio conceito de cultura, tido agora como processo de construção coletiva e histórica portadora de provocações à dimensão pessoal de cada ser humano; cultura esta que só pode ser constituída por tomadas de posição pessoais e nunca

16 GIUSSANI, 2017. op. cit.
17 SCOLA, 2003, op. cit.
18 Ibid.

por processos mecânicos característicos de processos civilizatórios. Na cultura assim considerada, a realidade física e a história são campos de construção do mundo-da-vida coletivo na medida em que são campos de explicitação do original no sujeito de atos no mundo. Lugar de destaque nesta mesma discussão é o da linguagem.[19]

Outra consequência importante se refere à possibilidade de liberdade para a aplicação de critérios de juízos críticos por parte do sujeito da ação frente a qualquer fenômeno. Sem negar o enorme campo de determinação histórico-cultural, a experiência elementar permite a crítica em relação à própria cultura e à própria história social e pessoal.[20]

Tal discussão proporciona uma contribuição original à já clássica tese do fim do sujeito na atual fase da contemporaneidade, redimensionando a centralidade do sujeito nos processos sociais e históricos e em toda ação concreta – esta vista como tomada de posição pessoal.

Mais radicalmente ainda, a experiência elementar permite a compreensibilidade de si mesmo por parte do sujeito da ação. Assim, na possibilidade e na urgência de se apreender a subjetividade pessoal, única e irrepetível, os conceitos de experiência e de pessoa vêm a ser revisitados. Acentua-se, assim, o caráter teleológico de cada ação, de cada experiência e de cada vivência de desejo na pessoa. Tal caráter teleológico, insere cada experiência pessoal numa relação eu-tu, numa cultura e numa história como condição para a realização humana do próprio sujeito.[21]

Para a Psicologia se abre um importante campo de revisão dos conceitos de pessoa e experiência, permitindo inclusive uma releitura da história cultural quanto às compreensões dos processos de percepção de si mesmo característicos de cada cultura ou momento histórico, tematizando de modo original o lugar das fun-

19 GRYGIEL, Stanislaw. L'uscita dalla caverna e la salita al Monte Moria: saggio su natura e civiltà. *Il Nuovo Areopago*, Forlì, v. 19, n. 2-3, p. 25-61, apr-set. 2000.; GRYGIEL, 2004, op. cit.; GIRARDI, Enzo Noè. Letteratura e bellezza. *Il Nuovo Areopago*, Forlì, v. 21, n. 2, p. 18-24, apr-giu. 2002.

20 GRYGIEL, 2004, op. cit.; SCOLA, 2003, op. cit.

21 DI MARTINO, Carnine. L'incontro e l'emergenza dell'umano. *In*: PRADES, Javier (org.). *All'origine della diversità* ..., op. cit., p. 85-103.; GRYGIEL, 2004, op. cit.; SCOLA, 2003, op. cit.

ções psicológicas na apreensão da pessoalidade.[22]

O conceito de experiência elementar amplia a acepção de experiência utilizada pela Psicologia, reduzida, em muitos casos, aos moldes de um modelo naturalista, recolocando em seu âmago a centralidade do sujeito experiente e de sua relação com o mundo.

Desse modo, a simplicidade e a amplitude do conceito de experiência elementar permitem a consideração de diversas concepções de experiência e de pessoa, reconduzindo-as a elementos fundantes identificáveis e possibilitando a convivência com diversidades teóricas.

Essa característica do conceito de experiência elementar no campo teorético é identificável também no campo da cultura: permite o exame e a convivência de culturas entre si muito diversas na medida em que sejam expressões do humano reconhecido na ação, por critérios originários. A experiência elementar possibilita colocar em foco a origem da diversidade. Tal discussão tem colocado um novo ponto de elaboração na relação entre relativismo e convivência multicultural.[23]

A mesma simplicidade e amplitude da experiência elementar aqui considerada permite a retomada – como experiência, no sujeito em ação – da clássica unidade entre justiça, verdade e beleza, com força de evidência de seu valor de bem.[24] Além de importantes consequências para o âmbito d a ética e do direito,[25] essa discussão tem sido encaminhada por cientistas de diversas áreas do saber quanto a critérios de verdade em relação estreita com a be-

---

22 GASPAR, Yuri Elias; MAHFOUD, Miguel. Uma leitura histórica do conceito de experiência e uma proposta de compreensão do ser humano em seu caráter essencial: experiência elementar e suas implicações para a Psicologia. *In*: Seminário Internacional de Pesquisa e Estudos Qualitativos, 3, 2006, São Bernardo do Campo. *Anais*... São Paulo: SP&EQ, 2006. 1 CD-ROM. Disponível em: http://www.sepq.org.br/IIIsipeq/anais/pdfs/pchf11.pdf. Acesso em: 19 nov. 2010.; MAHFOUD, Miguel; MASSIMI, Marina. A pessoa como sujeito da experiência: contribuições da fenomenologia. *Memorandum*, Belo Horizonte, v. 14, p. 52-61, abr. 2008. Disponível em: https://periodicos.ufmg.br/index.php/memorandum/article/view/6692/4265. Acesso em: 01 jul. 2022.; MASSIMI, Marina; MAHFOUD, Miguel. A pessoa como sujeito da experiência: um percurso na história dos saberes psicológicos. *Memorandum*, Belo Horizonte, v. 13, p. 14-30, out. 2007. Disponível em https://periodicos.ufmg.br/index.php/memorandum/article/view/6701/4274. Acesso em: 01 jul. 2022.

23 PRADES, 2008, op. cit.

24 GRYGIEL, 2004, op. cit.; SCOLA, 2003, op. cit.

25 CARTABIA, 2008, op. cit.

leza, por exemplo;[26] e sobre a inevitável participação da subjetividade na constituição de um conhecimento que se quer objetivo.[27]

---

Os capítulos do presente volume acompanham cada um dos passos metodológicos sugeridos por Giussani[28] para uma abordagem da experiência humana: realismo, razoabilidade e moralidade, incluindo as elucidações sobre diversas possibilidades de redução e esvaziamento das questões basilares para sua constituição, mantendo aberta a grande possibilidade da liberdade.

Apresento, desde já, ainda que sinteticamente, a proposta de Giussani[29] que embasa as discussões apresentadas neste livro.

## 2. Realismo e experiência elementar

No capítulo I, as discussões baseiam-se nas considerações de Giussani[30] sobre *realismo* como abordagem necessária para o conhecimento científico e existencial. Trata-se da "urgência de não privilegiar um esquema que já tenhamos em mente, em detrimento de uma observação global, apaixonada e insistente do fato, do acontecimento real".[31]

Como encarar o fenômeno, de modo a termos certeza de conseguir conhecê-lo bem? Confiando no que outros dizem? Desse modo absorveríamos opiniões em voga e sensações determinadas pelo poder. O caminho, o método, não pode ser imaginado, pensado, organizado ou criado pelo sujeito, mas imposto pelo objeto.

No caso de se desejar conhecer um fenômeno que diga respeito ao ser humano, referindo-se a pessoas (portanto ao que se passa em mim, ao que interessa à minha consciência, ao meu eu), é necessária uma investigação existencial, uma reflexão sobre mim mesmo. Só a partir daí o confronto com outros pensadores

26 GIRARDI, 2002, op. cit.
27 BERSANELLI, GARGANTINI, 2003, op. cit.
28 GIUSSANI, 2017, op. cit.
29 Ibid.
30 Cf. capítulo intitulado "Primeira premissa: realismo" em GIUSSANI, 2017, op. cit., p. 17-29.
31 Ibid., p. 18.

enriqueceria o resultado obtido. Caso contrário, a alienação seria inevitável.

Se procuramos conhecer experiências, é fundamental identificar com precisão como elas se constituem. Fazer experiência de algo não é apenas "provar" fatos e sensações. Tal concepção gera esvaziamento da personalidade. Experiência, entretanto, "coincide, sobretudo, com o juízo dado a respeito daquilo que se prova".[32] (Juízo aqui é tomado no sentido filosófico, isto é, chegar a afirmar o que uma coisa é). Portanto, implica numa inteligência do sentido, numa descoberta dele e não tanto das relações mecânicas.

Para se constituir qualquer juízo, é preciso um critério; mas qual critério adotar para julgar o que é encontrado em reflexão sobre si mesmo? Para julgar o que notamos acontecer em nós mesmos?

Se o critério é tomado de fora de nós, o resultado é inevitavelmente a alienação. Somente um critério imanente – que esteja dentro de nós, dado a nós junto com nossa natureza – nos permite a não alienação.

Um método é adequado para o exame da experiência quando toma um critério imanente à estrutura originária da pessoa para chegar a juízos sobre as vivências.

> Todas as experiências da minha humanidade e da minha personalidade passam pelo crivo de uma "experiência original", primordial, que constitui o meu rosto ao confrontar-me com tudo [...] ao com parar cada proposta com esta "experiência elementar". [...] Trata-se de um conjunto de exigências e evidências com as quais o homem é lançado no confronto com tudo o que existe. A natureza lança o homem na comparação universal consigo mesmo, com os outros e com as coisas, dotando-o – como instrumento de tal confronto universal – de um conjunto de evidências e exigências originais, tão originais que tudo o que o homem diz ou faz depende delas. [...] São como uma centelha que põe em ação o motor humano; antes delas não ocorre nenhum movimento, nenhuma dinâmica humana.[33]

A experiência elementar tem expressões diversas, tais como:

32 Ibid., p. 21.
33 Ibid., p. 23.

exigência de justiça, de beleza, de verdade, de amor, exigência de realização, de totalidade, em suma, exigência de felicidade.

Para se dar conhecimento, é preciso a energia da consciência e o objeto. Um conhecimento tem uma matriz **idealista** quando concebe o objeto como constituído pelo conhecimento ou pela energia do ser humano. Outro teria uma matriz **cética** ou **sofista** quando concebe que um objeto fora de nós não pode ter sua existência comprovada. Uma posição **realista** concebe conhecimento como "encontro entre uma energia humana e uma presença. É um acontecimento no qual a energia da consciência humana assimila-se a um objeto".[34] Por qual método nos decidiremos? Se a escolha não for arbitrária, mas baseada numa consulta às exigências que carregamos conosco internamente, com critérios imanentes, identificamos que o método realista corresponde mais à experiência original de nossa busca de conhecimento, leva em conta todos os elementos, não cai num critério redutivo.

Pois bem, para tomarmos posição diante de um problema como esse, é preciso chegar a dizer "eu". Usando essa palavra, estamos a indicar uma realidade marcada por diversas histórias, tradições e circunstâncias. Mas mostra também uma face interior, um "coração" que é ao mesmo tempo um núcleo pessoal – identitário – e uma marca interior, o que caracteriza todo ser humano. A experiência elementar pode ser identificada como "o ímpeto original com o qual o ser humano se lança na realidade procurando identificar-se com ela por meio da realização de um projeto que imprima à própria realidade a imagem ideal que o estimula interiormente".[35]

Um conhecimento baseado em um posicionamento pessoal pode evitar o subjetivismo?

Essas exigências infindáveis estão a exigir algo de total, indicam que o ser humano é, constitutivamente, relação com o infinito. Por isso, ou amamos a realidade e o ser, afirmando-os até o fundo, ou afirmaremos a nós mesmos infinitamente contra tudo o que se nos apresenta. O ser humano "afirma verdadeiramente a si mesmo somente quando aceita o real; tanto é verdade que o

34 Ibid., p. 24.
35 Ibid., p. 25.

homem começa a afirmar a si mesmo aceitando existir".[36] Se o critério dessa afirmação do próprio ser e de tudo for a experiência elementar, o critério imanente a todos nós, não se tratará de subjetivismo, mas de utilização do que há de mais objetivo que caracteriza cada sujeito. A experiência elementar "é substancialmente igual em todos, mesmo que depois seja determinada, traduzida e realizada de modos muito diversos, aparentemente até opostos".[37]

Iniciar a exercitar a comparação de tudo com a experiência elementar, com as evidências primeiras, vivas em nós, permite desafiar a opinião comum. E é vivenciada como experiência de liberdade.

## 3. Razoabilidade e horizonte de totalidade

No **capítulo II,** discutimos, a partir das considerações de Giussani,[38] sobre **razoabilidade**: aquela "atuação do valor da razão ao agir", aquele "modo de agir que expressa e realiza a razão", sendo esta definida como "capacidade de dar-se conta do real segundo a totalidade dos seus fatores".[39] Ou "abertura à realidade, capacidade de agarrá-la e afirmá-la na totalidade de seus fatores".[40]

A razoabilidade é tomada como uma exigência estrutural do ser humano. Portanto, é a observação de nossa própria experiência que pode nos indicar quando uma atitude se nos apresenta como razoável ou não: são não razoáveis por não transparecer possíveis razões, motivos adequados ou razões adequadas à circunstância dada.

Frequentemente reduzimos o âmbito da razoabilidade identificando racional com demonstrável ou lógico. Mas,

> o problema verdadeiramente interessante para o homem não é a lógica – jogo fascinante; não é a demonstração – sedutora curiosidade. O problema interessante para o

36 Ibid., p. 27.

37 Ibid., p. 28.

38 Cf. capítulo intitulado "Segunda premissa: razoabilidade" em GIUSSANI, Luigi. O *senso religioso*, op. cit., p. 31-44.

39 Ibid., p. 31.

40 Ibid., p. 36.

> homem é aderir à realidade, dar-se conta da realidade. [...] As capacidades de lógica, de coerência, de demonstração, não são outra coisa senão instrumentos da razoabilidade, instrumentos a serviço de uma realidade maior, da amplitude de um "coração" que os utiliza.[41]

De fato, a razão, "esta capacidade de se dar conta da realidade, pode ser usada de modo não razoável".[42]

"A razão do homem, ao se dar conta da realidade, move-se empregando motivos adequados",[43] "desenvolvendo caminhos diversos segundo o objeto".[44] A razão "é uma vida diante da complexidade e da multiplicidade do real, diante da riqueza do real. A razão é ágil"[45] percorre muitos caminhos.

Um procedimento da razão particularmente importante quando se refere a comportamento humano e seu significado é o da "**certeza moral**". "Sem poder dar juízos de certeza sobre o comportamento que o outro tem em relação a si, o homem não pode viver".[46]

Um conjunto de indícios podem ser indicadores que convergem, tomando valor de demonstração. O método pelo qual podemos chegar à certeza de tipo moral "não é fixado mecanicamente, mas é intuído pela inteligência como único sentido razoável, único motivo adequado para explicar a convergência de determinados 'sinais'."[47]

Estaremos habilitados a ter certeza sobre o outro – a partir de alguns indícios – quanto mais estivermos atentos à vida e a nossa humanidade estiver potentemente ativa: "É como se o homem fizesse uma comparação rápida consigo mesmo, com a própria 'experiência elementar'." [48]

41 Ibid., p. 34.
42 Ibid., p. 35.
43 Ibid., p. 36.
44 Ibid., p. 37.
45 Ibid., p. 38.
46 Ibid., p. 41.
47 Ibid.
48 Ibid., p. 43.

## 4. Moralidade na dinâmica do conhecimento

No capítulo III, discutimos a incidência da moralidade sobre a dinâmica do conhecimento a partir da proposta de Giussani.[49]

Constata-se a unidade profunda: "O homem é uno, e a razão não é uma máquina que possa ser arrancada do resto da personalidade para fazê-la agir sozinha, como o motor ou a corda de um brinquedo. A razão é imanente a toda a unidade do nosso eu".[50]

Algo que intervenha no horizonte experiencial promove como reação, inevitável e mecanicamente, um sentimento. Promove também, na pessoa, consciência de si e apreensão do valor de toda realidade conhecida. Portanto sentimento e valor estão inevitavelmente associados. "Para conhecer um objeto, a razão deve acertar as contas com o sentimento".[51]

A hipótese de uma razão sem interferências é paradoxal: quanto mais uma coisa interessa ao indivíduo, quanto mais é valor, quanto mais é vital, quanto mais estiver ligada ao significado para si (como o problema do destino, afetivo ou político), mais gera sentimento e mais condiciona a razão; portanto, exatamente os temas mais relevantes seriam os impossíveis de se chegar a um conhecimento seguro. "É realmente uma mistificação imaginar que o juízo com o qual a razão procura chegar à verdade do objeto seja mais adequado, seja dignamente mais válido, quando o estado de ânimo está em perfeita ataraxia, na mais completa indiferença".[52] Na concepção de razão que não quer eliminar fator algum, temos o desafio de tomar o sentimento colocando-o em seu justo lugar, como uma lente pode aproximar o objeto examinado quando colocada a foco:

> O objeto englobado por essa lente é trazido para mais perto da energia cognitiva do homem; assim, a razão pode conhecê-lo mais fácil e seguramente. [...] O sentimento é um fator essencial à visão, não no sentido de ser ele quem vê, mas no sentido de representar a condição para que o olho ou a razão vejam, segundo sua natureza.[53]

---

49 Cf. capítulo intitulado "Terceira premissa: incidência da moralidade sobre a dinâmica do conhecimento" em GIUSSANI, 2017, op. cit., p. 45-58.

50 Ibid., p. 46.

51 Ibid., p. 48.

52 Ibid., p. 52.

53 Ibid., p. 51-52.

"Ajustar o foco da lente" é um problema **moral**: "diz respeito ao modo de se colocar, de se dirigir, de se posicionar frente à realidade. Não é, portanto, um problema de perspicácia ou de inteligência [...], é resultado de uma longa educação, precisamente, moral.[54]

Assim, "a moralidade está no definir-se de uma postura justa",[55] determinada pelo objeto em questão e pelo "desejo de conhecer aquilo que o objeto verdadeiramente é"[56] mais do que pelo apego às opiniões próprias e alheias já formadas sobre ele.

Giussani ressalta também que faz parte da vivacidade humana reagir frente aos problemas formulando juízos e imagens, por vezes chegando a estabelecer preconceitos. Assim, "a moralidade nasce em nós como espontaneidade, com a postura original, mas rapidamente se altera e se corrompe se não for continuamente recuperada por um trabalho".[57] Para chegar à fonte do critério, à experiência elementar, é necessário esse trabalho pessoal. E só um amor a nós mesmos como destino pode nos persuadir a um tal desapego de nós mesmos, permitindo que a liberdade reflita sobre si mesma e um reposicionamento possa se dar.

## 5. Esvaziamentos e reduções das interrogações existenciais fundamentais

O **capítulo IV** discute as atitudes não razoáveis diante de interrogações radicais, diante da experiência elementar que constitui nossas experiências – seu esvaziamento e redução – bem como algumas de suas consequências.

Giussani define[58] como não razoáveis aquelas atitudes – diante das perguntas ou de suas respostas – que não são adequadas à totalidade dos fatores, à abertura própria da razão e por isso podem ser consideradas desumanas.

Quanto às diversas formas de **esvaziamento**, Giussani enumera três:[59]

54 Ibid., p. 52-53.
55 Ibid., p. 55.
56 Ibid., p. 55.
57 Ibid., p. 58.
58 Ibid.
59 Cf. capítulo intitulado "Atitudes não razoáveis diante da interrogação última: esvaziamento da pergunta" em GIUSSANI, 2009, op. cit., p. 93-109.

1) A **negação teorética** toma as perguntas radicais desde o início como sem sentido, teriam consistência apenas formal. O radical impulso que nos constitui nos colocaria diante de questões impossíveis, que deveriam ser abandonadas. E quando isso se dá, os relacionamentos se fragilizam, "as pessoas poderão apenas justapor-se umas às outras de forma provisória e equívoca, porque não conseguirão mais ter certeza de nada".[60]

2) **A substituição voluntarista** das perguntas radicais acontece quando, esvaziadas de seu conteúdo, as indagações que constituem o motor da nossa personalidade, a energia que nos faz agir, ficam reduzidas à **afirmação de si**. Partindo do gosto pela práxis pessoal, de um sentimento utópico ou de um projeto social, inicia-se um processo atraído pelo gosto por uma prática concreta, por uma meta e por um projeto de nova sociedade, tomadas como práxis voluntarista, afirmadas como próprio projeto, esquecendo "o conteúdo mais agudo e objetivo – o conteúdo pessoal – do qual deriva também o interesse social".[61]

3) **A negação prática** das perguntas se dá por uma posição puramente existencial, uma concepção de vida: as perguntas radicais de algum modo incomodam, doem; "é preciso, então, considerar a vida de modo tal que aquelas perguntas não venham à tona",[62] de tal modo que interesses obscurecem a pergunta pelo significado e a sociedade nos oferece doses quotidianas de irracionalidade para esse fim. Acaba-se, assim, distraindo-se para buscar viver intensamente ou para buscar um equilíbrio frio ou produtivo.

Quanto às diversas formas de **redução** das perguntas radicais, Giussani[63] indica três: a evasão estética ou sentimental, a negação desesperada e a alienação. Na redução, as perguntas radicais são levadas a sério, mas a reduzem parando seu percurso característico, desfazendo-se diante de dificuldades ou tornando-se instrumento do poder.

Na **evasão estética ou sentimental**, as perguntas radicais são aceitas, mas são tomadas segundo sua satisfação expressiva do

**60** Ibid., p. 96.
**61** Ibid., p. 100.
**62** Ibid., p. 100.
**63** Cf. capítulo intitulado "Atitudes não razoáveis diante da interrogação última: redução da pergunta" em GIUSSANI, 2017, op. cit., p. 109-123.

reflexo emocional, a exigência de sentido torna-se um espetáculo de beleza, detém-se numa emoção estética, o que resulta numa falta de compromisso pessoal do eu.

Na **negação desesperada**, nega-se a possibilidade de resposta para as perguntas radicais. Sendo que nossa estrutura humana é de espera, a negação das perguntas fundamentais resulta em desespero, em insistência contra algo que ressurge continuamente no horizonte da experiência. Afirmar não ter esperança só pode ser uma escolha, certamente surgida de uma experiência dolorosa. Mas seria uma escolha não razoável, já que precisa negar a esperança que continuamente reemerge. Afirmar que a realidade é uma ilusão ou que o nada seja sua essência é, cada uma delas, escolha do mesmo tipo: "renega um dado evidente e se abandona à negação desesperada."[64]

Na atitude de **alienação,** "a vida tem um sentido inteiramente positivo, mas se nega que esse sentido contenha verdade para a pessoa, que seja para a pessoa".[65] Afirma-se uma resposta para o futuro ou para uma humanidade genérica. Mas aquelas perguntas coincidem com a originalidade irredutível da personalidade, são conteúdo da autoconsciência e, então, uma resposta só é tal enquanto referente ao eu. Numa resposta deixada para o futuro ou para uma humanidade genérica o "eu" fica alienado, a "paixão pelo fim leva a esquecer dos dados originais".[66]

## 6. Consequências de esvaziamentos e reduções das questões humanas fundamentais

O **capítulo V** apresenta elaborações a partir da descrição de algumas consequências das atitudes de esvaziamento e negação descritas por Giussani,[67] isto é, das atitudes não razoáveis diante das perguntas radicais – a saber, ruptura com o passado, incomunicabilidade e solidão, perda da liberdade. São graves consequências da perda de significado, e da correspondente perda de integração dos fatores da experiência.

64 Ibid., p. 16.
65 Ibid., p. 118.
66 Ibid., p. 122-123.
67 Cf. capítulo intitulado "Consequências das atitudes não razoáveis diante da interrogação última" em GIUSSANI, 2017, op. cit., p. 125-144.

"A personalidade do homem adquire densidade e consistência exatamente como exigência, intuição, percepção e afirmação do significado".[68] A perda de significado tende a anular a personalidade, que tende a ofuscar o senso do passado. Daí resulta que o critério do nexo da pessoa com a realidade fica sendo a reatividade, **rompendo seu laço com a história**, assim como o futuro não vem a ser construído nem vislumbrado. O presente resultaria sem energia e sem originalidade. Desse modo, as pessoas

> são impotentes, e assim o são diante do futuro, porque quebram as pontes que ligam ao passado, negando-se, assim, a vê-lo como tecido constitutivo deste presente que tanto prezam. Porque assim como o homem é uno, também a história é una, e a força do empreendimento presente está em tudo aquilo que a precedeu.[69]

Esse ofuscamento do sentido do passado reduz muito o diálogo e a comunicação humana. Tal condição de **incomunicabilidade** com os outros é derivada da perda de nexos dentro da pessoa mesma, perda da capacidade de memória, sendo esta a guardiã da experiência.

A **solidão** que daí resulta não é tanto a de ficar só, mas principalmente a da ausência de significado que impede algum reconhecimento do que nos une. Tal solidão leva a um clima social exasperante onde o indivíduo se encontra vulnerável, "dilacerado por mil solicitações anônimas",[70] desintegrado.

A experiência humana indica que quanto mais desejo houver mais experiência de liberdade pode-se ter, pois "nos sentimos livres pela satisfação de um desejo. [...] A liberdade é a realização total de si [...], é para o homem a possibilidade, a capacidade, a responsabilidade de realizar-se [...], experiência da verdade de si mesmo".[71] A liberdade "é tendente à realização, é propensão e adesão progressiva ao ser, é algo no vir a ser".[72] O enfraquecimento da busca – existencial e desejosa – por significado resulta diretamente em perda de liberdade.

**68** Ibid., p. 125.
**69** Ibid., p. 129-130.
**70** Ibid., p. 134.
**71** Ibid., p. 137.
**72** Ibid., p. 138.

## 7. Educação para a liberdade

O **capítulo VI** traz uma discussão sobre as contribuições de Giussani[73] sobre **liberdade** como capacidade de adesão ao que mais corresponde, como possibilidade permanente de retomada da experiência constitutiva do humano que, mesmo assim, precisa ser educada.

A pessoa pode ser educada a **responder** às solicitações que ela adverte em sua própria humanidade no contato com o real. Nesse sentido, liberdade e responsabilidade se articulam profundamente. Tal educação a responder implica uma educação da **atenção** e da **aceitação,** geralmente dificultadas pelo preconceito, limitadas por apego a somente alguns aspectos da experiência em ato (por interesse afetivo, ideológico, ou de outra ordem). Atenção e aceitação permitem efetiva abertura para a totalidade dos fatores.

Educar a liberdade é também educar para uma **atitude de pergunta**, ou seja, para permanecer na atitude original da experiência propriamente humana: atitude de espera como pergunta, atitude de **busca real** de resposta às questões constitutivas da pessoa. Tal posição resulta na educação à capacidade de **certeza**.

A adesão intelectual e afetiva ao que se intui como correspondente promove unidade na experiência da pessoa e lhe confere capacidade de arriscar, sem a qual toda busca ficaria inviabilizada. O medo impede muitas vezes o exercício da liberdade, mas podemos contar com o fenômeno comunitário que é muito potente para enfrentá-lo. Assim, superando a fragilidade de contar somente com a própria força de vontade que facilmente poderia ser abalada, a profunda companhia humana é estimuladora da capacidade de espera, busca e adesão, portanto, da capacidade de liberdade: "a dimensão comunitária representa não a substituição da liberdade, da energia e da decisão pessoal, mas a condição para a sua afirmação".[74]

---

73 Cf. capítulo intitulado "Educação para a liberdade" em GIUSSANI, 2017, op. cit., p. 191-200.

74 Ibid., p. 198-199.

O presente volume traz diálogos entre o autor e outros psicólogos e profissionais da saúde, ou entre o autor e alunos de Psicologia em sala de aula. São explicitações de experiências, compreensões, concepções, dilemas, etc., elaborados pelo autor ao longo de muitos anos de trabalho nos âmbitos da Psicologia clínica e do aconselhamento psicológico, da Psicologia social e da docência universitária. Mas são, ao mesmo tempo, elaborações novas e vivificadas no momento mesmo do diálogo. Por esse motivo, optamos por manter o estilo coloquial e a forma de diálogo original das discussões que geraram estes textos. Os parágrafos em *itálico* apresentam comentários e perguntas dirigidos ao autor do presente volume.

Quero expressar meu agradecimento aos colegas do *ProVocação* – serviço de orientação vocacional, por promoverem alguns dos debates que originaram o presente volume; de modo especial a Sandra M. M. Marcoccia. Também aos colegas que comigo discutiram e assumiram o rico desafio proposto, e a todos que cuidaram das transcrições: Aline Gerbelli, Ana Cláudia Bernardes Guimarães, Bernardo Teixeira Cury, Cristiane Andó, Eugênia Maria Fernandes Llanas, Mitiko Andó, Roberta Vasconcelos Leite, Sandra M. M. Marcoccia, Silvia Regina Brandão, Ruth Ramos de Paula Souza e Yuri Elias Gaspar.

A Roberta Vasconcelos Leite, Yuri Elias Gaspar e Ana Cláudia Bernardes Guimarães, agradeço também pela ajuda de valor inestimável no trabalho de sistematização da primeira edição, bem como a Andréia Persico Mahfoud pela mesma contribuição nesta segunda edição.

Agradeço a Marina Massimi e a Gilberto Safra pelas contribuições críticas a um primeiro esboço do que aqui se apresenta.

# CAPÍTULO I

# EXPERIÊNCIA ELEMENTAR: UNIDADE E DINÂMICA DA EXPERIÊNCIA

## 1. Investigação existencial das vivências e sentido

Para conhecer algo de nossa vivência – propriamente humana – não posso fazer qualquer tipo de investigação. É necessária uma **investigação existencial**, porque é a adequada ao objeto, isto é, à vivência da pessoa. Isto significa dar atenção à **experiência**. Surge, então, um problema: não sabemos bem o que vem a ser experiência, e ao observá-la nos confundimos.

Busquemos esclarecer essa dificuldade:

> Depois de termos conduzido uma investigação existencial, é necessário saber emitir um juízo acerca dos resultados de tal investigação sobre nós mesmos. Evitar alienar-se pelo que outros dizem não exime a necessidade de formular um juízo sobre tudo o que encontramos em nós mesmos no decorrer da investigação. De fato, sem uma capacidade de avaliação, o homem não pode fazer nenhuma **experiência.** Gostaria de precisar que a palavra "experiência" não significa exclusivamente "provar": o homem experiente não é aquele que acumula "experiências" – fatos e sensações – a torto e a direito. Semelhante acúmulo indiscriminado gera, frequentemente, destruição e

esvaziamento da personalidade.

A experiência coincide, certamente, com "provar" alguma coisa, mas coincide sobretudo com o juízo dado a respeito daquilo que se prova. "A pessoa é, antes de tudo, consciência. Por isso, o que caracteriza a experiência não é tanto o fazer, o estabelecer relações com a realidade como fato mecânico; [...] o que caracteriza a experiência é **compreender** uma coisa, descobrir-lhe o sentido. A experiência implica, pois, a inteligência do sentido das coisas."[1] Um juízo exige um critério a partir do qual seja efetuado. Também na experiência religiosa, após haver desenvolvido a investigação, é preciso perguntar-se qual critério adotar para julgar o que se encontrou no decurso dessa reflexão sobre si mesmo.[2]

Aqui está uma contribuição radicalmente importante para nós: Quando observamos uma experiência, olhamos o quê? Normalmente consideramos o provar: o que a pessoa está sentindo, o que está querendo, a escolha que prefere fazer, as tendências que está vivenciando... e chamamos de experiência.

No entanto, posso fazer algo e não fazer experiência: não emitindo juízo algum sobre o que significou, passo pelas coisas, mas não faço experiência delas. Assim, há gente que trabalha, porém não trabalha; lê, mas não lê; tem relações afetivas, mas não tem relações... Por não saber afirmar o que aquilo significa, por falta de clareza do que há – naquilo que está vivenciando – de significativo.

Até mesmo ao pegar uma garrafa à minha frente, aquela sensação na mão ainda não me permite conhecer, nem mesmo me assegura a existência do objeto além de mim. O fato de ser palpável, de senti-la na minha mão não basta para conhecer sem que eu formule um juízo sobre o que significa aquela sensação a me provocar. Somente se, partindo da sensação, eu afirmar o seu significado é que posso fazer experiência do objeto e conhecê-lo. Enquanto apenas segurar a garrafa, tenho uma sensação; mas não conheço de que se trata. Só conheço quando emitir um juízo, afirmando de que se trata, conectando-a ao meu mundo.

O que fazemos, tantas vezes, é análise da sensação. Ao invés

1 GIUSSANI, Luigi. *Educar é um risco*: como criação de personalidade e de história. Tradução de Neófita Oliveira. Bauru - SP: Edusc, 2004. p. 88.

2 GIUSSANI, Luigi. *O senso religioso*. Tradução de Paulo Afonso E. de Oliveira. Jundiaí - SP: Paco, 2017. p. 21-22.

de conhecer o objeto e fazer experiência, fico voltado para a sensação em minha mão. E se não chego a dar um juízo sobre o que seja o objeto, até mesmo de minha sensação começo a duvidar; resulta confusa até mesmo a sensação.[3]

É importante notar que essa é uma questão quotidiana: Pensamos em abraçar uma profissão baseados no que é agradável. Gostamos ou não do filme em função da sensação que ficou. Continuamos ou interrompemos o estudo de certa matéria dependendo de o professor ser simpático ou antipático. Frequentemente não sabemos dizer porque aquela aula me interessou. Sem sabê-lo, não há como dar continuidade ao dinamismo gerado em mim ao ter um interesse despertado pelo objeto; fico a meio caminho entre um dinamismo que seria meu e algo que está à minha frente, terminando sem um e sem outro. Sem emitir um juízo sobre a vivência do objeto, fica impedido o dinamismo de elaboração que é a busca do sentido da vivência do objeto, não se formula experiência, não há conhecimento.

*– É o que vejo acontecer com a pessoa deprimida: ela fica na sensação da depressão quase o tempo todo, falando da sensação sem conseguir sair, sem desprender.*

Ela descreve, descreve, reafirma, reafirma a sensação...

De nada adiantaria sugerir algum conteúdo para o sujeito, como se dissesse: "Olhe este outro lado da situação." Não. A questão é o dinamismo da pessoa.[4] O critério para você fazer experiência ou é seu, ou então vem de fora e você seria inevitavelmente alienado. Se dissessem para o sujeito: "Olhe para este outro aspecto...", ele poderia até mesmo confiar e querer olhar por outro ângulo, mas não se daria o movimento da pessoa dele, o movimento não teria sido dele. Seria como alguém que olhando uma estátua,

3 "Esta garrafa não existe só porque eu a vejo e a toco. O fato de que eu a veja e a toque não é suficiente para confirmar para mim a existência dela. Para que exista, é necessário que esta garrafa tenha um sentido. Ou seja, tenha uma relação comigo, com tudo que existe; isto é, é necessário que esta garrafa esteja dentro da estrutura complexiva do universo. [...] E ainda por cima posso ficar em dúvida se a minha própria percepção a respeito de uma coisa possa ser uma percepção ilusória." (CESANA, Giancarlo. O sentido promove o homem. *Passos*, São Paulo, n. 16, mar. 2001, p. 11).

4 MAHFOUD, Miguel. Reconhecer o movimento do eu: processos psicoterápicos. In: ANGERAMI, Valdemar Augusto (org.). Atualidades em psicoterapia fenomenológico-existencial. Belo Horizonte: Artesã, 2020. p. 75-83.

buscasse conjugar alguns elementos, mas a dinâmica e unidade próprias daquela imagem não se manifestaria. A composição não teria dinâmica própria que lhe caracterizasse, aquela dinâmica que lhe confere identidade.

## 2. Exigências constitutivas da pessoa e dinamismo pessoal

– *Como ajudar na psicoterapia?* Não podendo o conteúdo ser algo dado por nós...

Se a intervenção estivesse baseada na intenção de que a pessoa superasse a tristeza, seria equivalente a ajeitar algum componente de uma estátua barroca, da melhor maneira que conseguimos, mas... Ou se buscássemos mostrar contradições no que a pessoa está dizendo, para fazer com que ela olhasse para algo que advertimos... Ou mesmo se buscássemos apontar algo para que ela percebesse horizontes mais amplos ou mais positivos... Em todas essas intervenções estaríamos buscando modificar a postura da pessoa. Mas a questão fundamental é localizar o dinamismo propriamente humano, pessoal, que constitui o sujeito mesmo que deprimido, ainda que confuso, ou tenso, tendo sido desvalorizado ou desrespeitado. Mesmo na vivência de alguma situação psicologicamente complicada, naquela vivência, há outra coisa: uma **exigência**. Precisamos aprender a reconhecê-la.

– *Até numa criança...*

Até mesmo numa criança!

– *Eu estou pensando numa criança de 3ª série do Ensino Fundamental que chegou até mim por causa do seu comportamento: "Não dá mais: dê um jeito...". Diante dele, ele pensava: ele foi encaminhado para falar do que aconteceu (havia machucado um colega) e isto não vai levar a nada. E eu lhe disse: "–* não sei o que lhe dizer... E você, como você é? O que pensa disso tudo?". *"– Tenho de melhorar."* Aí vêm *os chavões. "– O que quer dizer melhorar para você?". Aí vêm as regras. "– Diga alguma coisa de você, que você acha que você é, como você é...". Ele respondeu: "– Sou pior que os outros, eu não presto pra nada..." com os olhos cheios de lágrima. "– Como você viu isso na sua vida?". Ele trouxe uma situação de quando estava na pré-escola, machucou um menino e quebrou o braço dele.* "Nós estávamos brincando, eu caí em cima dele, por isso *ele quebrou o braço. E eu fiquei sozinho, fiquei o dia inteiro isolado.". E está isolado até hoje.*

Note que ele tem um critério muito preciso para dizer "eu sou" ou "não sou", "sou algo de grande" ou "não, sou o pior". Estar sozinho é quase não ser, é quase "você não é", ou "não deveria ser, você não deveria existir". Esta é a dor, porque não há nada mais essencial do que nossa **exigência de ser**: tudo, tudo em nós expressa a exigência de ser. Todo o **dinamismo da experiência elementar** é a nossa exigência de ser em ato. A dor da solidão não é por ficar sem falar com ninguém durante algumas horas, mas a ressonância em nós de algo como "seria melhor se não estivesse aqui, se não existisse".

O drama é que não podemos ser por nós mesmos. Ser deixado só corresponde a "não seja". Ficar só impossibilita um caminho de realização. E pode-se chegar a dizer "não seja" a si mesmo. Eu sou com um outro. A exigência de ser não é afirmação de autonomia. É uma exigência radical, nunca vai se extinguir, mas sua realização depende.

Para ser, dependo:[5] dependo de que alguém tenha me criado, mas também de que alguém me receba no mundo humano. Que a existência de minha pessoa faça sentido, não depende só de mim mesmo: não basta um sentido que fosse válido somente para mim mesmo; o sentido de minha existência se refere à minha presença para alguém, no mundo, na história.

A formulação do sentido de minha existência depende de que ela faça diferença num certo contexto, de que faça diferença, que eu deixe minha marca. Sem ser recebido no mundo humano, eu não teria condições de exercer meu dinamismo próprio, não chegaria a ser eu mesmo.[6]

A exigência de ser é absolutamente radical: diante da im-

5 MACINTYRE, Alasdair. *Animales racionales y dependientes*: por qué los seres humanos necessitamos las virtudes. Tradução de Beatriz Martinez de Murguía. Revisão técnica de Fernando Escalante Gonzalbo. Barcelona: Paidós, 2001. 204 p. (Coleção Paidós Básica, 111).

6 FRANKL, Viktor Emil. *Fundamentos antropológicos da psicoterapia*. Tradução de Renato Bittencourt. Rio de Janeiro: Zahar, 1978. 289 p.; FRANKL, Viktor Emil. *Psicoterapia e sentido da vida*: fundamentos da logoterapia e análise existencial. 4. ed. Tradução de Alípio Maia de Castro. São Paulo: Quadrante, 2003. 352 p.; SAFRA, Gilberto. *A face estética do* self: teoria e clínica. 3. ed. São Paulo: Ideias e Letras, 2005. 174 p.

possibilidade, há a dor da não realização; mas a exigência não desaparece.

Mesmo a criança chega a falar disso se dermos espaço. E aí está um aspecto surpreendente: Se ela puder dizer que a dor é estar só, poderá brotar o cuidado nos relacionamentos, o que continuaria impossível enquanto ela apenas reafirmar "eu não valho nada". Sem chegar à exigência, não surge a dinâmica de cuidado, e ela ficaria girando em torno de chavões e regras.

– *Então o caminho é aprofundar a dor?*

Trata-se de aprofundar a dor para chegar a explicitar a exigência. Não se aprofunda a tristeza pela tristeza, mas para chegar a identificar qual é "o bem ausente", qual é a urgência de bem que está vibrando naquela tristeza.[7] Frequentemente pretendemos que a tristeza desapareça; mas a questão é como naquela tristeza pode se explicitar a exigência, qual é o bem que está sendo buscado, o bem exigido... O mesmo poderia se dar com a raiva, por exemplo.

Então, a experiência se dá quando apreendo o sentido, quando afirmo o sentido do que experimento. Mas o sentido é o quê? É meu último pensamento? É o que eu gosto ou o que não gosto? Não. O sentido emerge na exigência – ou então seria dado pela moda. A maneira como muitos adolescentes se relacionam e o critério com o qual lidam com o próprio sentimento é, pela própria dinâmica característica daquela fase de vida, ditado pela moda. Mas se dá também assim entre adultos: queremos fazer o que gostamos, mas, sem consciência das exigências, o critério é ditado pela moda, pelo poder; e assim não temos uma experiência própria, a rigor nem mesmo fazemos experiência. Também no trabalho psicológico, ou ajudamos a pessoa a tocar num critério mais fundamental, elementar, ou não se dá experiência. Se chegar a um ponto constitutivo da minha dinâmica pessoal, então tenho critério para dizer se o que vivencio é bom ou não, tem a ver com minha realização ou é contra ela. Por isso, uma profunda tristeza pode permitir uma grande experiência; uma dor imensa, quase

7 Tomás de Aquino define tristeza como "desejo de um bem ausente" em Dionysii de divinis nominibus, 4, 9; Summa theologiae, 1, q. 20, Art. 1, *apud* GIUSSANI, 2017, op. cit., p. 82.

insuportável, pode ter em si uma grande experiência. E gerará recursos pessoais para lidar com os sentimentos e circunstâncias. Ao invés, tantas vezes, como psicólogos, ficamos administrando a dor, administrando a tristeza, mas a possibilidade de ajudar radicalmente se esvai. Ficar na tristeza, aprofundar a tristeza – não por ela mesma, mas porque ali há uma exigência, para que ela se manifeste, dando força, direção e pessoalidade ao dinamismo do sujeito. Não precisamos mais temer vivência alguma.

*– Atendi uma senhora que perdeu o marido depois de uma doença longa: ela não aguentava mais cuidar dele. Quando ele morreu, ela ficou com essa culpa. Chegou dizendo que não conseguia mais dirigir, sair de casa, tinha insônia... No início, ela tentava aliviar, dizendo que a doença não tinha cura, que era muito desgastante mesmo, ela não podia fazer nada... E a terapia não saía do lugar. Num certo momento pensei que aquela dor se referia ao mal,* não ao limite. E disse a ela que aquela era a experiência de todo homem: desejar o bem e fazer *o mal. Na sessão seguinte ela relatou ter ficado muito intranquila, mas foi se dando conta de que ele lhe havia feito mal, que ela tinha feito muitas coisas boas para o marido... Chegou até a pedir perdão a ele; e disse ter ficado numa paz que nunca havia experimentado antes, dormiu bem naquela noite... A partir disso foi reformulando tudo: percebeu o relacionamento com o marido como uma troca e não só feito por ela, reorganizou o futuro em termos afetivos e reviu a relação com a família. Disse depois que a coisa mais importante que ela havia descoberto é a de ser muito frágil, mas que olhar o defeito, o erro, o limite, não é tão ruim assim. E foi tirando muitas consequências, agindo; foi um desencadeamento. E eu fiquei ali só admirando.*

É isso. Se não chegamos a tocar nesse ponto nuclear, temos de ser o artífice, reunindo os cacos, insistindo... Você apontou um nível da experiência que normalmente não é considerado na dimensão psicológica, que é o mal. A dimensão psicológica chega até a culpa, mas a questão do mal – que é dramática – é deixada como um problema para os filósofos. No entanto, é, como experiência, uma questão existencial fundamental.[8] Nós não somos

**8** Experiência ontológica é importante concepção fenomenológica, sendo elaborada por Husserl, Stein, Heidegger, Scheler, Buber, dentre muitos outros. No sentido giussaniano, pode ser tomada como a apreensão vivencial do ser na experiência mesma, particularmente, na experiência de autoconsciência da pessoa em ação na

exigência de bem? Como não considerar o mal? O mal é a contradição que se insere na nossa exigência de bem, um passo em falso vivido num gesto constituído pela exigência de ser. É um mistério: há uma contradição, há uma dificuldade em lidar com o próprio desejo de bem. Se deixarmos de pontuar essa questão, partiremos de algum aspecto sem expressar o dinamismo que caracteriza aquela pessoa. Quando você tocou na questão do mal ("mas o ponto está aqui: é o problema do mal") ela pôde reconsiderar o problema do bem e daí é que veio o dinamismo que ordenou tudo, que pôde dar unidade ao que era tomado fragmentariamente.

E você ficou admirando, porque o dinamismo fluiu. Quando olhamos para a estátua barroca autêntica, ela nos conduz. Não inventamos a direção, ela nos conduz. É a unidade interna que conduz o processo e essa unidade pede que nos movamos, nos solicita a acompanhar o movimento que está acontecendo e admirar. E fazemos uma experiência bonita de gratidão diante do que está acontecendo. É uma experiência que fazemos nos atendimentos. Significa que estamos passivos? Só vendo acontecer, como se não estivéssemos lá? Não. Trata-se de apontar onde está o cerne da experiência, e sustentá-la com nossa presença atenta, interessada pelo que está por emergir.

– *Falando sobre o mal, é como se ele dissesse que é possível enfrentá-lo.*

---

relação com a realidade. Giussani aponta que nos dirigindo ao real, "intensamente voltados, na autoconsciência, no sentimento de nós mesmos, é preciso ver as feições da nossa razão, com todos os traços, que são os princípios dos quais ela é feita: é preciso vê-los emergir da experiência de nós mesmos". GIUSSANI, Luigi. *L'io rinasce in un incontro*. Milano: Rizzoli, 2010, p. 169. Bernardo Bonowitz afirma que, para Giussani, conhecimento ontológico vem a ser "um conhecimento que não é tanto explicitamente racional [...] quanto criativo de nossa identidade [...], um conhecimento unitivo incoativo [...], conhecimento do desejo, o conhecimento de irresistivelmente querer para si [...] felicidade eterna e infinita". Diante do real, no reconhecimento de algo correspondente aos anseios profundos, é possível apreender que a busca já estava em ação desde muito, como constitutiva da pessoa. Reconhece-se, ao mesmo tempo, que de algum modo a resposta está próxima, oferecida e disponível a nós. Diante do reconhecimento de correspondência da resposta encontrada, a dinâmica de adesão ao ser se dá com um movimento de voltar-se para si e para a fonte contemporaneamente. BONOWITZ, Bernardo. *Conhecimento de si mesmo como condição da fé*: uma reflexão monástica. Belo Horizonte: Universidade Federal de Minas Gerais, 2008. Palestra proferida no Debate *Fé e conhecimento: a perspectiva do cientista, do poeta e do monge.*

E, além disso, é como se dissesse algo mais essencial: a dor é a de fazer o mal, de realizar o mal; esta é uma grande dor e a vivemos como dor precisamente porque somos exigência de bem. Não é uma dor superficial: é dor no nível de experiência ontológica[9] porque eu tenho exigência de ser, eu tenho exigência de bem e estou vendo o mal, estou vendo o mal em mim mesmo, eu mesmo estou fazendo o mal. Diante dessa dor a pessoa elabora a experiência. Na culpa fica parada; mas, nessa dor, não.

Creio que uma grande maioria dos processos psicoterápicos tenta aliviar a culpa e espera com isso algum processo mobilizador, libertador. Mas a mobilização não se dá referente ao que se escolhe, ao que se quer, mas referente à exigência que nos constitui. Ao reconhecer o limite, a exigência aparece: aquela dor é exigência de bem (diante da evidência do mal). A exigência, a experiência elementar, não é algo a ser suposto, algo que estaria encoberto ou por trás daquela dor; aquela dor é uma expressão da exigência. E até uma criança pode reconhecer, não é preciso ser filósofo, não. Tantas vezes não sabemos enxergar, mas está lá. A mobilização propriamente pessoal é dada pela experiência elementar, em qualquer experiência.

É surpreendente que, assim, também a culpa e a fragilidade são redimensionadas. Não no sentido de a pessoa não mais ser frágil, mas por ela se posicionar diante da fragilidade. Note a novidade: a pessoa se posiciona diante do mal que fez ao mesmo tempo em que se posiciona diante do bem que profundamente anseia (que está incluído na experiência do mal, como contraponto).

Quando se examina a experiência chegando ao seu elemento fundante, a pessoa se posiciona. (Aliás, a definição mesma de pessoa contempla que é o sujeito quem se posiciona diante da

9 Alguns filósofos contemporâneos dão uma grande contribuição ao enfrentamento também existencial do problema do mal. Permito-me salientar Paul Ricoeur, principalmente no seu livro sobre o tema, já considerado um clássico: RICOEUR, Paul. *Mal*: um desafio à filosofia e à teologia. Tradução de Maria da Piedade Eça de Almeida; prefácio de Pierre Gisel. Campinas - SP: Papirus, 1988. 53 p. Sobre essa obra, Cf. TAVARES, Manuel. Fundamentos metodológicos do pensamento antropológico e ético de Paul Ricoeur: o problema do mal. *Memorandum*, Belo Horizonte, v. 10, p. 136-146, abr. 2006. Disponível em: https://periodicos.ufmg.br/index.php/memorandum/article/view/6739/4312. Acesso em: 02 jul. 2022

circunstância, diante do outro ou diante das próprias reações.[10] A expressão de ser pessoa se dá ao posicionar-se diante do que acontece[11] particularmente ao posicionar-se diante do relacionamento que lhe permite ser).[12] Quando tocamos nesse ponto nuclear, brota um posicionamento por parte do sujeito.

E o que vem daí não é trabalho nosso; trabalho nosso é ficar na dor para apontar esse nível de experiência. Se pudermos fazê-lo, emergirá um dinamismo caracterizado por uma força de ordenação que nos surpreende. Tal surpresa nos coloca numa posição de abertura diante da experiência daquela pessoa, posição de profundo respeito e até mesmo de gratidão pela vida. E, no vivo relacionamento, nossa posição de admiração diz para o outro: "a sua existência tem algo de grande". Não que se fale disso, mas estar aberto na relação, admirado com o dinamismo autêntico e potente que se instaura, com a experiência que está diante dos próprios olhos, abre ao outro o caminho para a apreensão experiencial do próprio ser. Não se trata de um detalhe; admiração da experiência viva é essencial.

Tal admiração é parte do respeito pela dinâmica – e sua exigência constitutiva – que está em ato diante de mim, fora de mim. Trata-se de um respeito ativo: dar espaço ao processo, lidar com cada tema guiando-se pela dinâmica viva mesma. Como um escultor buscando respeitar a forma própria do modelo que precisa retratar ao lidar com o material que pode dar visibilidade, expressividade, ao que mais o caracteriza. Ao esculpir uma estátua de um sujeito tem de respeitar a dinâmica que lhe é própria; e o faz melhor quanto mais estiver admirado pelo que emerge para além de seu gesto.

Cabe a nós pontuar a exigência, o processo acontece. E justamente por ser assim, podemos admirar mais, tornando-nos mais cuidadosos, mais precisos.

Aquilo que nasce propriamente de nossas mãos, de nossos

10 STEIN, Edith. Estructura de la persona humana. *In*: STEIN, Edith. *Obras completas*: Escritos antropológicos y pedagógicos. Tradução de Francisco Javier Sancho. Vitoria (Espanha): El Carmen, 2003. p. 555-749. v. 4.

11 RICOEUR, Paul. *Leituras 2*: a região dos filósofos. Tradução de Marcelo Perine e Nicolas Nyimi Campanario. São Paulo: Loyola, 1996. 343 p.

12 BUBER, Martin. *Eu e Tu*. 9. ed. Tradução, introdução e notas de Newton Aquiles von Zuben. São Paulo: Centauro, 2004. 154 p.

projetos, não gera esse tipo de admiração – se dá uma dinâmica mais narcisista ou de autoafirmação.

– *Na verdade gera insegurança, o que a gente mesmo modela: depois tem de ficar lá cuidando para que nada mude.*

E depois fica com medo, quando parece que algo não está bem no lugar. Enquanto que um dinamismo assim – um processo de ordenação que emerge do cerne de uma confusão ou de uma dor – contém uma beleza, e você fica livre diante dele.

Note que me refiro à possibilidade de admiração mesmo em meio à confusão; não estou defendendo alguma espécie de perfeição a todo custo – por isso pode-se fazer uma experiência de liberdade diante da experiência do outro.

## 3. Referências pessoais da elaboração da experiência

Quando se dá tal processo e dinâmica pessoal não quer dizer que esteja tudo resolvido, uma vez por todas. A vida é muito mais dramática, contraditória. E continuará a sê-lo. Mas a pessoa entende qual é o ponto central de seu posicionamento diante da vida e diante da contradição mesma. Essa experiência não se perde. A pessoa se posiciona e faz uma experiência de liberdade no meio da confusão ("não é por ter mudado a situação que fiquei melhor, mas porque eu me posicionei"), essa experiência ela não perde nunca mais.

Por isso Plantão Psicológico[13] é tão interessante: não resolve tudo, mas possibilita à pessoa fazer uma experiência de se posicionar diante do problema, e essa experiência permanece como referência. Durante toda sua vida a pessoa precisará se posicionar, sempre de novo, mas é como se já tivesse o caminho aberto, sabe o que significa, tem experiência propriamente dita. Quando lidarem com ela só no nível da culpa, ela saberá qual é o ponto nuclear da questão e entrará em relação com pessoalidade. A pessoa terá de lidar com ocasiões desse gênero muitas outras vezes – o drama da vida continua – porém já ficou evidente o fator fundamental. E tra-

13 MAHFOUD, Miguel. A vivência de um desafio: plantão psicológico. In: ROSENBERG, Rachel Lea (org.). *Aconselhamento psicológico centrado na pessoa*. São Paulo: EPU, 1987. p. 75-83. MAHFOUD, Miguel (org.). *Plantão psicológico*: novos horizontes. 2. ed. revista e ampliada. São Paulo: Companhia Ilimitada, 2012. 156 p.

ta-se daquele nível de experiência que não passa, do qual nos alerta Giussani.[14] A experiência elementar nos constitui; trata- se de uma estrutura originária da pessoa. Quando temos uma apreensão experiencial dela, quando fazemos experiência no sentido próprio do termo, ali se dá algo que permanece.

*– Falávamos que as exigências constitutivas são inextirpáveis, mas há pessoas que têm camadas sobre camadas em cima dessas exigências.*

Essas camadas são o modo como a pessoa lida com sua própria experiência. Colocar camadas faz parte de seu modo de lidar com essas exigências. Não é que a exigência está lá embaixo escondida. Essas camadas são modos atropelados com os quais lidamos com nossa exigência de ser. Como a agressividade daquele garoto de quem falávamos há pouco: não é uma camada sobre a solidão, mas a maneira de ele viver a dor de ser deixado de lado, a dor de dizerem para ele: "não exista". Não está só por baixo, aquilo é "expressão de". Se não aprendêssemos a reconhecê-lo, acabaríamos sugerindo que ele olhasse para algo que não é a sua vivência; resultaria **postiço** (algo **posto** ali, artificialmente composto) caso não o ajudássemos a olhar para esta expressão de sua exigência de ser. Não se trata de olhar para outra coisa sugerida como mais interessante, mas de olhar para a exigência que está pulsando naquela expressão. Aquela exigência é a essência. A essência está lá na camada, como em qualquer aspecto do fenômeno. Ou ficaremos querendo tirar a camada para chegar não se sabe onde.[15]

14 GIUSSANI, 2017, op. cit., p. 66 et seq.

15 Quando apreendo a essência? Giussani fala em "inteligência do sentido das coisas" (Ibid., p. 21). Qual o significado da palavra inteligência? Inteligência é *intus legere*, é ler o que está por dentro, apreender as conexões. Então pego a garrafa, mas entendo que é garrafa fazendo conexões e síntese. A partir de um conjunto de sensações na mão, posso dizer algo sobre o objeto. A inteligência é que apreende essas conexões todas e me permite chegar à essência. A essência é um conjunto de características estruturais se mas quais o objeto não seria o que é. A intuição permite colher todos os elementos a partir do que provo na minha mão, podendo então chegar a dizer: "garrafa". Não se trata de pura descrição de cada uma dessas partes; trata-se de examinar cada uma delas apreendendo os elementos essenciais para apoiar o juízo. A afirmação do que a coisa é – a emissão do JUÍZO – coincide com afirmar um sentido. Então até a sensação já não é confusa. Imagine se no escuro, buscando pegar um objeto, e ao invés de pegá-lo, pega outra coisa. Sente aquela sensação estranha até chegar a dizer: "Ah, é aquilo". Formulou, fez sentido que sensação era aquela, então você pode compreender o que estava acontecendo. Enquanto não disser aquele "ah", enquanto não examinar o que estava

– *Quando aquele garoto chutou o companheiro, ele estava lutando porque tem exigência de ser acolhido.*

Ele tem exigência de ser, de existir de modo significativo para o outro. Ele encaminha sua exigência de maneira atropelada, mas vai precisar fazê-lo de algum modo: "Que eu exista para você". A questão é: se eu puder tematizar de quê exigência se trata quando estou chutando; se eu puder colocar a tema que não se trata de mero detalhe; se eu entender que aquela exigência está ordenando meu gesto, então, posso cuidar da exigência em tantas ocasiões e em tantos gestos diferentes. Enquanto eu não enxergá-la, só busco me controlar para não chutar, e não consigo. Preciso de algum modo afirmar o meu ser; são caminhos encontrados para ser. Rotulando o comportamento como "é para chamar a atenção", ou algo assim, apenas colocamo-nos na perspectiva de interromper uma dinâmica ruim. E de fato, chutar o companheiro não é a melhor maneira de conseguir ser reconhecido na sua existência. Podemos até interromper esse mecanismo; mas não basta. É preciso tocar a exigência, e ele poderá começar a cuidar. Cuidar do amigo, voltar a se relacionar com a coordenadora – porque ali ele tem um reconhecimento de ser que não encontra em outro lugar –, olhar para a professora com surpresa porque ele não sabendo chegar perto dela, ela chegou perto dele... Na dinâmica instaurada pelo posicionamento frente a sua exigência, poderá ficar admirado e comovido com tantas coisas acontecendo em sua vida, como também nós ficamos diante do cliente; e o mesmo respeito e cuidado emergirá no seu quotidiano. Essa experiência de ficar admirado – como admiração diante de meu próprio ser – nos é necessária: nela reside a afirmação do meu ser e da vida. Tendo sido objeto de uma admiração assim, tenho mais condições de admirar os acontecimentos e meu próprio ser.

---

provando, enquanto não chegar a um juízo, se dá apenas um borbulhar de sensações; quando chega a formular um juízo, tudo se articula. Note que não se trata de inventar sentidos. Se o movimento de se voltar para os objetos é que lhe permite compreendê-los, colher seus elementos essenciais, conhecê-lo. Então é a inteligência (incluindo a intuição) que apreende algo de essencial. Cf. ALES BELLO, Angela. Fenomenologia e ciências humanas: Psicologia, história e religião. Edição e tradução de Miguel Mahfoud e Marina Massimi. Bauru - SP: Edusc, 2004. 330 p. Sobre inteligência e intuição no conceito de pessoa, cf. GRYGIEL, Stanislaw. *La persona umana e la sua trascendenza.* Disponível em: https://www.culturacattolica.it/cultura/antropologia/la-persona-umana-e-la-sua-trascendenza-2. Acesso em: 01 jul. 2022.

Então pode haver formas inautênticas de organização pessoal e das relações interpessoais, elas mesmas são formas deturpadas, ineficientes, não funcionais de encaminhar nossa exigência, porque a exigência constitutiva "dá fogo e tensão a cada palavra nossa",[16] dá força e tensão a cada gesto, "ardor radical" de onde nasce "o inexaurível movimento humano".[17]

Identificando a expressão do sujeito – expressão de exigências fundamentais – nela reconheço uma dinâmica própria daquela pessoa.

Mesmo que seja psicótico, o que interessa é identificar na experiência a exigência de ser; e ser é "ser com". Assim podemos compreender a dor de um psicótico por sua característica de não poder "ser com". É uma questão radical. Não encontramos nenhum psicótico tranquilo com essa questão, como a dizer: "Ah, tanto faz, cada um tem seu mundo...". Cada um tem o seu mundo, de fato, mas ali há uma dor, porque a exigência de ser não se realiza isoladamente. Não digo que a origem daquele sofrimento mental seja essa; digo que mesmo naquela circunstância psicológica há uma exigência de ser radicalmente importante e que essa pode ser ordenadora da elaboração das experiências.

Não estamos falando de uma concepção de homem que está por baixo do que enxergamos. Não. Estamos enxergando, reconhecendo a expressão da pessoa na dor pela impossibilidade de se compartilhar vivências, e apreendendo ali sua dinâmica essencial característica.

## 4. Crivo crítico e juízo: o particular e o universal

Veremos a seguir outros aspectos importantes para caracterizar e aprender a reconhecer a experiência elementar.

Giussani diz "insistir na necessidade de que a reflexão sobre si seja peneirada, a fim de alcançar um juízo, pelo confronto entre o conteúdo da própria reflexão e o critério original do qual som os todos dotados".[18]

16 MANN, Thomas. *José e seus irmãos*. 2. ed. Tradução de Agenor Soares de Moura. Rio de Janeiro: Nova Fronteira, 2000. p. 9-10. v. 1. Cf. também GIUSSANI, 2017, op. cit., p. 87.

17 Ibid., p. 87.

18 GIUSSANI. 2017, op. cit., p. 25.

"Reflexão sobre si" não significa registrar sensações ou relatar o que aconteceu, mas que se utilize um crivo, uma peneira, capaz de indicar qual é o ponto de maior interesse. Uma descrição da vivência serve para poder chegar ao essencial, a fim de alcançar um juízo.

Quando digo: "O essencial é isto", estou formulando um juízo. Se eu digo: "Sua experiência é de culpa", é um juízo. "Aquela experiência é dor pelo mal", este é outro juízo. Como chego a falar e a tomar a vivência de uma maneira ou de outra? Tenho um crivo, um critério. Se o crivo é a experiência elementar, posso falar de exigência de bem e do drama do mal; ou de exigência de "ser com". Sem o crivo da experiência elementar não chego a essas questões, só posso falar em culpa, sensação, comunicação, sentido da palavra... Assim, formulo um juízo circunscrito a uma dimensão menos essencial.

Portanto, preciso de um critério, uma peneira, que me permita formular um juízo com esse nível de profundidade, um juízo que me permita colocar as questões essenciais sem abstrações. Como utilizo o critério para chegar a um juízo? Fazendo um "confronto entre o conteúdo da própria reflexão e o critério original do qual somos todos dotados".[19]

O "conteúdo da própria reflexão" inclui as sensações, as expectativas, o medo... Toda a dimensão psíquica. Mas eu preciso comparar tudo o que experimento com um critério, ou não chego ao que é essencial, não chego a fazer uma reflexão sobre mim mesmo. Não só não chego a aprofundar: não chego à reflexão sobre mim, giro em torno das vivências que, por sua vez, permanecem confusas para mim.

> Uma mãe esquimó, uma mãe da Terra do Fogo e uma mãe japonesa dão à luz seres humanos que são todos reconhecíveis como tais, seja pelos caracteres exteriores seja pela **marca interior**. Assim, quando eles disserem "eu", utilizarão essa palavra para indicar uma multiplicidade de elementos derivados de diversas histórias, tradições e circunstâncias. Mas, indubitavelmente, quando disserem "eu" usarão tal expressão também para indicar uma face interior, um "coração"

**19** Ibid., p. 25.

> [...] que é igual para cada um deles, embora traduzido das mais diversas maneiras.[20]

O que expressamos por meio de nossa história, temperamento, de nossas funções psíquicas atuantes, são possibilidades de expressão de algo mais, mais nuclear, de um centro. E é nesse centro fundamental que nos encontramos.

É a experiência que comentamos há pouco: houve reconhecimento do ser do outro, "eu o reconheço como um ser todo próprio".

Quando alguém nos diz "tu" verdadeiramente, começamos a querer dizer "eu".[21] Quando temos a chance de expressar claramente o próprio eu, há uma surpreendente sintonia com o outro.

Note que você ficou contente pelo fato de a cliente ter dado um passo realmente pessoal. Indica que aquele acontecimento tem a ver consigo. Há uma realização da sua pessoa que se refere à realização do outro. Acontece, assim, uma proximidade que varre todo relativismo do tipo "cada um tem seu caminho" ou "o que é importante para mim não é importante para você" etc. Claro que as circunstâncias em que isso vai ser expresso é inevitavelmente de cada um, e cada um é realmente cada um; porém quando tocamos naquilo que mais define a pessoa singular e inigualável, justamente ali chegamos a uma sintonia fundamental, que tem a ver com a nossa exigência de ser. Enquanto refrisamos o relativismo, não podemos tocar na exigência de "ser com".[22]

– É verdade. Quando aquela senhora contou tudo o que ela havia reformulado (a partir da questão do mal e não só da culpa), ela levantou e abriu os braços, nos abraçamos. Ficamos *juntas e ela teve necessidade de expressar isso naquele momento, nem esperou o final da sessão.*

Este é um gesto de liberdade e liberdade emerge ao podermos "ser com". E note que ímpeto em relação ao outro aquele gesto comporta.

Com o termo "experiência elementar", Giussani indica o ímpeto original com o qual o ser humano se lança na realidade:

20 Ibid., p. 25.

21 BUBER, 2004, op. cit.

22 Uma interessante crítica ao relativismo e correspondente valorização do realismo como fundamento das relações sociais pode ser encontrada em VANDENBERGUE, Frédéric. *Teoria social realista*: um diálogo franco-britânico. Belo Horizonte: UFMG; Rio de Janeiro: IUPERJ, 2010. 365 p.

> Experiência elementar: algo que tende a indicar de maneira acabada o ímpeto original com o qual o ser humano se lança na realidade procurando identificar-se com ela por meio da realização de um projeto que imprima à própria realidade a imagem ideal que o estimula interiormente.[23]

Ímpeto original: o cerne da questão não é determinado pelo temperamento ou por alguma circunstância ocasional (se hoje estou cansado ou não, se sonhei algo estranho à noite e estou levantando meio atordoado...). É original, está na origem de nosso movimento, está na origem do modo como todas as situações – ainda que ocasionais – me tocam. Em toda vivência há, na origem, um ímpeto de ser, uma exigência de ser, de bem, de justiça, de beleza, de felicidade. E é dinâmico: a exigência de ser é um "ímpeto original com o qual o ser humano se lança na realidade". Eu me lanço – aqui há esse outro aspecto, que é muito bonito –, procuro que na realidade aconteça algo de que eu tenho exigência, procuro que a realidade seja de tal modo que responda à exigência que vivo; procuro que o mundo seja do jeito que eu preciso que seja. Então busco modular a realidade, ainda que de modo desastrado.

Aqui se abre uma grande possibilidade para nosso trabalho psicológico. Podemos ficar com o sujeito – qualquer que seja a expressão de si por ele utilizada –, identificando uma dinâmica original. E se eu conseguir torná-la mais clara (para mim e para ele), ocorrerá um processo – interno a ele e entre nós – totalmente diferente. Posso ir ao encontro de qualquer sujeito, com grande liberdade, buscando apreender esse aspecto nuclear: está sempre lá. E quanto mais claras estiverem as minhas próprias exigências, mais condições eu terei de identificar e pontuar as do outro, melhores condições terei de acompanhá-lo num autêntico relacionamento. Se aquela terapeuta não aceitasse entrar na questão do mal além da culpa, não possibilitaria um caminho novo para o outro.

Note que não se trata de projetar elaborações próprias. Trata-se de, reconhecendo um dinamismo essencial, reconhecer também que, nas expressões diferentes, há algo de essencialmente comum. Colocamo-nos no mundo – inclusive nos relacionamen-

23 GIUSSANI, 2017, op. cit., p. 25.

tos – a partir do que temos de mais original, o que resulta num ideal frente a todo aspecto da realidade.

Do ponto de vista nosso, como profissionais, é a contribuição que temos a dar: propomos um processo de acompanhamento de pessoas que tenha espaço para as exigências fundamentais. É a nossa maneira de modular a realidade segundo o nosso ímpeto ideal. Que esse ímpeto original – não ideologicamente, mas porque o reconhecemos em nós – possa modular o relacionamento para que emerja autenticamente no outro. Tal posicionamento nos torna sujeitos, também a nós. Permanecer diante do outro abrindo espaço para o que há de mais original nele, com atenção ao que é essencial, me faz sujeito. Estar ali admirando é ação de um sujeito, é um posicionamento. E há nisso uma certa realização que toda a discussão relativista não pode nos oferecer.

## 5. Dinâmica própria do humano e intervenção psicológica

Retomemos alguns temas procurando tirar novas consequências para a intervenção psicológica.

Ao falarmos em experiência elementar, estamos nos referindo a algo observável, com o qual entramos em contato: podemos observar uma manifestação. É o que queremos aprender a reconhecer, de modo tal a poder fazer um trabalho psicológico sintonizado com essa manifestação, que a respeite. E ela se manifesta numa dinâmica. A manifestação é dinâmica.

Não se trata de criar, mas de reconhecer a dinâmica que é própria do humano e nos sintonizarmos com ela. Trabalhamos para acompanhar essa dinâmica, favorecê-la. Ela pode ser orientadora também de nossa atuação, nossa presença, no relacionamento. A experiência – assim como a imagem barroca – tem uma dinâmica própria, tem uma unidade, uma articulação, tem conexões de sentido próprias, que não são inventadas, não podem ser inventadas por nós, psicólogos, nem pelo próprio sujeito. Não é questão de decidir o que fazer da vida como se se pudesse inventá-la. Nós reconhecemos uma direção que a vida tem.

Como diz James Baldwin em seu *Blues for Mister Charlie:*[24] "Não é você quem decide. [...] A vida que está em você decide". A decisão não é "eu quero", "eu resolvo", inventando a vida [...] A vida em nós decide, a experiência elementar é que decide um posicionamento sobre a vida; não somos nós a resolver se valorizamos a vida ou não. Nós valorizamos a vida porque somos humanos e ponto. Trata-se de reconhecer a valorização da vida que está presente sempre nas experiências. Essa direção é dada pela experiência elementar, essa direção é dada porque você é humano. Há uma decisão, um posicionamento diante da vida que é dado por esse tipo de exigência que nos constitui. Não é opção, é constituição. Se não aprendemos a identificar esse movimento, ficamos só no nível de opções; claro que existem muitas, mas essas opções vêm a reboque de uma exigência mais fundamental.

Há uma dinâmica própria do humano, dada pela experiência elementar, que é de todo sujeito. O que há de peculiar – cada imagem tem algo de original – é preciso ser tomado dentro dessa dinâmica.

*– Você disse que a experiência tem uma articulação. Não estamos acostumados a ouvir isso, mas que o ser humano tem várias facetas, é cindido e não há o que o unifique. O que tornaria o meu eu articulado e uno?*

É importante verificar a questão em diálogo com outras abordagens. Você está nos lembrando de que estamos dentro de uma tradição que olha o sujeito como irremediavelmente cindido e o desejo é interpretado pela falta, mais do que motivado pelo objeto. Dizer que o sujeito tem uma falta ou cisão fundamental, fundante, e que não há objeto que possa realizá-lo – equivalendo a dizer que sua busca é sem saída – é culturalmente muito diferente de acentuar a constante necessidade de um objeto, acentuar o fato de que cada objeto encontrado nos remete a outro ainda. Faz-se um percurso cultural completamente diferente. Ao acentuar um desejo que permanece se dá certa dinâmica; ao acentuar a falta e que o auge do processo seria admitir que não houvesse realização, dá-se realmente outra. O que estamos afirmando é que a realização está sempre num horizonte além, por mais que nos

24 BALDWIN apud GIUSSANI, 2017, op. cit., p. 86.

aproximemos. Então, nosso desejo (tomado aqui como exigência constitutiva) é motor humano, é espera do objeto.

Pense na situação de espera pela chegada de um amigo: você pode ficar acentuando "Ele não está aqui, ele não está aqui, ele não está aqui..." ou você pode dizer: "Eu preciso que meu amigo chegue!". Diante de uma falta, acentuar o desejo do objeto me possibilita uma unidade e uma dinâmica; acentuar a falta, por si mesma, as impossibilita. Se acentuo "o meu amigo não está; meu desejo é de que estivesse, mas não está aqui", me desmonto. E parece a afirmação mais realista, porque, de fato, o amigo não es tá. Porque não é mais realista? Como dinâmica do sujeito, é mais correspondente à constituição humana aquela que emerge ao dizer "eu preciso que meu amigo chegue". Independentemente de chegar ou não, do que virá a acontecer depois, dizer, neste momento, "eu tenho necessidade do meu amigo" possibilita uma unidade do meu eu. Acentuar "o que tenho é falta, meu amigo não está aqui" não é mais realista, porque, para manter essa posição, é preciso negar uma espera que me constitui, que permanece presente. Para continuar afirmando "não tem jeito", é preciso descartar o coração enquanto se vivencia a falta. Estamos atentos à totalidade dos fatores.

Nós queremos não negar nada: dizemos que nos falta e que com isso nasce uma esperança capaz de ordenar tudo. Ordena – não ideologicamente – a percepção (onde deitar o olhar), ordena a tensão, ordena a afeição, ordena a vida intelectual, todos os aspectos da dimensão psíquica, ordena a existência.

Estamos diante de uma mesma experiência de base, digamos assim. Uma posição acentua essa falta porque – iluminista – não quer esperar algo além do próprio sujeito, recusa-se a esperar algo além do próprio sujeito que o constituísse, e acaba insistindo na fragilidade, na cisão do sujeito; esta irremediável pela inexistência – por definição – do objeto que correspondesse ao desejo. Diferentemente, a outra posição, também nossa, considera todos os fatores: somos frágeis pela falta de algo e exatamente a busca do objeto que correspondesse às exigências originais possibilita uma unidade.

Alguns objetam: "Ah! Mas somos frágeis!". De fato, não me torno eu mesmo por conta própria. É mesmo uma impossibilidade! Eu sou em relação. Não há como chegar a falar "eu" só com minhas próprias forças; para dizer "eu" preciso de uma relação.

Estamos diante de um problema fundamental. Considerar "exigência" (ou desejo nesse sentido) ou "falta" muda o que favorecemos como dinâmica do sujeito diante de sua vida.

E para nós, psicólogos, qual é o resultado esperado? Nossa posição espera que o sujeito, por estar empenhado na busca autêntica, ordene seus recursos pessoais na relação com seu mundo, e se aproxime sempre mais de uma unidade; aceite que sua exigência dê uma direção no enfrentamento dos desafios que a vida coloca. Enquanto que para a posição tradicional, qual é o êxito buscado? Que o sujeito aceite que não há resposta. Do ponto de vista humano, significa desistir da dinâmica de busca que existe nele.

Se não aprendemos a reconhecer o dinamismo próprio da experiência elementar, acabamos ficando no nível do sentimento ao enfocar a experiência do sujeito. Reconhecer a dinâmica da pessoa só do ponto de vista do sentimento é frágil. Podemos tocar numa dinâmica essencial sem saber como lidar com ela por não ter categorias adequadas ao fenômeno. Esse tem sido um problema frequente de uma certa leitura reducionista da Psicologia humanista e existencialista.

*– Em nosso trabalho, temos utilizado as dimensões ser no mundo ou ser-com-o-outro, ser-abertura, temporalidade, espacialidade... São dimensões ontológicas, mas isso tudo tem um critério, um centro, um coração.*

Sem um centro vital adequadamente acolhido, as dimensões – ainda que fundamentais – são como os pedaços um tanto desconjuntados daquela estátua, e inclusive a experiência própria do sujeito pode resultar dispersa e seu olhar pode acabar, de fato, mirando o nada.[25] E nós, como profissionais, poderíamos permanecer na avaliação das possibilidades e restrições, mas deixando escapar o centro da questão.

25 Sobre uma forte crítica metodológica a Heidegger quanto à análise do *Dasein*, cf. STEIN, Edith. La filosofia existencial de Martin Heidegger: ser y tiempo. *In*: STEIN, Edith. *Obras completas*: Escritos filosóficos (etapa de pensamento cristiano). Tradução de Alberto Pérez, OCO; José Mardomingo e Constantino Ruiz Garrido. Burgos (Espanha): Monte Carmelo, 2007. p. 1.137-1.200. v. 3. Sobre consequências da concepção heideggeriana de "ser para o nada na formação da pessoa", cf. STEIN, Edith. Estructura de la persona humana. *In*: STEIN, Edith. *Obras completas*: Escritos antropológicos y pedagógicos. Tradução de Francisco Javier Sancho. Vitoria (Espanha): El Carmen, 2003, p. 555-749. v. 4.

Na postura típica do homem moderno e contemporâneo, se quer afirmar a liberdade e o posicionamento vital através das opções ou escolhas, através de si mesmo; então se quer ter muitas possibilidades. Mas esse é só o meio do caminho. Que eu tenha muitas possibilidades não quer dizer que me realize. Enquanto quero afirmar as muitas possibilidades ainda não cheguei lá. Preciso manter abertas muitas possibilidades, o que faz com que eu não possa escolher factualmente nenhuma delas, porque, quando escolho uma, estou eliminando as outras.[26] As possibilidades devem ser muitas, devem ser mantidas como muitas, mas acaba significando nenhuma possibilidade de caminho real.

Uma postura desse tipo está muito presente em nosso quotidiano: Então não se namora porque seria ficar limitado; então se quer ter muitos canais de TV, mas se acaba passando de um canal a outro e não se fica em nenhum; então se tem toda a internet diante de si, e não se fica em página alguma, porque ao permanecer em uma estaria perdendo as infinitas outras, e sem paciência de esperar a página abrir temendo perder tempo, muda-se de um a para outra continuamente... Há grupos pós-modernos que fazem festas sem um lugar fixo: a festa é que fica mudando de lugar e a cada momento a pessoa já está ligada no próximo lugar ao qual se dirigir em seguida. Trata-se de um fator muito determinante do modo como se está presente – ou melhor, do modo como se está, em geral, pouco presente. São expressões diversas da mesma cultura estabelecida.

Abrir um leque de possibilidades é fundamental, mas para chegar a uma adesão mais totalizante, para poder examinar as possibilidades e poder entrar num caminho de maneira mais livre, para poder experimentar e poder decidir por algo. Acentuar as possibilidades como valor nelas mesmas é parar no meio do caminho. E, culturalmente, é isso que estamos fazendo. E a realização do sujeito não acontece. Há uma impressão de liberdade que não acontece como realização.

Liberdade só pode acontecer como realização enquanto ade-

26 DRUMMOND, Daniel Marinho. *Liberdade e realização da pessoa numa comunidade tradicional*: um estudo fenomenológico. 2002. 225 f. Dissertação (Mestrado em Psicologia) - Faculdade de Filosofia e Ciências Humanas, Universidade Federal de Minas Gerais, Belo Horizonte, 2002.

são, não enquanto possibilidades gerais.[27] Você se realiza, como experiência de liberdade, quando aquela específica garota lhe diz "sim", e não quando você diz que poderia conquistar essa, aquela, aquela e aquela outra. Temos um leque de possibilidades – não está ali o centro da questão. Estar com aquela com quem você pode encaminhar sua vida – aqui é que se dá a experiência de liberdade.

Só que isso significa uma concepção de homem que depende, e é contra isso que o homem moderno se rebela. Porque sua realização depende do outro dizer "si"; minha ação depende de um relacionamento que me possibilite ficar em pé; minha realização depende não apenas de minhas escolhas, mas do que acontece a partir delas – e, por isso, não está mais em minhas mãos...

## 6. Acompanhar o reemergir da pessoalidade

*– Lembro-me de um rapaz que atendi: já* com decisão *de suicídio, evidentemente não via nenhuma possibilidade. Eu procurava mostrar possibilidades e ele achava que nada daria certo, não havia mais nada para ele. Certa vez perguntei: "Por que você sofre? O que está vivo que lhe provoca tanta dor?".*

Note que assim você não está dizendo: "Olhe para essa possibilidade que você não está enxergando! E essa? E essa outra?" ou "Olhe o lado positivo! Hoje está ensolarado!". Estou ironizando, mas de fato não se trata de mudar a experiência dele; às vezes o psicoterapeuta acaba tentado algo nesta linha, por ansiedade, mas não se trata de mostrarmos coisas que o outro não está vendo; trata-se de apontar, na dinâmica da experiência acontecendo, algo que é fundamental na própria experiência dele. No próprio gesto de afirmar "a vida é uma droga" há uma necessidade de que a vida seja outra coisa. E isso é mais fundante que dizer "a vida é uma droga". E preciso considerar esse fator ao considerar minha própria experiência em sua totalidade.

*– Eu disse a ele que essa dor revelava que ele estava vivo, que tem uma luta, que dói porque há um desejo de bem.*

27 GIUSSANI, Luigi. *É possível viver assim?*: uma abordagem diferente da existência cristã. 2. ed. Tradução de Neófita Oliveira e Francesco Tremolada. Rio de Janeiro: Nova Fronteira, 2008. 376 p. Sobre o tema liberdade, cf. especialmente p. 63-109.

Isso é mais fundante da experiência dele. Não se trata de uma genérica concepção de vida da qual quero que ele se convença. É mais fundante da experiência dele, da experiência que ele está vivendo: ele tem um desejo de vida. Se não tocarmos nisso, nada se moverá autenticamente. Trata-se de tocar esse ponto: uma dinâmica vem daí. E nós acompanhamos essa dinâmica. Tocando esse ponto emerge a dinâmica que é a da experiência dele e ele mesmo fica admirado, admirado de que exista, de que seja possível. É diferente de o sujeito optar por algo e depois buscar administrar a escolha. Fico surpreso por algo que há dentro de mim à revelia de tudo. Porque tudo diz que é uma droga, eu mesmo digo que é uma droga e dentro de mim há uma exigência que se afirma. Ficar surpreso diante disso é a questão. O humano é algo que a gente não se deu e está aí.

*– Quando apontamos, o outro reconhece. Quando se dá conta, ele se reorganiza, e com unidade. Parece que a pessoa retoma sua vida nas próprias mãos.*

A direção para onde esse processo vai não é definida por nós. Quando tocamos esse ponto, uma direção aparece – trata-se de reconhecer. O interessante é que reconhecemos com surpresa. Ficamos maravilhados! Nós ficamos maravilhados pela vida que está ali.

Eu sou mais sujeito quando me posiciono diante desta vida que está em mim do que quando eu quero administrá-la como se ela não me dissesse nada, como se ela não me desse indicação.[28] "Devo ser eu a dizer se vale a pena ficar vivo ou não; sou livre quando decido ficar vivo ou não". Não é verdade! Você é você quando fica maravilhado diante do fato de que a vida pode estar reduzida o quanto for e você quer vida. Há algo em você e em mim que pede: somos esse desejo; o resto é disfarce ou – no melhor dos casos – decorrência. Somos essa exigência; é constitutiva.

*– Você diz que a pessoa se reorganiza: quais os sinais dessa reorganização?*

O primeiro ponto é o maravilhamento que a pessoa vivencia

28 MAHFOUD, Miguel. Vale a pena viver? A pergunta radical requer resposta pessoal. *In*: ANGERAMI, Valdemar Augusto (org.). *Sobre o suicídio*: a psicoterapia diante da autodestruição. Belo Horizonte: Artesã, 2018. p. 423-433.

quando se dá conta de que as exigências radicais são expressões do próprio ser. Esse maravilhamento vem acompanhado de uma tensão: tensão mesmo, humana, psicológica, fisiológica, muscular, tensão em todos os sentidos. Naquele reconhecimento há uma tensão-abertura, um maravilhamento que só posso viver diante de algo-outro; não se dá na experiência de uma escolha, por exemplo. Isso porque nós somos diante de alguma coisa, numa relação com alguém; ou ficamos fragilizados.

É preciso estar diante daquela vitalidade como presença surpreendente em nós mesmos para poder reconhecer a própria humanidade. Examinando a mim mesmo como um objeto ou sozinho, sou frágil. Posso ser eu mesmo, inteiro, numa relação. Posso ser eu mesmo, inteiro, na surpresa de uma vida em mim. Numa relação respeitosa, atenta, àquela vida radical em mim, numa resposta a ela passo a estar efetivamente diante das coisas e diante dos outros. Aqui eu sou eu. Então, o primeiro aspecto da mudança – reorganização característica do processo que estamos descrevendo é esse maravilhamento que muda uma tensão, e muda o foco de atenção, muda o ponto onde depositar o olhar.

*– A pessoa está naquela posição em que reafirma "eu não valho nada, nada está bom porque sou nada, não tenho lugar...". Quando se chega a falar do desejo como exigência, quando se chega à experiência elementar, é como se dissesse "eu sou". Muda a postura física, diante dos nossos olhos... E a pessoa começa a se conceber diante das coisas. Existem as dificuldades, ele vai cansar, vai cair de novo... mas há a autenticidade de posicionamento real. E é uma surpresa para nós também! Nós nos comovemos com o outro e às vezes eu me comovo comigo mesmo por estar tendo uma experiência assim. É algo que não entendemos completamente no momento, mas percebemos que a dinâmica é outra.*

Comovemo-nos diante da vida que apareceu ali, embora estivesse tão fortemente encoberta. Não é feita por mim, e não é feita por ele, mas num cuidado, na relação, emerge.

*– Uma mãe vinha, há muito, sofrendo por ter um filho com fortes deficiências. Durante um atendimento chorou muito e o marido saiu da sala como que a dizer "não quero saber". Ela, naquele choro, disse: "Por que eu tenho um filho assim? Eu não queria um filho assim!". E eu, diante dela, disse: "Eu também não sei dizer por que você tem um*

*filho assim, eu também não gostaria, mas ele está aí".* Ela, *que estava chorando e confusa, parou e me olhou; também eu olhei para ela e me admirei pelo modo diferente com que me olhava. E ela disse: "É* verda-de". *A partir disso percebi uma dinâmica totalmente diferente. O marido voltou à sala e ela dizia assim: "n*ós vamos procurar tratamento *para o nosso filho". Há três anos se recusavam, não encaravam que o filho precisava de tratamento.*

O que você está descrevendo é um maravilhamento diante da existência. "Não é do modo que eu queria, isso me faz sofrer, eu imaginava outra coisa para a minha vida, mas ele existe, está aqui". Ou: "antes não existia, agora existe": algo surpreendente aconteceu entre esses dois momentos. É totalmente diferente do que eu imaginava, mas há uma surpresa pela existência, e então tenho energia para cuidar de aspectos muito difíceis.

Não há mãe que não fique maravilhada – ao menos no momento do nascimento – pelo fato de o filho existir e ter uma perfeição muito maior do que qualquer coisa que nós podemos realizar; porque tudo o que fazemos é imperfeito. Tanto é que frequente mente as mães chegam a dizer: "Não é meu! É meu, mas não é meu. Aqui está algo de grandioso!". E cuida de seu filho. O problema é que depois se esquece dessa experiência: "Ele tem de ser assim, eu não queria que fosse parecido com o pai..."; "Eu quero que seja assim, então vou fazer com que...". Aquela surpresa fica escondida. Em alguns momentos a surpresa pode voltar.

Você está descrevendo a pessoa se dando conta de que, independentemente de como é, aquela criança está ali e, imediatamente, a percepção é de que é dada. Todos nós temos a impressão de que aquela pessoa que nos é mais cara nos é dada, é um presente. Todos têm a impressão do filho como dado. Um dado: não é à toa que essa palavra se mantém na cultura, mesmo científica. É um dado.

– Eu queria fazer com que um casal olhasse a filha, a quem atendo como alguém que existe e já por isso deveria ser plenamente amada. Eu disse: "vocês amam sua filha não porque ela é do jeito que vocês gostariam, porque é de certo jeito ou outro, mas porque ela existe, está aí." E eles deram risada e rechaçaram.

Veja: no exemplo anterior não se falou algo desse tipo, não se disse ao cliente o que ele deveria estar vivendo, não se propôs uma leitura "bonita" da experiência. Isso seria "ajeitar a estátua": você gostaria que olhassem a própria experiência assim; mas, colocando nesses termos a dinâmica não emerge. No exemplo anterior, não se falou que o filho foi dado. Ela disse: "Eu também não sei" – e isso acentuou uma surpresa – "Eu também não sei, mas ele está aí!". É um desconcerto, não é um ajeitar as ideias. A experiência naquele momento é de surpresa, desconcerto. A experiência elementar é vivenciada como um acontecimento, como um desconcerto que faz reorganizar tudo.[29]

Frequentemente não se parte da pessoa, isto é, não se parte da experiência elementar que constitui a pessoa ali presente. É como se quiséssemos afirmar que a experiência elementar nos levaria por um determinado caminho, mas naquele momento, aquela relação e aquela vivência presente não são modeladas pela própria experiência elementar com seu impulso vital.

– É tão difícil! Nós ficamos ansiosos...

É verdade! Então o ponto é que fiquemos maravilhados.

*– Tudo, em termos técnicos, tinha sido feito, mas naquele momento, diante da dor profunda, havia um relacionamento muito dramático e eu não sabia o que dizer a ela. Mas passa por mim. Naquele momento eu estava diante de uma exigência também minha, minha mesmo, e reconhecer isso nos fez ficar juntas. Parece algo dado mesmo.*

Reconhecendo aquela dramaticidade, reconhecendo o mistério que constitui aquele momento presente, a nossa consciência abre caminho para o outro chegar nesse nível de experiência também. Nesse sentido, "passa por mim". É um reconhecimento com

29 Claude Romano aponta que "acontecimento" excede o fato, não somente realizando possibilidades prévias, mas vindo a reconfigurar a realidade em suas possibilidades de modo tal que o sujeito pode apropriar-se de si mesmo justamente pela resposta aos acontecimentos. Cf. ROMANO, Claude. *Lo posible y el acontecimiento*. Tradução de Aníbal Fornari, Patricio Mena, Enoc Muñoz. Santiago de Chile: Ediciones Universidad Alberto Hurtado, 2008.; Cf. também MARTINS, João Gomes. Experiência e subjectividade em Claude Romano. *In*: CANTISTA, Maria José (org.). *Desenvolvimentos da fenomenologia na contemporaneidade*. Porto: Campo das Letras, 2007. p. 167-213.; Herbert Read vê, na beleza, aspectos formais e um "acontecimento". Seria um evento significativo constituído por uma dimensão provocativa e perturbadora que questiona, desestrutura, revela contradições da pessoa e da sociedade, enquanto abre possibilidades de reconstrução de um futuro significativo. Cf. READ, Herbert. *Arte e alienação*: o papel do artista na sociedade. Tradução de Edmond Jorge. Rio de Janeiro: Zahar, 1983. 192 p.

característica de surpresa, não é um reconhecimento racionalista. É um reconhecimento vivido como surpresa diante da vida que está emergindo naquele momento do sujeito diante de mim. E é vivido como pergunta, como o fazemos quando reconhecemos uma pessoa que nos impressiona muito: "... mas quem é ela?". E é muito diferente de um ajeitar a experiência do outro. Quando nossa intervenção tem o tom de "sei o que deve acontecer" nós "falamos sobre...", não estamos "diante de...". Estar diante da experiência elementar é estar diante maravilhado, surpreso, é estar diante de um mistério.

No primeiro exemplo, a pessoa apresentava um determinado discurso que tem sua lógica, tem fundamento, mostrava porque a vida não vale a pena. Num certo momento, o que passa a estarem jogo não são as coisas, mas o eu. Por mais inadequadas que as circunstâncias estejam, havendo a percepção do eu, haverá um maravilhamento. Esse maravilhamento faz mudar o raciocínio, faz pensar em coisas completamente diversas, faz a afeição aparecer de uma maneira diferente, faz valorizar aspectos da realidade de maneira diferente.

Uma significativa canção popular brasileira, *Boiadeiro*,[30] muito conhecida pela interpretação de Luiz Gonzaga – relata que tenho dez cabeças de gado: elas são mirradinhas, muito magrinhas, mas são as mais bonitas do lugar, porque são as minhas; eu tenho dez filhos: quando chego com as minhas vaquinhas magrinhas, eles vêm todos à porteira: eles são mirradinhos, pequenininhos, mas são os mais bonitos do lugar, porque eles correm para mim. Pobre, pequeno, mas tem a ver comigo. Quando falo "tem a ver comigo" aparece a dimensão do eu. Ele não está disfarçando que sejam magrinhos, pobres, mirradinhos. São mesmo. Mas entra o valor da

30 GONZAGA, Luiz. Boiadeiro. In: LUIZ GONZAGA. *50 anos de chão*. São Paulo: RCA; BMG, 1996. Faixa 10. 3 CDs. "De manhãzinha, quando sigo pela estrada / Minha boiada pra invernada eu vou levar: / São dez cabeças: é muito pouco, é quase nada, / Mas não tem outras mais bonitas no lugar. / Vai, boiadeiro, que o dia já vem, / Leva o teu gado e vai pensando no teu bem. / De tardezinha, quando eu venho pela estrada, / A fiarada tá todinha a me esperar; / São dez filhinho, é muito pouco, é quase nada, / Mas não tem outros mais bonitos no lugar. / Vai, boiadeiro, que a tarde já vem, / Leva teu gado e vai pensando no teu bem. / E quando chego na cancela da morada / Minha Rosinha vem correndo me abraçar. / É pequenina, é miudinha, é quase nada. / Mas não tem outra mais bonita no lugar. / Vai, boiadeiro, que a noite já vem, / Guarda teu gado e vai pra junto do teu bem.

coisa, entra o valor do eu, entra o valor da pessoa. E a canção continua: quando eu chego na cancela da morada, encontro Rosinha. Ela é mirradinha, pobre, mas não tem outra mais bonita no lugar: é minha Rosinha. O mundo humano é este, o mundo humano não é a magreza da vaca, dos filhos ou da mulher. O mundo humano é: "isto existe e é para mim; isso que existe tem a ver comigo". Nisso aparece o eu, e então o mundo é realmente outra coisa. Antes disso não é mundo humano. Dizer "eu queria que as vacas fossem gordas, que meus filhos tivessem educação, pudessem estudar na universidade, etc., é justíssimo, e é tão mais realizável quando mais apoiado em 'esse menino é meu'".

Se falamos dos desejos – até mesmo dos mais fundantes como os de amor, verdade, justiça, beleza – sem estarem calcados em "esse mundo é meu, isto tem a ver comigo, com o meu eu" não há essa força, não emerge essa dinâmica. E então o desejo de justiça (como os de beleza, verdade...) vira quase uma injustiça, porque eu queria que fosse, mas não é. Mas quando se toca nesse nível do eu, então essa realidade, que ainda não é como deveria ser, tem algo de grande porque tem a ver comigo. Então, a maneira de lidar com uma realidade injusta, feia, mentirosa, é diferente: há um ponto de verdade, de beleza, de justiça para lidar com as coisas que são imperfeitas.

Na experiência elementar, há tudo isso, pulsante, e quando nós enxergamos é bonito mesmo. Quando enxergamos a experiência elementar, fazemos uma experiência de beleza, de surpresa. E aparece a palavra *eu*, também com surpresa.

Dizer "eu" resolve os problemas? Não. Modifica a maneira de estar diante dos problemas. Dá condições de lidar com os problemas, permite estar diante das vacas magras e cuidar delas. Resolve o problema da magreza? Não. Coloca em condições de cuidar das vacas magras. O primeiro ponto que o coloca em condições de cuidar das dez vacas magras é a afeição que brota pelas dez vacas magras. Porque são perfeitas? Não, porque têm a ver comigo. Diante da realidade, ainda que muito limitada, começa a se esboçar a possibilidade de dizer "eu". Claro que é pouco; diante dos filhos é mais, diante da amada é mais, diante de Deus é tudo. Na vivência de maravilhamento diante da Rosinha, miudinha, que preparou a comida para ele, quase sem querer sai de sua boca:

"Graças a Deus!". Quer dizer, é diante de Deus que se dá o maravilhamento que vai acolher, envolver, todos os outros; os outros maravilhamentos ficam incompletos enquanto não puderem chegar a dizer "Graças a Deus!" com a autenticidade que brota da experiência mesma.

Nosso objetivo não é tanto o de eliminar o sofrimento quanto possibilitar uma maneira humana de enfrentá-lo. Quando podemos dizer que a intervenção teve êxito? Quando a pessoa é mais sujeito diante de suas vivências e de seu mundo. Por isso afirmamos que a experiência elementar é algo que está antes do "eu gostaria que fosse diferente..." que me faz sofrer. É o que possibilita enfrentar a diversidade que faz sofrer. Dizer "não podemos ter expectativa alguma na vida" é algo, de fato, impossível. Nós temos expectativas, temos imagens e isso faz sofrer; que as coisas não sejam como gostaríamos faz sofrer. Mas o que nós, enquanto profissionais, estamos buscando? Que a pessoa se desresponsabilize para não sofrer? Que a pessoa desista do objeto do desejo, e então qualquer coisa aconteça e tanto faz? Não é isso que está no cerne do que é humano. No cerne do que é humano há uma maneira vitalizada (porque própria do nosso ser) de enfrentar inclusive as insatisfações. Mobilizada essa experiência, a pessoa tem condições de utilizar seus recursos psíquicos de um modo mais integrado.

*– Uma vez que tristeza se refere à ausência de um bem, a pessoa que se volta só para a falta vai ser triste; e aquela que na tristeza reconhece o desejo não realizado, também sofre, mas não cai em desespero, ou seja, em falta de esperança.*

Não é desespero porque o que ela tem diante dos olhos é algum bem.[31] A definição tomista de tristeza como desejo de um bem ausente considera a ausência e o bem, um bem que se afirma naquela ausência. Se a considerarmos como um grande vazio, só como uma grande falta, haveria algo de perverso em promover que o cliente a adentrasse. Mas se a tristeza é uma forma de afirmação de um bem, ainda que ausente, então adentrá-la significa a

31 "Voltar-se para si mesmo sem prospectar um retorno à autenticidade, sem que nasça um ardente desejo de o próprio eu vir à tona, faz com que o homem mergulhe na aflição e continue a viver somente em virtude do 'orgulho da perversão' (BUBER, 1998, p. 24)" (MAHFOUD, 2005, p. 54).

possibilidade de dar-se conta existencialmente do bem pelo qual esperar, para o qual se direcionar.

*Atendo um paciente afásico, idoso, em terapia fonoaudiológica: ele teve um derrame há 5 anos e vem piorando: não temos diagnóstico conclusivo. A escrita está um pouco preservada; fala, muito pouca. Ele escrevia muito: sofrimento, vida dura, difícil, etc. Tenho certeza de que ele tem razões para dizer isso: foi professor universitário, doutor, morou na Europa e agora se encontra nesta situação... Ninguém entende o que ele quer, porque a caligrafia está pequena... Tem uma série de dificuldades de comunicação. E ele escrevendo só isso. Certo dia, provocada pelas discussões sobre experiência elementar, falei para ele: "Compreendo o que o senhor vive, e tenho certeza que o senhor tem razões para afirmar isso. Mas se fosse só isso o senhor não estaria aqui duas vezes por semana, não estaria aqui agora, já teria desistido. O senhor tem de descobrir o que é". Ele ficou com os olhos marejados, assim como eu. Nas sessões seguintes, ao invés de "vida dura, sofrimento" etc., ele escreveu "o céu é azul, a vida é bela".*

Você estava atenta a um fator a mais a ser considerado no que estava acontecendo **ali**, no momento presente. Ao reconhecer, você se comoveu assim como ele, porque somos todos iguais: reconhecer a exigência promove em nós um impacto, e surge um maravilhamento. Nisto emerge o que é humano. Podendo falar diretamente das exigências presentes – ainda que apenas intuídas –, elas nos tocam profundamente. E abrem caminho para também o outro reconhecê-las e dinamizar-se.

*– Fiquei muito comovida por ele responder. Depois comecei a ficar incomodada porque estava se tornando repetição: "o céu é azul, a vida é bela". Talvez estivesse fazendo assim por querer me agradar ou como tentativa de se convencer.*

O início é um maravilhamento, e o caminho só pode ser de maravilhamento também. Se acontece um "Ah! Já entendi", acomodou, aquela dinâmica acabou. Então não é que a dinâmica se instaura de uma vez por todas, como se estivesse resolvido e o sujeito seguisse assim pelo resto da vida... Não! Nós estamos identificando o ponto-chave, e este precisa ser retomado continuamente, continuamente. Não é assim que acontece nos relacionamentos? Começamos maravilhados, depois enquadramos. E aquele motivo pelo qual o relacionamento iniciara fica abafado. E aquela dinâmica pessoal, capaz de instaurar algo novo naquele relacionamento, fica abafada. A questão é retomar o ponto fonte de maravilhamento, porque ele vai recolocar – num relacionamento já estabelecido, num relacionamento com história, com problemas, dificuldades –, vai recolocar o maravilhamento num novo contexto. "A vida é bela!" não pode se tornar uma pura afirmação; é preciso que continue a ser um maravilhamento. E você poderia perguntar a ele: "por que hoje lhe está parecendo que a vida seja bela?". Dizer que a vida é bela hoje é objetivamente diferente de ter dito a mesma frase ontem. É outro impacto, estou olhando para outros elementos, são outros aspectos que me tocam. Se não chego a essa experiência, o que foi percebido vem a ser enquadrado num esquema que não tem nada a ver com essa dinâmica à qual nos referimos.

O seu primeiro maravilhamento foi diante do fato de ele ter reconhecido, naquela condição, um maravilhamento. No segundo momento a questão é a mesma: Onde está a beleza dentro do desejo nesta condição? É preciso continuar a examinar a experiência: E a nossa dificuldade de manter o olhar mesmo nas coisas belas? E a tristeza de aquele céu azul ter me comovido ontem, mas hoje não me comover mais? Eu queria que me comovesse e não me comove... Por outro lado, o fato de ele estar repetindo, o fato de ele pegar um caminho tortuoso para dizer que quer acolher o que você está lhe indicando, está afirmando – ainda que de maneira atropelada – um relacionamento com você. É preciso garimpar sempre, e novamente identificar a experiência elementar na atitude dele, ainda que tenha tomado um caminho formal.

*– De fato, depois disso comecei, às vezes, a perguntar "Por que o senhor está falando que a vida é bela?". A partir de então ele levou às sessões um jogo de letras e escreveu o nome de um filho que morrera há anos, levou fotos de famí*lia, expressou raiva da mulher e depois passou a convidá-la a entrar com ele *nas sessões... Há anos ele está em tratamento, h*á muito aquele era um lugar de abertura para ele, *mas só agora está presente assim. Pergunto-me se são conteúdos fonoaudiológicos esses que estão surgindo... De qualquer forma, tudo isso é comunicação!*

Comunicar é comunicação de si, para alguém. Só comunico meu ser a alguém. Ele está aceitando um relacionamento com você e então ele pode começar a se expressar e a dizer "eu". "Eu sinto falta deste, eu tenho essa esposa, eu sinto raiva, eu sinto dor, eu sinto tristeza, sinto angústia de não poder me expressar...", e significa também "Eu reconheço você aqui". Ele está construindo o relacionamento com você e assim ele vai expressar, se expressar. Tornou-se uma fonoaudióloga humana. Você diz, preocupada: "Mas eu sou fono...". Fonoaudiologia não está em função somente da palavra-som, mas da possibilidade de expressão. Você está ajudando também em termos fonoaudiológicos – com o relacionamento que você está aceitando estabelecer com ele, não ficando limitada ao exercício fonético. Você diz: "Olhe, há um movimento da sua pessoa, diante da vida que está aí", e ele começa a reconhecer e surge uma tentativa nova de expressão de si. Ele está podendo colocar na relação com você o que é expressão do próprio eu.

Comunicar-se é uma exigência fundamental. Sem isso nenhum de nós é. É mesmo verdade que a gente se conhece em ação![32] Não só no sentido de conhecer o que já se é, mas a gente é no presente, em ação. Preciso me expressar para ter percepção de mim mesmo (ou pensar "eu" seria uma abstração).

Note que a beleza que ali nos comove não é algo "bonitinho", redondo, sem arestas, só com valores positivos... Não. Contém raiva, dor, tristeza, mas há uma beleza nisso porque se diz "eu". A vida se expressando ali é que é bela. Aquela condição de sofrimento concreto que ele precisa enfrentar para se expressar possibilita o reconhecimento do eu. E todos nós ficamos maravilhados.

Adélia Prado fala sobre o paradoxo de se poder dizer, diante de uma foto de guerra, onde você vê uma criança sofrendo: "É linda!". Aquele sofrimento retratado, da pessoa na guerra, é profundamente humano. Dentro daquela injustiça, dentro daquele absurdo, dentro, ali há algo de belo porque profundamente humano. É nesse nível que você está tocando na relação com seu paciente. Ele está em um processo real porque pode começar a dizer "eu". Sem isso, ele expressa o quê? Faria exercícios. Mas ele está numa dinâmica de procurar se comunicar, de procurar construir um re-

32 GIUSSANI, 2017, op. cit., p. 60-62. Cf. também BLONDEL, Maurice. *La acción*: ensayo de una crítica de la vida y de una ciencia de la práctica. Tradução de Juan María Isasi e Cesar lzquierdo. Madrid: BAC, 1996. 554 p.

lacionamento: é nessa dinâmica que você pode confiar. Mais do que nas próprias capacidades, você pode confiar na condição que ele tem de buscar construir um relacionamento. Para onde vai essa recuperação fonoaudiológica nós não sabemos, por onde vai a sua tranquilidade psíquica nós não sabemos, mas que isso já é expressão do humano, sabemos, é verdade. E reconhecê-lo o mobiliza diante do próprio sofrimento, diante da própria história, diante dos próprios limites, diante das reações que descobre dentro de si. É uma pessoa que misteriosamente se coloca diante da vida.

Precisamos aprender a reconhecer, porque está começando a acontecer e você poderia permanecer só no exercício. Claro que faz parte, mas note como o cuidado com o exercício poderia não estar sintonizado com o movimento que é próprio dele. Pense no que é fazer o mesmo exercício estando junto dele nessa urgência de construir o relacionamento, de expressar seu eu, de viver a sua vida... É um outro mundo!

*– Na avaliação fonoaudiológica ele também está evoluindo: não falava, agora fala...*

Note que todos nós aprendemos a realizar qualquer movimento corporal assim. Eu chego a formular esquemas corporais porque preciso me relacionar, entrar no mundo.[33]

*– Estou atendendo um jovem, em orientação vocacional, que nos relacionamentos logo mostra seus defeitos, de um modo ríspido, criando inimizades. Ele diz ter um lado bom em um lado muito ruim. Está sempre de cara amarrada, dá toda a impressão de fechamento. Você está falando do desejo de relação, mas nele parece se dar o contrário. No histórico de vida, apresentou-nos pouquíssimos pontos a serem examinados, mas depois acabou fazendo uma quantidade enorme de comentários sobre aqueles poucos pontos. No fundo ele é sensível, preocupa-se com os outros, tudo o afeta...*

Mas é preciso suspender um pouco a questão do modo como ele se apresenta – se é bom ou ruim – para entrarmos em sintonia com ele afirmando o seu ser. É preciso avaliar se é uma maneira autêntica, se é uma maneira de afirmar o ser, adequada às carac-

33 VAYER, Pierre; TOULOUSE, Pierre. Linguagem corporal: a estrutura e a sociologia da ação. Tradução de Bernardina Machado Albuquerque. Porto Alegre: Artes Médicas, 1985. 159 p.

terísticas dele mesmo. Mas antes de entender quais são as suas características é preciso que vivamos aquele impacto diante de um desejo que está aí, diante de um desejo de vida, desejo de se preservar, desejo de relações que tivessem outras características, o desejo de que as pessoas o vissem de certa maneira: tudo isso é desejo de ser. Mas se não partimos do impacto nosso com esse desejo presente, permanecemos em um nível de análise que acaba sendo esquematizante ou relativista.

Ele se apresenta numa imagem de "durão" que não corresponde ao todo que ele é. É preciso se perguntar o que está querendo afirmar assim.

O que é impressionante é que, ao contar a própria história, apresentando momentos significativos, sua estrutura começa a se reordenar. Por quê? Porque ele entra em contato com a própria vida, entra em contato com o que organiza sua vida. Quando fala dos momentos significativos, começa aquela dinâmica de admiração, de maravilhamento; ainda que na tristeza, mesmo que na dor, mas há um admirar a própria vida. E quando apontamos para ele que sua vida tem uma unidade, tem uma característica própria de sua pessoa, emerge um maravilhamento. É um maravilhamento não pela vida em geral, mas pela vida que se manifesta na minha história, que coincide com a minha pessoa. Em seguida, podemos começar a conhecer as características de personalidade. A surpresa diante da vida – com uma unidade em mim e na minha história – abre a pessoa, intelectual e afetivamente, para conhecer as próprias características. Aquela estrutura enrijecida tende a se flexibilizar, e aquilo que o surpreendeu começa a abrir caminho para considerar a própria pessoa por um novo ponto de vista.

## 7. Afirmar as exigências: possibilidade do conhecimento

– *Você afirma que a questão fundamental* é de reconhecimento de uma dinâmica de algum modo presente e não construída por nós. No curso que estou fazendo a palavra-chave é construção. Somos *levados a fazer construções em cima do que se leu, e cada um fala do que gosta ou não. Isso me deixa descontente...* Não *quero construir apenas impressões. E disso parece que não se pode falar.*

Sugiro a leitura de *A consciência religiosa no homem moderno*,[34] de Giussani, porque ele mostra a característica do homem moderno e contemporâneo de afirmar as coisas afirmando a si mesmo. Ou seja, as coisas valem enquanto afirmam a mim: forma de afirmação do ser que é um labirinto. Nós estamos tratando de afirmação do ser, não de autoafirmação. É diferente. Estamos dizendo que a afirmação do ser é a melhor maneira de afirmar a si mesmo.[35] Estamos diante de uma realidade que é dada, que me provoca e conheço a mim mesmo me relacionando com a realidade; não inventando-a a meu bel-prazer. Fecho o caminho, ao fazê-lo. Mas esse é o homem moderno e contemporâneo: afirma ser o que quer ser, mas é insustentável. Para manter-se assim é preciso fechar os olhos para o fato de que a realidade não foi inventada por mim, não nasci neste país por escolha minha, a política não dá conta de organizar a vida, bem como não damos conta de fazer com que as relações sejam o que queremos; não me torno autêntico só por resolver sê-lo. São evidências; e frequentemente negadas para continuar uma autoafirmação na qual insistimos "eu não quero que seja assim". Esta é uma postura ingênua, típica de adolescente: "o mundo vai ser melhor porque eu quero que seja; os antigos não o quiseram". Mas não é difícil chegar a reconhecer que o próprio desejo não é potente para reorganizar tudo, porque a realidade não é feita por mim. Aqui se abre uma grande oportunidade: ficar impactado e admitir que dependo. Dependo da vida em mim para me tornar eu mesmo, para me posicionar de modo construtivo no mundo, para que meu ímpeto mais pessoal se volte para o mundo, modulando-o com algo novo, único e irrepetível.

– *Pode-se dizer: "Não é como eu quero, então que se lasque".*

De fato, acontece assim. Vou para a faculdade: não é o que eu queria, acabo abandonando o desejo pelo qual fui lá. Não abandono só a faculdade. Abandono o meu desejo, fico enrolando, sabendo que estou enrolando, para ter um título que não tem nada

34 GIUSSANI, Luigi. A consciência religiosa no homem moderno. In: GIUSSANI, Luigi. *O senso de Deus e o homem moderno*. Tradução de Durval Cordas e Paulo Afonso E. Oliveira. Rio de Janeiro: Nova Fronteira, 1997. p. 87-159.

35 "O homem afirma verdadeiramente a si mesmo somente quando aceita o real; tanto é verdade que o homem começa a afirmar a si mesmo aceitando existir, isto é, aceitando uma realidade que não lhe foi dada por si mesmo". GIUSSANI, Luigi. *O senso religioso*, op. cit. p. 27.

a ver com o desejo pelo qual eu entrei. No final, não conheço a realidade e não conheço a mim mesmo.

Desejo conhecer a realidade, não desejo apenas ser mais inteligente ou ter mais informações. Qualquer um de nós foi estudar Psicologia por um mistério que o ser humano é. Não foi só para responder a demandas pessoais – embora isso possa estar incluído. Há a surpresa diante do mistério que é o ser humano e você quer adentrar esse mistério. Mas esse motivo original e mais verdadeiro foi sendo abandonado em função do curso em si mesmo ou da prática profissional. O que seja propriamente humano não se sabe: ignorância camuflada pelas técnicas e pela pretensa cientificidade. (Não se enfrenta o que seria uma ciência do propriamente humano e se segue em frente; buscam-se certos tipos de resultados que não acontecem e justifica-se que seja por resistência do sujeito, e se segue em frente; os índices de desistências dos atendimentos psicológicos são escandalosos e se segue em frente...). E assim insistimos em continuar a fazer o mesmo, a despeito de tanta insatisfação. Mas o motor está na origem, está no motivo pelo qual você se moveu. Não conhecendo a realidade a partir daquele motivo, nós conhecemos pelo que a ideologia indica, pela afirmação de uma imagem e tudo se fragmenta. Até chegar ao ponto de desistir de conhecer, até começar a dizer que o conhecimento é impossível, e tudo passa a girar em torno dos vários pensamentos que cada um constrói, buscando satisfação no próprio exercício de autoafirmação.

## CAPÍTULO II

# ABERTURA À TOTALIDADE: EXIGÊNCIA ESTRUTURAL DA PESSOA

Até aqui tivemos o objetivo de aprender a reconhecer a experiência elementar. Agora[1] nos é proposto atentar para uma dinâmica menos evidente. Assim, é maior a exigência de um trabalho para identificarmos a concepção de homem que Giussani propõe, para reconhecermos um certo dinamismo em nós: o de um posicionamento diante de todas as coisas, particularmente diante do outro.

Um primeiro ponto surpreendente é que somos convidados a considerar um sujeito que age. Já vimos que nos conhecemos em ação. No sujeito que age é que vamos colher a abertura para a totalidade como exigência, como exigência estrutural.[2]

– *Frequentemente, quando a pessoa chega para a terapia não está fazendo um bom uso da razão, não está enxergando a totalidade dos fatores, mas é interessante notar que a pessoa está lá com essa exigência, que a razoabilidade* é uma exigência de cada pessoa. Está ligada à experiência elementar, isto é, à exigência de verdade, de conhecimento: quer conhecer tudo, não se contenta com pouco.

1 GIUSSANI, Luigi. Segunda premissa: razoabilidade. *In*: GIUSSANI, Luigi. O *senso religioso*. Tradução de Paulo Afonso E. de Oliveira. Jundiaí - SP: Paco, 2017. p. 31-44.

2 Cf. Ibid. p. 31.

A pessoa *vem procurar ajuda por não estar enxergando além, acarretando um mal-estar.*

Querer conhecer como exigência é mais do que querer saber como as coisas se organizam, ou querer compreender o que está acontecendo. Quando entramos em contato com a realidade, temos uma exigência de ir ao encontro, de apreender, de me dar conta de algo que está fora de mim. É algo fora de mim que me provoca a me abrir em direção a ele. Esse é um dinamismo fundamental: a realidade provoca em nós algo que nos coloca em movimento. Quando a pessoa chega até nós e pede "Explique-me por que estou sentindo..." ela não está naquele dinamismo, se volta para um modelo explicativo fora de si mesma, seu movimento não expressa suficientemente a exigência que vive em si, concebendo de modo redutivo o que vem a ser conhecimento e razão.

Giussani ressalta: "O problema verdadeiramente interessante para o homem não é a lógica – jogo fascinante; não é a demonstração – sedutora curiosidade. O problema interessante para o homem é aderir à realidade, dar-se conta da realidade".[3] A exigência é de adesão à realidade. Mas posso buscar terapia porque a realidade me incomoda, por exemplo, com o desejo de afastar algo, conseguir cair fora de relacionamentos sem problema de culpa, buscar eliminar algum mal-estar... Questões, talvez, necessárias. Mas a raiz delas é uma exigência – que todos nós temos – de relação direta, límpida, próxima, com a realidade. É uma exigência tão importante que, quando não há correspondência, surge um mal-estar. Qual é o nosso desafio? Aprender a identificar essa raiz; ou ficarmos discutindo o assunto numa dinâmica que não é a fundamental, ou seja, não é a dinâmica própria de seu fundamento. Ficaremos numa dinâmica que é a do conhecimento racionalista, não razoável. O desejo de conhecer exprime essa exigência; mas, se não sintonizamos com a pessoa nesta exigência, ficamos no nível de buscar explicações, e não acontece uma elaboração psicológica significativa. A questão não está na explicação. Abertura é uma exigência, faz parte da dinâmica própria da experiência elementar.

3 Ibid., p. 34.

## 1. Observar-se em ação: apreender exigências e evidências fundamentais

Observando-me em ação, identifico que essa exigência de contato com a realidade tem uma exigência de totalidade: é a abertura para a totalidade dos fatores. Preciso dela para afirmação do meu ser. Na mentalidade comum, as pessoas acabam identificando realização de si com o sentimento satisfatório. Há toda uma cultura a nos dizer: "estamos numa cultura racionalista, é preciso valorizar o sentimento; o significado vem do sentimento, não vem da razão...". Assim a razão é identificada com o raciocínio. De fato, o significado não vem do raciocínio, mas também não vem do sentimento. Da abertura, da adesão ao real com abertura à totalidade pode-se apreender o significado.

E quanto mais estiver viva a dinâmica da experiência elementar, quanto mais estiver vivo o trabalho de comparação entre aquilo que encontro com as minhas exigências – eis o humano em ação –, maior capacidade de certeza haverá.

Então, estamos considerando um sujeito em ação, um sujeito que se põe no mundo, que se embate no mundo; nisso percebemos imediatamente uma exigência de ir em direção à realidade, de compreendê-la, não racionalisticamente, mas de aderir a ela e apreender o significado. Assim, o significado de sua própria pessoa e o significado do mundo se apresentam sem cisão.

– *Você está falando que o significado eu o descubro nesta abertura* à realidade, que não sou e*u quem dá o significado?*

Observe: Para chegar a um modo adequado de cuidar de minha dor, devo necessariamente respeitar a estrutura de minha pessoa – que eu não inventei –, e respeitar minha história – que também não inventei. Trata-se de responder ao que sou; não é questão de inventar um eu, mas de cuidar do existente e assim poder chegar a realizar transformações adequadas à minha pessoa. Nenhum de nós se fez, nenhum de nós se faz agora. A afirmação de um significado se faz dentro de uma adesão, de um conhecimento vivo do que sou, da minha história, do mundo no qual estou inserido, de um outro que está diante de mim.

E, frequentemente, fazemos Psicologia invertendo a questão:

a pessoa escolhe o que mais agrada apostando no nível sentimental, escolhe a situação em relação a uma imagem abstrata, imagina o futuro e corre atrás de uma imagem, não chegando a colher o significado. Assim a pessoa pode até chegar a realizar aquela imagem, mas cai no vazio. É muito comum o adolescente correr atrás daquela "gata" e não tem um porquê além do desafio de chegar a possuí-la, mas não a tem no sentido pessoal; o profissional compete para ser o poderoso na empresa e quando chega a ter sucesso faz experiência de uma grande aridez – o significado não pode ser colhido ali; a jovem se casa com certa imagem de relacionamento e depois o marido não corresponde...

Não há o que corresponda totalmente: ou o significado brota da adesão à realidade (do mundo e da própria pessoa) colhendo continuamente o que mais corresponde e constituindo significado continuamente, podendo, assim, ser crítico, ou fica-se esperando uma situação que corresponderia segundo o que havia sido imaginado, e aí se estabelece o vazio. No segundo caso, fica-se esperando o fim de semana... e domingo à noite é terrível! Fica-se esperando as férias e encontra-se o tédio. Ou seja, desse modo não é possível colher o significado. E chega-se ao "não sei o que quero, não sei de que gosto, não gosto de nada..." porque não se pauta na adesão ao "eu sou". Quando me pauto no que sou, há meus sentimentos, meu temperamento, minha expectativa, minha frustração, mas há a minha exigência que é capaz de – no embate – afirmar um significado. Ainda que seja junto com a tristeza, afirmo um significado; ainda que seja junto com a raiva, afirmo um significado, ou afirmo que tenho exigência de significado. Sem este horizonte tenho de administrar a tristeza, administrar a raiva, administrar o relacionamento, moldando imagens ou eliminando os outros...: o significado não virá. E sem significado não somos nós mesmos, não somos.

As pessoas chegam a nós, psicólogos, com uma busca; mas se não afinamos a sensibilidade para acolher a raiz de sua busca, ficamos lidando com aspectos que não possibilitarão a resposta. De fato, Giussani explicita que quer considerar, principalmente, o modo de agir que "expressa e realiza a razão".[4] Seu objetivo não

4 Ibid., p. 31.

é tanto o de formular uma definição de razão, mas identificar modos de agir que expressem razão, isto é, expressem a capacidade de dar-se conta do real segundo a totalidade de seus fatores, por ser uma exigência estrutural, não algo que possamos dispensar. O primeiro elemento, então, é acolher e respeitar a dinâmica própria da pessoa para poder ter a realização, e o trabalho do psicólogo é o de auxiliar no reconhecimento dessa dinâmica. A pessoa busca algo fundamental em toda ação, em todo relacionamento estabelecido, mas sem respeitar sua estrutura não há como se realizar.

Querendo identificar um "modo de agir que expressa e realiza a razão",[5] vem a pergunta: Como percebemos que uma atitude é razoável? Para respondê-la, Giussani aponta um método: a **observação da experiência**. As experiências "deixam transparecer possíveis razões".[6] A razão não é algo que inventamos; a experiência expressa uma razão que está ali em bora não saibamos nem darmo-nos conta com o nosso raciocínio. Por isso damos prioridade à observação do sujeito enquanto está agindo. Assim posso começar a apreender as razões que estão na ação. E um segundo aspecto: é importante verificar, como experiência, se a razão expressa pela ação é adequada, adequada à circunstância, não só adequada ao que eu imaginei ou à imagem de mim mesmo... Olhe que interessante: para que uma atitude seja razoável, é preciso adequação à minha estrutura de pessoa e à circunstância; claro, é preciso consideração da totalidade dos fatores. A razoabilidade tem a ver com essa atenção ao conjunto.

É muito interessante porque nós somos feitos para o encontro com a realidade. A realidade nos salva. Agora, ela pode estar confusa e não conseguirmos mais ler a realidade – ou nem mesmo enxergá-la – e então não se consegue respeitar o dinamismo próprio. Mas a realidade é sempre maior, sempre maior... Uma nova chance lhe provoca de novo. É como falávamos: nós vamos acompanhando a pessoa – "agora não deu, agora não deu, quem sabe dá...". Estou acompanhando uma menina numa escola: está deixando para trás uma experiência bonita. Por enquanto está deixando para trás; amanhã, quem sabe se a realidade...

5 Ibid., p. 31.
6 Ibid., p. 32.

*– Ainda bem que a realidade é maior. Quem sabe a realidade nos salve de novo...*

Esse "quem sabe nos salve" surge com razões adequadas: ela não pode deixar de considerar a exigência que pulsa dentro de si.

*– Vejamos se entendi: nós não temos saída; se não acolhemos a realidade nós nos "ferramos", não nos realizamos.*

Se a realidade estiver negando o que me corresponde, ainda assim há algo em mim que está pedindo, esperando, gritando. Não posso negar isso. Não tenho o direito de negar isso. É estrutural em mim. Minha possibilidade de realização está em levar em consideração esse grito que está acontecendo dentro de mim, ainda que a realidade estivesse negando o que fosse de meu interesse ou a minha pessoa mesma.

É a questão da tristeza. A tristeza é "desejo de um bem ausente".[7] Quer dizer, ou eu colho o bem de que estou precisando naquele momento de tristeza ou afundo na tristeza. Fico triste justamente porque não posso dizer: "Mando às favas", por ser estrutural em mim uma exigência. A razoabilidade é responder diante do que sou, diante de tudo o que existe, segundo exigências que nos constituem. A realidade que eu sou inclui exigências, que são inextirpáveis, e não podem ser eliminadas de nossa experiência, e que não me deixam abandonar o movimento em direção à realidade toda, ainda que fosse negadora do que é justo, do que é belo, do que é verdadeiro...

*– Porém, tem uma questão:* às vezes, a pessoa percebe, *mas não confia nisso.*

*– Atendo uma garota que reconhece que um relacionamento novo a destrói, mas fica nele. Tenho outras experiências de atendimento assim também; há a exigência, mas não dá para se pautar nela, não acreditam nela como parte de si, e assim aquilo não é suficiente para reverter a situação.*

*– Parece que não conseguem se dar conta da grandiosidade de uma experiência da correspondência já feita. Aí, diante de uma outra experiência, dizem:* "É negativa, *mas nem tanto... Faz parte... vai melhorar...*".

Mas nós mesmos sabemos como isso acontece: é duro admitir

7 Ibid., p. 82 et seq.

o limite de algo que quisemos muito, é duro admitir a não correspondência de alguma coisa que nós concebemos que deve corresponder. É muito difícil fazermos essa experiência. Porque, de fato, não há nada que corresponda totalmente; e considerar esse fato em questões que são pilares para nós não é tarefa fácil.

*Parece que outras gerações tiveram pilares mais claros. Agora as referências são mais dispersas e parece não haver liberdade de curtir uma experiência de correspondência...*

É preciso ter cuidado, porque nós só podemos dar esse juízo observando o significado que está presente ali. Você leu o livro ou assistiu ao filme *A lenda do santo beberrão?*[8]

– *Mas ali se trata de um* vício.

Não, a questão tratada ali não é a do vício ou do problema de alcoolismo. É uma imagem do homem contemporâneo.

– *Sem querer, sempre cai de novo.*

Não. A questão é que o protagonista tinha uma dor dentro de si, que solicitou seu próprio eu continuamente, mesmo enquanto bebia. Ele tinha uma dor e uma gratidão em si que não foi eliminada... Identificando suas exigências inextirpáveis podemos dar um juízo diferente sobre o movimento próprio do sujeito. É fundamental aprender a dar juízos sem deixar de lado o significado radical afirmado na ação, na atitude.

Quero dar outro exemplo. Mariana trabalha com menores com trajetória de rua e, certa vez, um garoto estava a ponto de assaltá-la e outro lhe disse: "Não mexa com ela não, é do Projeto M, ela é gente legal, não mexa com ela...". Ele deu um passo atrás e deixou que ela se fosse. Dias depois ele, de fora, observava Mariana se relacionando com os garotos. Mais alguns dias, ele se aproximou e começou um relacionamento com ela também. Todas as vezes que Mariana o encontra, ele lhe fala: "Eu quase assaltei você, né?". Certa vez Mariana foi visitar um jovem de rua na prisão e ele estava lá: pediu para falar com ela, aproximou-se e "Eu quase assaltei você, né?". Ele estava preso, pode ser que tenha até

8 ROTH, Joseph. *A lenda do santo beberrão*. Tradução de Marcus Tulius Franco Morais. São João Del Rei-MG: Ugrino, 2000. 90 p. O italiano Ermano Olmi dirigiu filme homônimo sobre esse romance: Cf. A LENDA do santo beberrão. Direção de Ermano Olmi. São Paulo: Look Vídeo, 1992. 1 fita de vídeo. (127 min.), VHS, son., color., legendado.

chegado a assaltar outras pessoas, mas naquele relacionamento se inseriu algo novo: aquela experiência de dor com respeito a uma atitude não correspondente. Dentro daquelas condições cheias de erro brota alguma coisa nova, não determinada pelas condições mesmas; e junto da dor aflorada com a gratidão, brota uma nova percepção de si mesmo, brota um desejo de atitudes mais correspondentes àquele relacionamento, mais correspondentes a si mesmo, assim como seu eu emerge naquele relacionamento. Se há alguma coisa que pode reverter uma situação psicossocial daquela é uma experiência desse tipo. Nossa responsabilidade – no âmbito educativo, clínico ou social – é que uma experiência, dentro do relacionamento conosco, torne-se solicitadora do eu, e assim permaneça como ponto de referência para o próprio sujeito, de modo tal que ele mesmo possa ter uma percepção de si não apenas ditada pelo comportamento.

Você diz que o contexto atual não é favorável, que a educação hoje não propõe um ideal, ou realização, e sim simplesmente viver o momento. Note que os nossos pais também falavam isso das novas gerações. Todas as gerações, dentro dos limites da cultura recebida, podem identificar algo a que responder de modo próprio. Mesmo em um contexto não favorável. Cada um vai responder à sua história, ao seu temperamento, e assim pode identificar a possibilidade dessa afirmação de um significado estruturante da vida em termos correspondentes à própria humanidade. Então, fiquemos atentos para não pautar a leitura da pessoa no comportamento, desfocando a visão da exigência que ali pulsa. Com clareza da presença de uma exigência, num relacionamento educativo ou num relacionamento clínico, temos condições de voltar a considerá-la quando, daqui a pouco, a tristeza vier, quando novamente algo não der certo... Não é algo que imediatamente tem uma potência de reorganizar toda a vida – cada um de nós sabe. Trata-se, sim, de um caminho em contínua construção, a vida toda. E no trabalho clínico também é assim. Não significa que se você tocar nesse ponto, tudo se resolva. Significa que começa a ficar evidente um ponto que permite a construtividade. Nossa cultura contemporânea não nos ajuda a considerar esse ponto e sua dinâmica constitutiva que estamos aqui evidenciando; pelo contrário, nega-o: nega o valor da razão; faz pensar a afeição só como sentimento; significado como algo vago e abstrato;

certeza, verdade e conhecimento como impossíveis... Se fosse radicalizada a proposta, cada um inventaria sua realidade e viveria no mundo que criou, ou no máximo se argumentaria uma construção coletiva, sem, no entanto, conseguir evitar, assim, a arbitrariedade da constituição do real, essa insustentável quando da observação da experiência em ato. Estamos evidenciando um ponto que tem, com segurança, possibilidade de chegar a construir significados, sem que signifique arbitrariedade, sem que signifique simples reprodução de modelos impostos coletivamente. A questão é aprender a reconhecê-lo para poder afirmá-lo. E podemos logo identificar que é correspondente à nossa humanidade, pela experiência de realização, de abertura e liberdade que rapidamente delineia.

Note que interessante o que Giussani nos aponta: nós construímos o significado respondendo à nossa realidade. Responder a essa condição cultural que recebemos – não a inventamos ou escolhemos – é a chance de forjar sentido autêntico, se tal resposta inclui as exigências que nos constituem, utilizadas como critério de juízo das experiências, respeitadas em suas dinâmicas próprias. Assim, é importante que ajudemos as pessoas a identificar em si aqueles pontos vivos, a reconhecer exigências que as constituem e pedem que se considere a totalidade de fatores.

*– Gostaria de dar um exemplo. Uma das meninas que atendo falava do "ficar" e das suas dificuldades. Ela dizia que há um "ficar" em que se sentia muito mal depois, um vazio; e há outros em que não. Começamos a tentar identificar os diferentes tipos de "ficar".*

Olhe que interessante: começa a identificar os tipos a partir de uma reação significativa. Propõe: "Vamos observar a sua experiência, vamos conhecer o real através da sua experiência". Isso é fundamental.

*– Ela identificou três tipos: "ficar" com um amigo, "ficar" com um conhecido que é legal e "ficar" com qualquer um. "Ficar" com qualquer um é ruim. Fomos verificando o porquê e ela disse:* "É porque tanto faz ser e*u ou ser outra pessoa*".

Olhe: A dor é por não ser olhado naquilo que tenho de próprio. E a questão é: Onde aquilo que você tem de próprio aparece? Onde "um modo de agir expressa e realiza" minha dinâmica própria? Em que experiências isso começa a aparecer? Tais perguntas não resolvem o problema do "ficar", mas colocam um eixo de questão, colocam uma maneira de se olhar que possibilita enfrentar o problema de maneira diferente.

*– Com esse caminho, ela entendeu que, na verdade, ela gosta do amigo e não apenas de transar com ele...*

Aí se começa a distinguir o que se está buscando dentro de certa atitude, o que desta atitude corresponde e o que não responde, e pode-se chegar a dizer "É isto que estou buscando", tornando-se mais crítica, mais cuidadosa, mais sujeito.

*– Só que depois ela volta com a mesma questão.*

É porque ela não parou diante da frase que ela mesma disse: "Aqui não há algo de meu que se expressa".

Giussani diz que há como que um efeito Chernobyl.[9] Acontece em termos culturais um efeito análogo ao que aconteceu em termos físicos e fisiológicos em consequência do desastre atômico na Ucrânia, União Soviética, em 1986. Nada se via de anormal, mas uma radiação nuclear cotidiana ia enfraquecendo a todos, chegando ao ponto de não se ter força para aquelas atividades mais simples. Estamos em um contexto cultural que não acentua a dinâmica humana: estruturalmente somos como sempre, mas a não clareza dos elementos constitutivos do humano dificulta sermos livres, construtivos. Você vai dar um abraço e não tem forças; não tem energia para aderir ao evidentemente correspondente. Há necessidade de termos nossa consciência do humano despertada, constantemente, no vivo de um relacionamento. Essa é também nossa função enquanto psicólogos. Como falamos há pouco: ainda bem que a realidade – física e interpessoal – solicita nosso eu, porque não teríamos força só por nós mesmos, permaneceríamos dispersos. Uma mãe sabe disso: ela deixa de se cuidar, mas se o filho chora, ela pula da cama imediatamente.

## 2. Pessoa e alteridade

*– Não sei de onde vem essa força...*

Puramente de si mesma não vem, mas do encontro com uma realidade significativa. E se a mãe não levanta com o choro da criança, não significa apenas que ela não cuida da criança, mas ela

9 GIUSSANI, Luigi. *L'io rinasce in un incontro*. Milano: Rizzoli, 2010. 480 p.

mesma se destrói, desfigura-se como ser humano. Desfigura-se como humana quando não responde a uma provocação recebida. Há uma provocação que chega ao sujeito desde fora, e nossa função de educadores é essa: no relacionamento conosco pode surgir uma capacidade de resposta que por eles mesmos não estaria presente, e por nós mesmos também não está presente.

*– Eu imagino que, talvez, numa outra situação, ela possa rever, e essas coisas possam estar presentes a ela.*

Assim como uma consciência de alguns fatores humanos estão presentes àquele menino de rua diante de Mariana. Talvez ele roube, autoafirme-se como poderoso, mas vez e outra emerge algo iniciado naquele relacionamento que se mantém como a chance de rever tantos posicionamentos. É algo assim. Note que não significa ajudá-los a fazer o percurso de um raciocínio lógico, mas trata-se de propiciar um relacionamento conosco que seja provocador para uma consciência de si realmente experiencial. Outro dia alguém falou: "Algumas coisas eu até faria, descuidando de mim mesmo, mas quando penso que magoaria um certo amigo, não faço".

*– Quer dizer, o relacionamento conosco faz parte da realidade.*

E é um fator que pode despertar a consciência de si, a consciência das exigências constitutivas, gerando respostas autênticas. A exigência vai se despertar sempre, mas a pessoa pode não aprender a tomar a exigência na mão. Conosco ela pode ter essa chance. Mas não basta evidenciarmos o caminho para ela e esperar que tenha forças para percorrê-lo. O efeito Chernobyl está aí. Mas, sem dúvida, dentro de certo tipo de relacionamento humano reaparece um posicionamento propriamente pessoal.

Há um conto de Dostoievski maravilhoso nesse sentido: *O sonho de um homem ridículo.*[10] Trata de uma pessoa que está armando tudo para se matar; ele se sabe ridículo, sabe que todo mundo sabe que ele é ridículo, e nada interessa porque nada é digno, tudo é ridículo mesmo... Então o real não toca mais. Ele fica em seu apartamento ouvindo, acompanhando tudo à sua volta (nos edifícios residenciais acontece assim mesmo: sabemos tudo o que está

10 DOSTOIEVSKI, Fiódor. O sonho de um homem ridículo. *In*: DOSTOIEVSKI, Fiódor. *Duas narrativas fantásticas*: A dócil e O sonho de um homem ridículo. Tradução de Vadim Nikitin. São Paulo: Ed. 34, 2003. p. 91-123.

acontecendo em volta, mas reagimos como se nada de significativo se desse), não se interessa mais, não reage mais, a nada e até mesmo a decisão de se matar precisa de algo que a ative, deve acontecer alguma coisa para, enfim, se matar, e fica esperando o momento adequado... Certa vez, na rua, uma menina puxa seu cotovelo para pedir esmola e ele imagina que ela esteja passando necessidade, mas dá um empurrão: "não me amole". Depois ele fica com um incômodo: "Mas... essa menina que me puxou... mas por que fiquei incomodado se nada me interessa? O que essa menina tem a ver? Deixa pra lá... Mas talvez a mãe dela... Mas o que tenho eu a ver com isso? Nada!". Aquela menina entrou em seu horizonte, ainda que ele não o quisesse. Mesmo repudiando, ele reconhece que algo se moveu dentro dele e vai reconhecendo que aquilo é vida e vai reconhecendo que não era verdade aquele "não me interessa nada". (Estou apenas acenando e simplificando, mas o texto traz as passagens minuciosas do pensamento). E depois ele sonha que está sendo abraçado; e volta do sonho se maravilhando por descobrir que a vida está nele. E a ideia de se matar não tem mais lugar. É interessante notar que toda movimentação e reconhecimento vem da provocação de uma presença, de um outro, mesmo que ele estivesse inicialmente repelindo, dizendo "não, não, não..."; mas dizendo "não" percebe a si mesmo, a vida em si mesmo e sente a necessidade de reorganizar tudo, de se reposicionar.

Temos este papel: ser presença, correspondendo a dar uma puxadinha: "Oh!..." e a pessoa pode dizer "Não! Deixa pra lá". Mas na medida em que está em jogo não só um raciocínio, mas um relacionamento suscitando posicionamentos, ela precisaria renunciar a algo em si mesma para manter aquela posição de recusa. E exatamente essa dor, esse incômodo, pode ser sinal de vida, pode requerer a ela que se reorganize.

Considere também a experiência de uma mãe, vinculada ao *Centro de Recuperação e Educação Nutricional*,[11] que saiu do alcoo-

11 Centro de Recuperação e Educação Nutricional (CREN) da Universidade Federal de São Paulo e Associação Salus. A experiência aqui referida está relatada pela própria pessoa no vídeo da coleção de manuais, *Vencendo a desnutrição*. Cf. VENCENDO a desnutrição. Direção de Canevo Cavano Filho. São Paulo: CREN; Unifesp; BNDES, 2002. 1 fita de vídeo (47 min.), VHS, son., color.

lismo não porque mostraram a ela que aquilo é ruim, mas porque ficou marcada por alguém que estava preocupada com a pessoa dela, alguém que chorou por ela. Nós estamos ali com nossa dor diante da pessoa que fala consigo mesma: "ah, deixa pra lá"; e essa é uma presença viva, presença provocadora.

– É assim com a gente também!

É assim com cada um, é assim conosco também. Se não houvesse alguém atento conosco, deixaríamos correr mesmo, deixaríamos correr...

*– Se esta menina estivesse mesmo assim: "Deixa pra lá", ela nem viria mais...*

*– É, e depois ela retoma sempre aquele ponto. Não é verdade que ela deixou pra lá.*

– Nós gostaríamos que este *elemento, sendo estrutural, movesse tudo.*

Às vezes acontece também!

## 3. O mal, a culpa e a abertura à totalidade dos fatores

*– Aconteceu uma outra situação parecida: a menina foi percebendo o que desejava e depois de ter saído da sala, voltou. Ela tinha "'ficado" com um homem casado – nunca tinha acontecido –, ficou insegura, discutimos, inicialmente ela dizia que ia destruir a família dele, mas vimos que a questão era ela... e foi bonito porque ela chegou naquele ponto e ali houve uma reorganização, tirou conclusões...*

Esse é um caso muito interessante em que se precisa de razões adequadas, porque se o movimento da pessoa não se dá por uma razão adequada, mas, por exemplo, por culpa porque está quebrando uma regra, seu movimento e sentimento serão substituídos rapidamente, tanto que essa regra já não está valendo; logo depois, certo mal-estar devido à culpa é justificado e abafado tranquilamente. É preciso uma razão adequada, e uma razão adequada precisa dar conta de minha exigência e de minha exigência naquela situação concreta. É um caso em que se percebe claramente que sem tocar na razão adequada, não adianta percorrer os passos do raciocínio com a pessoa.

*– Foi interessante porque chegou uma hora em que eu disse: "Você*

*está com essa dúvida, nós podemos dizer: 'Vamos tirar isso da sua cabeça para você se relacionar com ele tranquilamente' ou verificar o motivo do mal-estar para poder decidir". Ela respondeu que tirar a culpa da cabeça era o que todos lhe sugeriam. Fizemos o trabalho de verificar o que corresponde mais. Ela saiu e em seguida voltou e perguntou: ali nesta igreja se confessa?".*

Confessar-se é uma atitude razoável, na perspectiva dela, porque contempla a totalidade dos fatores: considera a situação concreta, a exigência de bem que ela tem e o relacionamento – é capaz de abraçar tudo. É uma abertura à totalidade dos fatores porque se colocou no horizonte das exigências, e estas mesmas solicitam a totalidade dos fatores. Se a pessoa tem simplicidade – isto é, responde ao dinamismo encontrado em si –, dá um passo em horizontes sempre mais abertos.

*– Depois ela me disse que a situação estava difícil, porque tentava dizer que não queria mais o relacionamento e ele dizia que ela era moralista; ela tentava explicar, mas ele não entendia.*

Mas digamos que ela não consiga convencê-lo e fique confusa... O passo que ela chegou a dar reconhecendo a exigência de totalidade como uma experiência autêntica e não pautando na culpa, não como atitude moralista, não por causa de alguém que lhe diz que é preciso..., a experiência de um passo dado assim, ela não perde.

*– Tanto é que mesmo sendo uma pessoa frágil, quando me contava essas coisas estava muito firme, tranquila. Fiquei admirada.*

Que consequências a identificação da exigência e o posicionamento terão na vida da pessoa é um mistério! Estamos falando de outro fator que pode se colocar, e que pode formular sentido, mas pode acontecer numa explosão imediata, pode ficar ao longo da vida e aparecer no momento em que a pessoa vai morrer... Não sabemos.

Vocês se lembram de *Crime e castigo*, de Dostoievski?[12] Há também uma versão em filme[13] muito bonita. O protagonista faz um gesto de gratuidade, ajuda, uma moça fica comovida com a

12 DOSTOIEVSKI, Fiódor. *Crime e castigo*. Tradução de Rosário Fusco. São Paulo: Nova Cultural, 2003. 2 v.

13 CRIME E CASTIGO. Direção de Joseph Sargent. São Paulo: Rádio e Televisão Record, 1999. 1 fita de vídeo (120 min.), VHS, son., color., legendado.

atitude dele, e ele diz: "Eu não sou digno do que você está sentindo por mim. Sou um criminoso, não olhe para mim. Na tentativa de fazer justiça, matei, não olhe para mim, não me ame. Isso que você sente por mim é algo ingênuo porque eu sou outra coisa do que você está pensando que eu seja". Ele se fecha. Na tentativa de realizar um projeto, algo dá errado, você também se fecha; afirma que é impossível. Vem uma pessoa que o ama e você diz: "Por favor, não faça isso, não caia nesta bobagem, você está iludida, eu sou muito mais complicado do que você está pensando". (Também nossos amigos, as pessoas com quem estamos num processo educativo, nossos clientes, tomam uma posição assim). Mas aquele amor, ao qual ele reiteradamente disse "não", colocou nele uma esperança que ele não conseguia eliminar; embora dissesse que era bobagem, estava ali algo que depois – no momento em que ele aceitou o relacionamento com ela – abriu todas as possibilidades de perdão, de confissão, possibilidade de aceitar a pena da prisão, e possibilidade de viver a experiência de realização por ter a presença viva dela enquanto ele vivia a condição de sofrimento. Ele estava apanhando na prisão e tinha presente a imagem dela. Até o ponto alto em que depois ela foi trabalhar na prisão para cuidar dele e se dá o máximo da experiência de liberdade: aceitar que a pessoa me ame. Diante daquele gesto, dentro da prisão, assumindo o que tinha feito, mas numa posição totalmente nova e livre. É uma experiência desse tipo que nos interessa: estar ali diante do outro com sua dor, presente, olhando, tendo um amor à pessoa dele, a ponto de inserir um elemento totalmente novo no horizonte de vida da pessoa, na experiência de si mesma e do mundo.

Nós estamos no atendimento esperando que o fator estruturante entre em ação, queremos ver isso acontecendo, estamos atentos, mas também não temos a pretensão de que nós, fazendo isso, produzamos sentidos, ou produzamos personalidades fortes... Cada um terá de responder. Estamos é dando condições para que a pessoa dê uma resposta, condições para que a pessoa possa ter forças para dizer sim à realidade, ao incluir um fator novo numa dinâmica eventualmente fechada.

Podemos fazer isso também do ponto de vista psicológico; porque a dinâmica aqui descrita é psíquica e espiritual ao mesmo tempo; "espiritual" na concepção de Viktor Frankl[14] ou de Edith Stein.[15]

### 4. Abertura à totalidade em um relacionamento

*– Também eu estou, profissionalmente, no papel de ajudar uma pessoa a ser razoável. A única cuidadora de uma paciente com Alzheimer – já está muito dependente – é a filha. É muito pesado; ela está desestruturada. Quando comecei a atender; em* home care, *notei que ela exige muito, pergunta tudo e o problema é sempre o objeto: "Usar esse material é bom para ela? Então eu vou comprar". São estratégias, não um contato.* Já no primeiro dia de atendimento, comecei a interagir com a filha, *não somente com minha paciente. E ela foi ficando agitada com o que fui lhe dizendo, porque estava com sede de algo assim e logo expressou que tentava ajudar mas não conseguia. Então disse para mim mesma: "Você está despejando tudo, não é disso que ela precisa". E fiquei olhando, estando um pouco, deixei que reclamasse da vida, do que não conseguia, que falasse do quanto ela vê como ruim. E, então, eu peguei no ombro dela e falei: "*É duro, não é?*". E ela chorou. Pra mim, eu disse: acho que vai acontecer alguma coisa aqui". Fiquei cada vez mais disponível. Não é fácil o relacionamento. Mas eu estou vendo que, mesmo em tensões e desencontros, a filha está tendo um lugar e quando eu sugeri "Não estou aqui para atender você, mas estou vendo que para a sua* mãe é importante que a gente trabalhe, porque é você quem

14 FRANKL, Viktor Emil. *Fundamentos antropológicos da psicoterapia*. Tradução de Renato Bittencourt. Rio de Janeiro: Zahar, 1978. 289 p.; FRANKL, Viktor Emil. *Psicoterapia e sentido da vida*: fundamentos da logoterapia e análise existencial. 4. ed. Tradução de Alípio Maia de Castro. São Paulo: Quadrante, 2003. 352 p. Cf. COELHO JR., Achilles Gonçalves; MAHFOUD, Miguel. As dimensões espiritual e religiosa da experiência humana: distinções e inter-relações na obra de Viktor Frankl. *Psicologia USP*, São Paulo, v. 12, n. 2, p. 95-103, 2001.

15 STEIN, Edith. Estructura de la persona humana. *In*: STEIN, Edith. *Obras completas*: Escritos antropológicos y pedagógicos. Tradução de Francisco Javier Sancho. Vitoria (Espanha): El Carmen, 2003, p. 555-749. v. 4.; STEIN, Edith. Contribuiciones a la fundamentación filosófica de la psicología y de las ciencias del espíritu. *In*: STEIN, Edith. *Obras completas*: Escritos filosóficos (etapa fenomenológica: 1915-1920). Tradução de Francisco Javier Sancho. Burgos (Espanha): Monte Carmelo, 2005. p. 207-520. v. 2.; STEIN, Edith. Introducción a la filosofía. *In*: STEIN, Edith. *Obras completas*: Escritos filosóficos (etapa fenomenológica: 1915-1920). Tradução de Constantino Ruiz Garrido e José Luis Cabalerro Bona. Burgos (Espanha): Monte Carmelo, 2005. p. 657-913. v. 2.

cuida dela", *ela começou a incluir alguns novos assuntos. E digo: "E como é para você quando acontece isso?". E ela responde algo do tipo "Sempre foi assim, não tem jeito" ou "Está tudo nas minhas costas, meus irmãos brigam", olhando de um jeito como dizendo "Fale-me o que você acha". Agora vejo que meu trabalho está sendo com a filha, e assim eu trato de minha paciente. Ela não tem essa coragem de ir a fundo nessas coisas que eu falo, mesmo assim ela me pede e me propõe novamente no outro dia.*

Você está falando de como é dramático ser razoável e aderir à realidade, porque significa considerar o outro, e só podemos esperar o posicionamento, não produzimos o posicionamento dele. Mas você está falando também como o nosso posicionamento claro significa muito mais do que a questão técnica com a qual estamos lidando: significa uma abertura para a pessoa do outro, um considerar a pessoa do outro, ainda que você esteja sendo dura. E há algo se movendo ali: ela começa a se relacionar com você (para além do tipo de expressão afetiva mais favorável ou um pouco menos favorável), ela está aceitando um relacionamento com você. É uma chance que ela tem de começar a conceber que é possível ter relacionamentos. Com os irmãos briga; com a mãe, com desejo de bem, dá alguma coisa... Relacionar-se pessoalmente provavelmente ela não sabe, mas começa a ter uma possibilidade com você. O quanto isso vai interferir no tratamento da mãe, nós não sabemos; que vai interferir certamente vai. O quanto isso vai estar presente no momento em que essa paciente estiver para morrer, o quanto isso vai estar presente quando a filha não tiver mais a mãe para cuidar, e se enxergar frágil... Quer dizer, há um fator novo inserido ali que realmente pode produzir significado, realmente pode começar a formular um significado forte dentro da realidade assim como é, enfrentando a realidade como é. Nós somos um fator determinante; não mecanicamente determinante, mas determinante enquanto relacionamento vivo. Um relacionamento vivo dentro do que temos de enfrentar é um fator de provocação enorme.

*– Agir pelas estratégias poderia ser lido como um modo de entrar em relação?*

Essa é uma hipótese para você considerar na totalidade dos fatores. É a forma que ela tem de entrar em relacionamento? Ou de não entrar em relacionamento? Só podemos responder ao observar, considerando a história que vem a seguir. Há uma série de indícios que nós vamos colhendo. Os indícios não estão lá por eles mesmos, nem esperando que nós escolhamos alguns, com os quais montemos um quebra-cabeça arbitrário. Não, eles apontam para uma direção. Quando o conjunto de indícios aponta para certa direção, posso ter segurança, posso chegar a ter certeza.[16] O fato de ela cuidar do ponto de vista prático pode ter muitos significados. E parece-me que neste caso está apontando para o não saber se relacionar. Claro que está indicando um desejo de se relacionar por um caminho que não é adequado, ou seja, não realiza. Lembra-se que falamos "expressa e realiza"?[17] Neste caso, expressa, mas não realiza o desejo, então não é adequado, não é razoável. É preciso examinar.

É interessante essa história dos indícios, o fato de que eles apontam. Mas corremos o risco de escolher alguns indícios e fazer a interpretação simplista que, às vezes, psicólogos fazem: "Opa! Falou da mãe" ou "Falou de certo modo: culpa". Pegando alguns elementos como chave interpretativa, realiza uma das reduções de que estávamos falando. Ao invés, não deixando nenhum desses indícios de fora, colhendo todos e observando para onde eles apontam, acompanhando a formulação do sentido, aí então, quanto mais atento aos indícios, mais vou poder chegar a uma certeza.

O relacionamento com você é um fator que dá condições a ela de responder à situação difícil. Se você fica fora do relacionamento, ela não tem aquele fator capaz de dinamizar a percepção de si e do outro, de dinamizar as exigências de bem que constituem a pessoa dela e o relacionamento com a mãe. Ela começou: aceitou um relacionamento com você. Uma novidade começou. Para onde isso vai? Não está em nossas mãos saber ou definir; mas está em nossas mãos darmo-nos conta deste processo, continuar indicando, continuar um relacionamento, ainda que percebendo os limites da situação. Por isso, no momento em que você explicitou "É duro" você estava com partilhando com ela aquela situação difícil, iniciando a compartilhar o significado. E é isso que dá possibilidade a ela de começar a se colocar, tomar posição pessoal.

16 GIUSSANI, 2017, op. cit., p. 38 et. seq.
17 Ibid., p. 31.

## 5. Colher indícios, chegar a certezas

*– Quando Giussani fala dos indícios, diz que você é tanto mais capaz de reconhecê-los quanto mais você se conhece.*[18] *Uma coisa que me ajuda é o que Miguel agora comentou: A gente também não vive assim?* Nós também não temos esta experiência?". *Então, nós nos aproximamos da pessoa também pensando como para mim é difícil querer fazer e não conseguir, querer ajudar uma pessoa e ser impotente. O drama que aquela pessoa está vivendo, de alguma forma, eu também o vivo, porque é um drama humano.*

Giussani concebe conhecer as coisas enquanto entra no horizonte humano. É a maneira fundamental de conhecer. Você está trabalhando com fonoaudiologia: não é só com a palavra que você está lidando, mas com o horizonte humano daquela pessoa de quem você está cuidando. Quando se fala que apreendemos mais os indícios quanto mais nos conhecemos, precisamos ter cuidado para não se tomar aquele "se conhece" pela redução psicologizante, da qual já falamos. O sentido mais próprio é o de "quanto mais estou atento às minhas exigências". Quanto mais atento às minhas exigências, mais tenho possibilidades de dizer ao outro: "Note que aqui não está lhe correspondendo. Note que você quer mais, precisa de mais". Quanto mais identifico minhas exigências, dói em mim a redução feita, mais tenho interesse humano em ajudar o outro, entro em relacionamento de maneira viva.

*– Aí, quando a gente fala "*É duro mesmo!*", é verdade. Não é só um consolo.*

Se fosse uma afirmação significando "coitadinho de você que está nesta situação", ou como uma técnica – mas substancialmente distante – ambas promoveriam uma sensação de solidão. Estamos falando de outra experiência. "É duro" porque esperamos vida e a morte se apresenta; quero amar a pessoa e não consigo; faço tudo o que posso e ainda não é isso; dou tudo de mim e não construo o que queria; expresso, mas inadequadamente. Dando-nos conta de que essa é uma dinâmica do humano, podemos nos aproximar de situações muito diversas e podemos apontar esse algo do humano que está presente.

18 Cf. Ibid., p. 42.

Quando Giussani fala de sinal, se refere a indicadores convergentes,[19] um conjunto de indícios que apontam para certa direção. Fala também que quanto mais formos vivos, quanto mais estiver presente para nós a dinâmica que nos constitui (a dinâmica de comparação entre tudo o que acontece e nossa experiência elementar), mais teremos uma "intuição universal"[20] a partir dos sinais. A intuição capta algo de universal, do humano. Você olha aquela mulher se atrapalhando, escapando do relacionamento com a mãe e com você, e apreende ali uma dinâmica universal, e se interessa por relacionar-se com ela.

Quanto mais ligados à exigência, quanto mais madura nossa pessoa for, mais poderemos darmo-nos conta da pessoa a partir de poucos indícios.

Giussani havia evidenciado que a demonstração por si mesma não é suficiente para uma certeza no relacionamento. Agora ele ressalta que saber dar conta dos indícios e apreender a direção a que apontam é uma maneira de demonstração[21] dentro de relacionamentos. É uma maneira de estarmos seguros, de mostrarmos a razoabilidade para outros, de indicar para o próprio sujeito a importância, a segurança que ele pode ter. É no relacionamento que é possível a certeza, não na explicação lógica, não na prova, não na causa e efeito; é nessa afirmação do humano, afirmação do universal nos elementos concretos examinados.

Aquela moça pode não saber nada sobre como cuidar da mãe, mas pode ter certezas sobre o relacionamento com você. Cada um tem um percurso diferente, um tempo diferente de elaboração, o importante é que a questão esteja em pauta. É nossa função.

A certeza moral se refere à certeza sobre o outro; é feita de um conjunto de sinais. A capacidade de confiar faz parte do humano. A possibilidade de chegar a ter certeza com esse método que brota de um relacionamento (e não da lógica, ou de uma relação de causa e efeito, ou de demonstração racionalista) é tema fundamental porque estamos numa cultura que nos diz que certeza não é possível. Capacidade de certeza é fundamental pa-

19 Cf. Ibid., p. 41.
20 Ibid., p. 41.
21 Ibid., p. 38-43.

ra nós, inclusive para enfrentar a fragilidade tão presente. Mas é fundamental, sobretudo, porque não há possibilidade do humano sem ela. Estruturalmente. Precisamos nos ajudar a que, na dinâmica de construção, seja recuperada a possibilidade de certeza, que a pessoa reconheça alguns pontos firmes: certeza de que você me quer bem, certeza de que algum passo está sendo dado e de que vale a pena, mesmo diante de tantas incertezas.

Ajudemo-nos a darmo-nos conta de que a razão é múltipla, polivalente, rica, ágil, móvel. Razão "é vida diante da complexidade e da multiplicidade do real".[22]

**22** Ibid., p. 38.

## CAPÍTULO III

# EXPERIÊNCIA ELEMENTAR: INTENSIDADE E TENSÃO NA RETOMADA DE SI MESMO

Interessa-nos **reconhecer** o que somos, o que o ser humano é: eis o ponto central. Não estamos buscando, aqui, elaborar um modelo de homem ou um modo de ver que nos agrade. Estamos buscando reconhecer algo que somos, profundamente, porque nos interessa a nossa realização enquanto pessoa.[1] Por isso buscamos aprender a reconhecer os elementos essenciais do nosso ser, aprender a reconhecer que somos exigência de felicidade, que somos exigência de realização. Assim, reconhecemos nossa exigência de **conhecimento**[2] não como um setor da vida, mas como resposta a uma provocação do mundo em nós, resposta necessária porque sem ela não seremos nós mesmos. A exigência de conhecer não é uma exigência de quem se dedica ao estudo, é exigência da pessoa; não podemos afirmar o nosso ser fora da dinâmica do conhecimento, porque dela depende a elaboração da experiência.

1 Para um aprofundamento teórico do tema "realização da pessoa", cf. GASPAR, Yuri Elias. *Ser voluntário, ser realizado*: investigação fenomenológica numa instituição espírita. Belo Horizonte. 2010. 186 f. Dissertação (Mestrado em Psicologia) - Universidade Federal de Minas Gerais. Belo Horizonte, 2010.

2 GIUSSANI, Luigi. Terceira premissa: incidência da moralidade sobre a dinâmica do conhecimento. *In*: GIUSSANI, Luigi. *O senso religioso*. Tradução de Paulo Afonso E. de Oliveira. Jundiaí - SP: Paco. 2017. p. 45-58.

Pensando em pessoas concretas – certo cliente, aquele amigo, você mesmo... – é verdade ou não que o que mais as define é uma urgência de afirmação do próprio ser e que isso se dá numa urgência de felicidade, de beleza, de justiça? É verdade ou não que o que está no âmago de todo desejo, de todo movimento, de toda dor, tristeza, raiva, fantasia, de qualquer construção, ainda que idealizada do futuro... é esse "ir em direção à realidade" de maneira tal que aconteça ali algo de que tenho exigência? O ideal não é uma imaginação, é a afirmação de que preciso que a realidade contenha algo que possibilite minha realização.

Quando Giussani trata do tema **conhecimento**, indica que a experiência elementar define a nossa pessoa e que a nossa dinâmica humana é a da razão, isto é, a da abertura, a de ir em direção a todas as coisas com abertura total; abertura total para a realidade que está diante de mim, abertura total para a minha própria experiência enquanto encontro as coisas, abertura para uma exigência de resposta sempre maior do que a encontrada...

Vimos que razão não se identifica com medida, nem com processos lógicos, mas é a abertura para a totalidade. Não estamos nos referindo a uma regra moral, na linha da afirmação "Nós devemos ser abertos". Giussani chama a atenção para uma abertura que já é constitutivamente nossa. Essa abertura é estrutural em nós. Ficar atentos a ela é mais questão de cuidado para não colocar freio na dinâmica que nos caracteriza do que um moralismo que afirmaria "tem de ser assim".

Busquemos, então, desde já, distinguir moralismo de "moralidade", termo este que Giussani[3] nos propõe como conceito fundamental para chegarmos a conhecer o que nos caracteriza como propriamente humanos, além de ser uma dimensão fundamental para todo conhecimento.

Atentemos ao modo como tomamos o processo de abertura diante do real, que nos caracteriza. Embora estrutural, tal processo não se dá mecanicamente; pede o nosso posicionamento. Giussani[4] fala em moralidade referindo-se à atitude diante de um problema, ou ao conhecimento da atitude de outro, segun-

3 Ibid., p. 45.
4 Ibid., p. 40.

do a etimologia da palavra: *mores*, comportamento. Como você se posiciona em relação ao problema do conhecimento? Se nosso interesse é chegar a conhecer a experiência propriamente humana, a incidência da moralidade se dá justamente na abertura ao que vem a ser o ponto propriamente humano. Se você precisa saber, se é uma questão que lhe é cara, então você vai assumir as consequências que isso tem? Você vai deixar aparecer os aspectos incômodos, denunciadores de reduções, provocadores a um aprofundamento? Você vai aceitar ir além daquilo que você já estabeleceu? Vai aceitar a provocação que recebeu do real quando você se abriu a ele? Esta atitude se refere ao sujeito frente a si mesmo. A incidência dessa posição diante da verdade é totalmente determinante no processo de produção do conhecimento. O modo como nos colocamos diante do fenômeno, diante do que passa a aparecer desde que nos voltamos para ele, é fundamental. Permitimos que o conhecimento se constitua ou colocamos limites, estabelecemos contornos, manipulamos. Sem nossa abertura ao problema da verdade, sem a implicação para nós, pessoalmente, diante do problema da verdade, não é possível falar em experiência do real.

## 1. Unidade da pessoa: razão e sentimento

Vislumbrar unidade entre sujeito e objeto se identifica com a possibilidade de unidade do próprio eu. Partindo de experiências muito básicas, Giussani[5] documenta a pessoa una: unidade entre experiências que se referem mais à corporeidade, mais à afeição ou mais ao intelecto. Estamos habituados a pensar esses fatores como distintos, mas Giussani nos mostra o ponto de unidade, de modo que nosso trabalho de examinar a experiência possa ser o de identificar o ponto em que os elementos estão unidos na sua origem, ao invés de buscar – sem sucesso – a re-união de partes.

Frequentemente lemos experiência pelo sentimento, reduzindo o conceito de experiência, perdemos a clareza do lugar do sentimento no conjunto da experiência e na elaboração que fazemos dela. Em consequência, esperamos do sentimento critérios e, então, indicações de direção a tomar; mas se revelam in-

5 Ibid., p. 45 et seq.

suficientes. Seria o caso de desconsiderar o sentimento, ficando num processo puramente racional? Evidentemente, não. Trata-se de – a partir do sentimento – tomar em consideração a experiência examinando uma repercussão que está acontecendo em si mesmo, sendo que essa repercussão é de outra ordem do que a do sentimento. A apreensão do valor da experiência vem junto com a vivência do sentimento, mas a experiência tem uma estrutura mais global. A maneira de pontuarmos a experiência para o cliente pode também ser mais global quando aprendemos a reconhecer isso. Assim, ajudamos o cliente a dar-se conta da própria experiência tomada em sua globalidade, por ser estruturada em bases experienciais mais fundamentais: juízo segundo o crivoda experiência elementar.

Considerando a unidade da pessoa, podemos examinar todas as reações – sentimentos, resistências, expectativas básicas – e o ponto decisivo é identificar o posicionamento do sujeito, como responde a todas elas, como lida com as vivências, como lida com a tendência que descobre ter, como lida com a sensação, com a provocação recebida no encontro com algo fora de si... É o ponto chave; e atentos a ele podemos ajudar a pessoa a observar a própria experiência no nível realmente pessoal.

Uma vez identificado que o modo de a pessoa lidar com suas experiências – responder ao que lhe acontece – caracteriza sua dinâmica humana, não podemos considerar sentimentos por si mesmos. Tomemos sentimento dentro de um horizonte com tal amplitude. Tiremos as consequências do fato de nossa humanidade ser assim, cuidemos do humano nos aspectos que lhe são definidores. Nisso há uma forte crítica quanto à maneira de fazer Psicologia: não reconhecendo tal percurso humano, inventam os modelos de homem, tomamos um aspecto preferido passando a definir todo o homem por ele, esvanecendo a abertura para a totalidade e perdendo de vista a pessoa mesma.

## 2. Problema de uma razão sem interferências

A cisão entre razão e sentimento instaura um grande problema no modo como concebemos a dinâmica do conhecimento. Fomos formados concebendo que a realidade suscita em nós um estado de ânimo que dificultaria conhecer algo objetivamente. Assim, o que teria mais valor para nós, o que mais nos interessa, o que seria mais radicalmente importante, não seria possível conhecer.[6]

Então não seria possível nos ocuparmos do problema do destino? (Isto é, o problema da completude de tudo o que vivemos?). A preocupação com o destino é fundamental. Você pode iniciar um relacionamento realmente importante sem considerar essa questão? Você pode estudar na faculdade e desconsiderar a questão de onde isso vai dar? Nós podemos abandoná-la como uma questão que não podemos conhecer?

O mesmo problema seria encontrado no campo político e no afetivo. Em termos de cultura popular se fala o seguinte: "em briga de marido e mulher ninguém mete a colher" ou "política não se discute". Justamente pela dificuldade e pela solicitação que essas questões têm para nós, adotamos recortes que nos afastam das provocações que estão contidas ali. Mas realmente podemos afastar esses elementos mais solicitadores? Podemos aceitar uma formulação do conhecimento em que esses campos precisam ficar de fora?

No âmbito psicológico, podemos eliminar da elaboração da experiência o problema do destino? Ou o problema político? O problema da realização da afeição? Ou lidar com a afeição só em termos de reações e sentimentos? Não. É necessária uma forma de conhecer que dê conta da complexidade, da unidade da nossa pessoa, do problema do conhecimento, da nossa urgência de obter respostas.

## 3. Sentimento e posicionamento

Giussani[7] aponta outra possibilidade de concepção e dinâmica do conhecimento, partindo do fato de que sempre há interferência da afeição na razão. Um conhecimento puramente objetivo, na verdade, não nos interessaria, não nos corresponderia; não é para isso que iniciamos o caminho de busca do conhecimento. O

6 Cf. Ibid., p. 48 et seq.
7 Cf. Ibid., p. 51 et seq.

processo cognoscitivo é composto também pela tomada de posição do sujeito do conhecimento. Giussani[8] ressalta e exalta a função do sujeito no processo de conhecimento: a elaboração de algo que acontece só pode se dar pelo movimento do nosso eu; também em termos de sentimento, a elaboração da experiência o articula com outros elementos de natureza diversa. Então, a questão a ser discutida é como articulamos o sentimento em função da busca que move o processo de conhecimento.

Giussani[9] propõe a imagem do sentimento como uma lente: tem a função de aproximar o objeto. Para cumprir sua função, a lente precisa ser colocada na distância adequada entre o olho e o objeto em questão; caso contrário, ofusca ao invés de possibilitar um maior acesso. Então o conhecimento é definido pelo modo como lidamos com o sentimento despertado em nós e com a percepção de valor que daí advém. É necessário aprendermos a colocar a lente no foco, a lidar com o sentimento em função de uma busca maior do que o sentimento mesmo.

Sem considerar a experiência elementar, tal proposta ficaria reduzida a autorregulação, controle de sentimentos para não passar de certos limites. Mas Giussani[10] evidencia a unidade: Como você lida com o que mais lhe interessa? Quais cuidados você toma com as questões que lhe são significativas, às quais não poderíamos aceitar qualquer tipo de resposta?

8 Cf. Ibid., p. 52.

9 "Imaginemos estar passando férias em Val Gardena. Chegamos ao Passo Sella. É um belo dia. Pego o binóculo, começo a observar mas não vejo nada, está tudo escuro, opaco. Ajusto o foco das lentes e, diante dos meus olhos, apresenta-se um panorama excepcional, no qual consigo até distinguir as pessoas que estão esquiando sobre o Monte Marmolada. A lente do binóculo não foi feita para impedir ou tornar mais difícil a visão, mas para facilitá-la. E como facilita? Trazendo, por assim dizer, o Marmolada para mais perto da pupila, de modo que a energia visual de meu olho o fixe facilmente. A natureza fez esse cristalino dentro do olho não para impedir que a energia visual do nervo ótico alcance o objeto, mas para tomar possível e facilitar tal alcance. De fato, é como se o cristalino trouxesse os objetos para mais perto a fim de que a energia visual os "pegue". Acontece algo de análogo com o problema que nos interessa – S, isto é, o sentimento, deve ser imaginado como uma lente: o objeto englobado por essa lente é trazido para mais perto da energia cognitiva do homem; assim, a razão pode conhecê-lo mais fácil e seguramente. Então, s é uma condição importante para o conhecimento; o sentimento é um fator essencial à visão, não no sentido de ser ele quem vê, mas no sentido de representar a condição para que o olho ou a razão vejam, segundo sua natureza". Ibid., p. 51.

10 Cf. Ibid., p. 50.

Sabemos, por experiência, que com as pessoas mais próximas – a quem estamos afetivamente mais ligados – nos permitimos as maiores desatenções: nos permitimos ferir as pessoas que mais amamos. É evidente que precisamos de um cuidado para viver aquilo que mais nos interessa. É evidente que, sem um cuidado, perdemos aquilo que mais nos interessa. Não é a intensidade do sentimento que dá essa possibilidade. Você sabe que perde aquilo que está prometido na relação afetiva se você considerar a intensidade do sentimento sem uma direção definida por exigências fundamentais. No processo de conhecimento se dá o mesmo: você começa a estudar um assunto que lhe interessa muito, depois se apega a um detalhe e perde a visão de um conjunto que já lhe interessara desde o início. Logo em seguida você já não entende como um assunto se conecta com outro, e o que lhe interessara tanto já não interessa mais. Você fica especialista de algo que escolheu, faz até tese sobre ele mas, de fato, já não lhe interessa. Infelizmente, dinâmicas como essa são muito comuns.

Examinando a experiência, fica evidente que não basta a presença e a intensidade do sentimento para a adequada aproximação do objeto de interesse; é necessário não perder a direção que nós mesmos damos a ele. O sentimento serve como aproximação na medida em que lidamos com nossa busca, na medida em que ele participa da afirmação de algo além do sentimento mesmo.

Na relação afetiva, fica explícito: se na vivência de um sentimento positivo exalto o próprio sentimento, acabo por perdê-lo; mas afirmando o outro, coloco o sentimento dentro de um processo em que ele pode se manter, permanecer vivo, e então eu posso me dedicar ao outro como eu gostaria. Trata-se de um processo contínuo de elaboração.

*– Normalmente nem passa pela cabeça a necessidade dessa elaboração. Uma consequência comum é que diante do primeiro problema perde-se o foco do sentimento ("já não estou me sentindo bem") e, mesmo sem perceber, se formula um juízo sobre a relação a partir daí, interrompendo um processo significativo.*

Se considerarmos o sentimento como um fator de um processo de busca mais complexo, a dor será incluída e terá chance de ser elaborada em função da busca. Se afirmarmos sentimento em si, inviabilizamos o sentimento e a busca se confunde. O sentimento tem uma função importantíssima de proximidade, de vinculação com aquilo que nos interessou. Mas o processo de elaboração é orientado pela busca. Reconhecendo que na relação afetiva há uma busca de realização, e que a afirmação do outro faz parte dela, justamente esse "des-centramento" dá condições de ter liberdade diante de reações afetivas diversas, dá condições de aceitar sacrifícios como constitutivos de uma relação afetiva amorosa ou entre amigos. A capacidade de sacrifício frente ao outro edificará a amizade ou a relação amorosa, se composta por posicionamentos pessoais autênticos dentro de uma grande busca por realização. Assim, uma mãe, colocando seu sentimento no foco em função de um processo de realização reconhecido, possibilita que ela continue a ter uma intensidade de afeição para com o filho, sem ser definida pelo mau-humor próprio ou do filho que, tantas vezes, inevitavelmente, vai emergir.

Como esperar que o sentimento tenha estabilidade se sua dinâmica é instável? Ninguém pode esperar estabilidade do sentimento numa relação mãe-filho, ou marido-mulher, num processo do conhecimento. Na experiência se nota: você não consegue se manter diante do tema que lhe interessa, não consegue ficar diante de seu filho que é – inegavelmente – uma bela surpresa para a sua vida, a não ser que você apreenda uma provocação e que aceite que o sentimento seja novamente solicitado por algo que lhe interessa profundamente afirmar. Assim se dá uma manutenção do sentimento e uma formação da pessoa mesma: uma mãe se torna mãe, ganha uma possibilidade de realização num gesto concreto e pode continuar a ter um sentimento amoroso intenso em relação ao seu filho; a relação mesma pode se manter pela permanência desse sentimento, pela contínua elaboração de toda ordem de sentimentos, dos mais contraditórios. Do mesmo modo, um estudante tem condições de continuar a estudar algo que lhe interessa.

Sem capacidade de sacrifício, você pode ir trabalhar todo dia? Pode ter vida política? Pode construir relações interpessoais no quotidiano? Não, é impossível. Não se trata de enrijecer os músculos dizendo "eu não vou desistir", mas de afirmar um significado do qual nós temos urgência, ou que reconhecemos presente (num objeto que interessa, na pessoa provocada de modo especial...). Sua resposta pessoal ao significado apreendido que muito lhe interessa solicitará o sentimento, dando possibilidade de continuidade do sentimento, do interesse e da busca.

## 4. Moralidade: uma postura justa para com as próprias exigências

Quando se fala moralidade, se pensa um conjunto de regras, mas moralidade é adesão à verdade.

Giussani afirma:

> O centro do problema é realmente uma posição justa do coração, uma postura exata, um sentimento no seu devido lugar, uma moralidade. [...] Se a moralidade está no definir-se de uma postura justa, também esta é determinada pelo objeto em questão. Se considerarmos uma pessoa que trabalhe dando aulas e outra que trabalhe no caixa de uma agência bancária, a primeira deve ser moral ao ensinar; a segunda, ao descontar os cheques e ao depositar o dinheiro nas contas correntes: são duas dinâmicas diferentes.[11]

Moralidade: um posicionamento diante de algo numa postura justa. É justo o posicionamento que tem a ver com a totalidade dos fatores em questão: referente ao sujeito e ao objeto. Esse **justo** não pode ser definido genérica ou abstratamente, mas precisa se adequar ao específico sujeito e ao específico objeto.

Vínhamos comentando: a realidade me provoca e, nessa provocação, vivo uma exigência de bem, uma exigência de afirmação do ser. E então? O que eu faço com isso? Como me posiciono? Este é o problema da moralidade. O próprio posicionamento autêntico, original, precisa ser sustentado.

Quantos psicólogos trabalham concebendo que a cultura é contra a expressão do sujeito, a determinação é contra a liberdade, a sociedade é contra o indivíduo, os outros atrapalham que a pessoa seja si mesma... Fundamentalmente, o mundo atrapalha e "o inferno são os outros".[12] Mas diante da cultura dominante, das

11 Ibid., p. 54.

12 SARTRE, Jean-Paul. *Entre quatro paredes*. 3. ed. Tradução de Alcione Araújo e Pedro Hussak. Rio de Janeiro: Civilização Brasileira, 2007, p. 25.

determinações da sociedade, das reações que surpreendo em mim mesmo, como me posiciono?

Edith Stein[13] demonstra que há um núcleo pessoal pelo qual o "eu" examina todos os âmbitos da própria vida, todos os desejos, todo o próprio passado, toda experiência concreta e sensível, toda expectativa... A questão é que seja este núcleo central a dar o tom da elaboração da experiência.

Quando temos no olhar a dinâmica da pessoa que atendemos e a exigência que nós mesmos temos no vivo relacionamento, ficamos mais rigorosos, atentos e cuidadosos quanto ao uso da técnica, porque ela faz parte do relacionamento e, ao mesmo tempo, não esperamos da técnica mais do que ela pode nos dar.

Giussani[14] identifica que nossa cultura propõe o afastamento do sentimento para conhecer. Na nossa cultura *psi* acontece também o inverso: o sentimento como prioridade. Assim, verdadeiramente meu seria o sentimento; tudo o mais seriam construtos de outros. Desse modo, a elaboração se restringe à reação. E como posso esperar estabilidade? Não há. Eu precisaria desistir da estabilidade. Como vimos, o sentimento, por sua natureza, é mutável, já que é reação ao que acontece, a cada momento. De fato, na cultura *psi* dominante não distinguimos níveis de experiência entre reação e posicionamento, examinando toda vivência do ponto de vista do sentimento. Indica-se para o próprio cliente mirar seu sentimento, ao invés de ajudá-lo a se posicionar diante das próprias reações, ou colher as exigências que estão ali nas suas reações e sentimentos. Mas trata-se de não parar no meio do caminho: partindo do sentimento, da reação, fazer o percurso inteiro. É questão de moralidade para com a própria experiência.

A concepção de indivíduo afirma as reações. Giussani[15] esclarece que se não me posiciono diante das minhas reações, se não me posiciono diante de meu mal-estar, assim como diante do outro, não sou eu mesmo, não coloco meu eu em movimento, eu não dou continuidade à minha dinâmica de pessoa. Então não é uma

13 STEIN, Edith. Estructura de la persona humana. In: STEIN, Edith. *Obras completas*: Escritos antropológicos y pedagógicos. Tradução de Francisco Javier Sancho. Vitoria (Espanha): El Carmen, 2003. p. 555-749. v. 4.

14 Cf. GIUSSANI, 2017, op. cit., p. 48 et seq.

15 Cf. Ibid., p. 55 et seq.

questão moralista, mas uma questão de realização de si.

Assim a Psicologia acaba somando com a tendência da cultura dominante – individualista e relativista – como se fosse possível inventar as próprias sensações, como se não houvesse uma referência pessoal à qual aderir para que a opção seja correspondente e construtiva da própria pessoa, como se qualquer opção pudesse ser igualmente adequada para o sujeito. Mas é uma argumentação contraditória consigo mesma: se qualquer opção estaria bem, não seria um problema escolher, nem seria preciso escolher coisa alguma. Nem se justificaria por que fazer opções seria importante para a constituição da pessoa. Giussani ajuda a esclarecer que o nível mais fundamental está na resposta pessoal, ao que você adverte em sua pessoa continuamente provocada pela realidade: a realização de seu ser depende de sua resposta. É questão de moralidade para consigo mesmo.

## 5. Sustentar a busca constitutiva da pessoa

"Precisaria haver [...] uma lealdade, uma dignidade moral, uma paixão pelo objetivo verdadeiro, que não poderia ser inventada da noite para o dia, não podia ser senão o resultado de uma longa educação, precisamente, moral".[16] Educação no sentido próprio do termo, isto é, formação da pessoa.[17] Para a educação da pessoa, a solicitação externa vincula-se a um processo do próprio sujeito. É necessário um processo de educação, é necessário solicitar o sujeito a tomar posição diante daquilo que reconhece como significativo, é necessário sustentar o sujeito na sua busca, ajudando-o a identificar aquilo que lhe é mais próprio. Tal posição é uma educação, isto é, formação do sujeito, constituição do eu.

Evidentemente, um processo de educação que pretendesse do sujeito a assimilação de conteúdos ou modelagem de comportamentos seria uma deseducação.

Giussani[18] ressalta o ímpeto original vivo no sujeito como o ponto constitutivo da pessoa. Na formação, ou emerge algo de

16 Ibid., p. 53.
17 STEIN, 2003, op. cit.
18 Cf. GIUSSANI, 2017, op. cit., p. 56.

único, ou a educação está falida. Esse algo de único não poderia ser formulado por nenhum de nós, apenas pela afirmação da originalidade que já é a do sujeito, que se evidencia na própria busca de verdade, de justiça, de beleza, etc. É essa busca própria que precisa dar direção para todo o processo educativo, assim como a todo processo de conhecimento, de interesse afetivo, de desafios, de perplexidades. (Permanecer diante de perplexidades é fundamental para não ficarmos somente com recortes preestabelecidos).

Reconhecer pontos que para mim são fundamentais me permite ficar diante de algumas coisas não claras por serem partes de um processo que me interessa muito.

Por isso precisamos aprender a reconhecer bem a experiência elementar, possibilitando o processo de formação da pessoa e um acompanhamento realmente pessoal e formador. O desafio é nos ligarmos ao ponto de origem, onde as coisas nos interessam autenticamente, e tendermos a modular o real pautados em tal interesse. Acompanhar a pessoa em vista de sua formação significa dar atenção à resposta que ela dá à busca que encontra em si mesma, que resposta dá às propostas que encontra, que resposta dá aos vínculos pessoais e às relações sociais que se estabelecem, de modo a evidenciar a constituição do próprio eu e a contribuição à constituição do mundo que dele advém, num processo contínuo de descoberta da própria originalidade.[19]

Giussani[20] diz ainda que a educação se dirige à liberdade do outro, no sentido de solicitar que ele tome um posicionamento diante do que encontra: considere suas exigências, avalie a verdade e a correspondência do que está diante dele. A educação é oferecida a uma pessoa, que tem um movimento próprio. Se a educação não é dirigida à liberdade, lidaria meramente com conteúdos, e não formaria a pessoa.[21]

19 MAHFOUD, Miguel. Gesto fenomenológico diante do acontecimento da subjetividade. In: FEIJOO, Ana Maria Lopez Calvo de; LESSA, Maria Bernadete Medeiros Fernandes (org.). *O gesto fenomenológico*: corpo, afeto e discurso na clínica. Rio de Janeiro: IFEN, 2019. p. 53-76.

20 GIUSSANI, Luigi. *Educar é um risco*: como criação de personalidade e de história. Tradução de Neófita Oliveira. Bauru - SP: Edusc, 2004. 220 p.

21 MAHFOUD, Miguel. Acompanhamento de jovens na verificação pessoal de uma hipótese educativa. *In*: OLIVEIRA, Neófita; CAPITANIO, Giorgio (org.). *Vida e trabalho*: o risco de educar. Belo Horizonte: AVSI, 2008. p. 133-152.

## 6. Afirmação do próprio ser *versus* autoafirmação

Moralidade, enquanto límpida afirmação da verdade de si, é tomada de posição radical: requer atenção à verdade e não a preconceitos, refere-se à afirmação de seu ser e não à autoafirmação, sugere posicionamentos livres e não defesa de certas posições. A radicalidade própria da moralidade pode ser apreendida na seguinte frase de Giussani: "Na aplicação ao campo do conhecimento, esta é a regra moral: **amor à verdade do objeto mais do que o apego** às **opiniões que já formamos sobre ele**. Numa palavra, poderíamos dizer: 'amar a verdade mais do que a si mesmo'."[22]

Para esclarecer o conteúdo desta frase polêmica, é útil retomar a distinção entre autoafirmação e afirmação de minha pessoa enquanto ser. Afirmar meu ser implica em flexibilidade, capacidade de sacrifício, reformular imagens por um interesse profundo por mim mesmo. "Amar a verdade mais que a si mesmo" se refere à radicalidade, própria da moralidade, de apego à verdade de si mesmo em detrimento de possibilidades de autoafirmação, justamente pela realização pessoal que o reconhecimento da verdade implicada. Quanto mais nos autoafirmamos, mais dificultamos o processo de abertura que nos caracteriza estruturalmente, mais dificultamos a elaboração de pontos de clareza que emergem na experiência. A liberdade diante desses pontos de significado, de clareza, de verdade reconhecida, a liberdade de abrir espaço a ela, é uma afirmação do nosso ser, é uma afirmação da nossa pessoa, mas não autoafirmação.

Aprender a reconhecer tal distinção é importante para ajudarmos as pessoas a examinarem a própria experiência. Permite que a afirmação de minha pessoa – isto é, a livre afirmação de elementos radicalmente significativos que emergem na experiência – seja diferenciada da afirmação de mim mesmo no sentido de apego a certas imagens ou opiniões já formuladas, insistência em certos projetos, etc. Afirmar o meu ser é algo profundo, e simples. Aparece até no momento em que estamos brigando e de repente percebemos que o outro tem razão, ou percebemos que o ponto chave da questão é outro do que o até ali defendido: a moralidade se refe-

22 GIUSSANI, 2017, op. cit., p. 55.

re à atitude simples de permitir que aquela evidência tome corpo. É realmente simples. Ou insistiríamos em manter uma imagem e uma posição já formulada, autoafirmandonos, deixando certos elementos particularmente importantes à margem, complicando a relação com o outro e com o real, enfraquecendo a própria posição humana, confundindo os pontos de referência de sua personalidade. Permitir que uma evidência ganhe espaço na experiência e no relacionamento é uma livre e simples afirmação de nossa pessoa (ainda que possa requerer passar por alguma dificuldade). Trata-se da limpidez da atitude de abertura, de "sinceridade ativa perante o real, perante o objeto que se leva em consideração".[23]

Giussani[24] aponta que posicionar-se autenticamente diante de si mesmo é uma experiência de liberdade. Sem experiência dessa liberdade, você não estuda realmente, não forma uma relação afetiva, não se interessa pelo seu futuro, menos ainda pelo futuro de seu país. Sem essa experiência de liberdade, você não tem adesão real a uma proposta que encontra e que reconhece correspondente.

Um adolescente, valorizando o relacionamento com os pares de seu grupo ou mesmo defendendo uma imagem de si diante deles, frequentemente diz "não estou afim" a uma proposta em que reconhece elementos interessantes. Apenas não a toma em consideração, mas efetivamente desqualifica a própria experiência. Se falar a si mesmo "eu quebro a cara com aqueles colegas, mas abro espaço para uma novidade que vislumbro como radicalmente importante para mim e afirmo que estou afim de algo que encontro", fará uma experiência de liberdade. Enquanto o adolescente tentar garantir a vinculação com os companheiros, vivenciará um amálgama de sentimentos que não pode vitalizar ninguém, impedirá a clareza nas tomadas de posição em tantos assuntos referentes àqueles mesmos amigos. Sem o posicionamento pessoal límpido, elabora com mais dificuldade a própria experiência. A partir de um juízo claro sobre o que encontra, cada um pode fazer um percurso, pode amadurecer. Sem liberdade, não fazemos caminho algum.

23 Ibid., p. 57.
24 Cf. Ibid., p. 136.

É interessante notar que, quanto mais uma pessoa é viva humanamente, mais vai se mobilizar inteira a partir da provocação do real. Assim, vai também arriscar hipóteses, vai rapidamente formular imagens sobre o que ainda não está perfeitamente claro, etc. Giussani – muito agudamente – identificou um paradoxo: A vivacidade humana pode também gerar **preconceitos**.[25] A resposta de Giussani a esse problema é a liberdade mesma, é a atuação da moralidade mesma. O preconceito não pode ser enfrentado com o "politicamente correto", mas com nossa abertura real, viva, a reconsiderar continuamente com um critério de verdade exigente, o mesmo que não aceita a autoafirmação como verdade de si.

Disso decorre uma consequência muito importante: não tenhamos medo de ter uma vitalidade que arrisca, que constrói imagens, que propõe; não tenhamos medo; porque, se não arriscamos, vamos segurar nosso próprio processo em relação a nós mesmos e em relação ao mundo. A questão não é colocar freios em si mesmo para não errar, mas reconsiderar com abertura e continuar observando e aderindo a tudo o que realmente nos interessa. Assim, nós mesmos não aceitaremos os fechamentos que paulatinamente advertiremos. Que bela experiência de liberdade essa de poder apostar em nossa busca pessoal sabendo poder reconsiderar continuamente! Aí a porta começa a se abrir. É outra importante consequência de apostar na afirmação de seu ser como possibilidade de superação da autoafirmação que manteria preconceitos.

Giussani[26] aponta que, quanto mais a pessoa é rica humanamente, mais vivenciará provocações da própria realidade. Rica humanamente não quer dizer, necessariamente, que a pessoa tem uma sensibilidade altíssima; refere-se ao posicionamento, que resulta em modo significativo de viver a própria sensibilidade, colhendo nos acontecimentos vários sinais a serem elaborados, apreendendo vários elementos indicativos que podem levar a certezas.

Lembro-me de uma caríssima amiga que tinha uma grande sensibilidade e começava a utilizar maconha como estimulação. Certa vez eu lhe disse: "Você precisa disso? Você tem uma manei-

25 Cf. Ibid., p. 57-58.
26 Cf. Ibid., p. 57

ra de cuidar de sua sensibilidade que é algo tão especial; não tem mais a ver com você o gesto de cuidar de sua sensibilidade do que o fato de estimulá-la?". E ela entendeu imediatamente.

*– Como eu cuido da minha sensibilidade? Ela não fez esta pergunta? Eu faria.*

Não; ela ficou impactada e permaneceu em silêncio. E não usou mais maconha. Continuava a acampar com os amigos usuários, mas passou a ter orgulho de não precisar, e ela entendia o que eles estavam querendo, mas ela tinha um posicionamento diferente, e achava isso muito bonito.

*– Mas eu queria saber como cuidar da sensibilidade. Posso saber o que eu busco, o que eu desejo, mas...*

É um percurso, e vai ser feito de muitos erros; por isso nós precisamos sustentar a retomada contínua. Não há garantias que o modo certo é este ou aquele. Temos o posicionamento da pessoa. Poderia ter sido muito rígida no começo, e ter esquecido em outros momentos, ou não ter mantido sua posição ao ficar junto com a turma e ter fumado também... Mas tem a retomada: o ponto experiencial ao qual voltar está ali. Depois, poderia ter fumado porque estava na turma, mas já não fazia sentido como antes... Depois se apercebe que, na verdade, está se autoafirmando, mais do que cuidando da sensibilidade, e aí vai ter que ajustar novamente... Cuidar é um processo contínuo. E sem termo.

## 7. Companhia necessária para contínua retomada da moralidade

*– É possível você se dar sozinho essa sustentação?*

Não. É interessante o fato de que essas exigências nunca desaparecerão, mas é preciso uma companhia significativa para que possam ser retomadas continuamente. Por isso a pessoa pensa, pensa, pensa, mas quando vai conversar com um amigo, ou quando está numa relação educativa, ou quando vai falar com o psicoterapeuta, acontece um processo completamente diferente de elaboração. Às vezes a pessoa já sabia o que iria falar, mas quando em relação, acontece outro processo. Porque o posicionamento não é apenas intelectual, mas é um posicionamento na vida.

O filme *A flauta mágica*[27] (uma original interpretação do diretor Ingmar Bergman da ópera homônima de Mozart)[28] nos traz alguns elementos interessantes para esta nossa discussão: para fazer o percurso da vida, o protagonista ganha uma flauta mágica como um recurso na sua relação com o real; o companheiro dele recebe um sininho. O que tem a flauta é o herói, dá conta de tudo, é perfeito. O amigo é normal, isto é, distraído, fica com preguiça, diz: "ah, não estou afim, não...", se enrosca nas várias situações ao longo do percurso. Este – assim como nós, tantas vezes – vai caminhando, mas se pudesse, não caminharia..., ficaria quieto no seu canto... Há a beleza do percurso, mas, no final das contas, se nada me provocasse, estaria tranquilo.

O interessante é que em dois momentos em que há fortes dificuldades de percurso, e ele poderia utilizar seu sininho como recurso para lidar com aquela realidade, alguém o lembra de que poderia fazê-lo. Está em apuros e alguém diz: "Há o sininho para você utilizar!"; e: "Ah, é mesmo!". No segundo momento, muito bonito, há três figuras como que anjos observando – apreensivas – as pessoas sofrerem em seus percursos: "Nossa, agora chegou no fundo do poço... Vai tentar se matar!...". E através de um sopro, eles o lembram que há aquele sininho, aquele desejo no coração, e ele o toca... Aquelas três figuras o observavam, e naquele momento dramático eles sopraram, isto é, indicaram com muita discrição: "lembre-se do desejo que você carrega consigo desde sempre", "lembre-se que você tem esse recurso". E o personagem retoma o percurso de modo totalmente novo.

Basta que sustentemos a retomada de seus recursos fundamentais, respeitando o percurso que a pessoa tem, com o drama que isso envolve e lembrar que a pessoa tem um recurso que é dela, que está no desejo, que está na capacidade de julgar, está no posicionamento a partir de suas experiências. Trata-se de um percurso de retomada contínua. A relação vai garantir a felicidade da pessoa? Não. Vai fazê-la ficar atenta para as várias ocasiões da vida para dizer: "isto tem mais a ver. Isto tem menos a ver. Isto

27 A FLAUTA Mágica. Direção de Ingmar Bergman. São Paulo: Versatil Home Video, 2006. 1 DVD (135 min.), Fullscreen, son., color.

28 MOZART, Wolfgang Amadeus; SCHIKANEDER, Emanuel. *Die Zauberflote*. Hamburg: Deutsche Grammophon; Polydor (distribuidor), 1980. 4 discos sonoros.

aqui vale a pena. Isto não". Ou seja, é a vida que vai encaminhar o processo, não a relação de ajuda conosco. A relação conosco não pode definir a vida da pessoa. Nós podemos ajudá-la a se sustentar no seu posicionamento, reconhecendo que o recurso está nela, na sua experiência, na experiência das coisas, está na nossa estrutura de pessoa: temos essa possibilidade de responder autenticamente. Não temos como garantir: está fora de nosso alcance, está na alçada do Mistério.

Devido à dinâmica característica da experiência mesma, sempre há necessidade de reelaboração; então, nossa contribuição profissional é permanecer ajudando a tomada e a retomada de posição. Sem referências interpessoais, nossas energias para elaboração das experiências se tornariam dispersas.

Giussani aponta um processo como que em parábola, em que a experiência vai decaindo: "A moralidade nasce em nós como espontaneidade, como postura original, mas rapidamente se altera e se corrompe se não for continuamente recuperada por um trabalho. A parábola que tende inexoravelmente à corrupção deve ser continuamente barrada". [29]

Porque precisa ser barrada? Porque não deixar simplesmente decair? Porque não nos corresponde; na decadência de uma experiência significativa nosso coração diz: "não pode ser assim".

Comentamos anteriormente que a razão, auxiliada pela experiência elementar, identifica elementos que indicam direção para a realização. A atitude de moralidade nasce espontaneamente: simplesmente reconhecemos algo verdadeiro diante de nós (a experiência de alguém, algo bonito). Juntamente a certo nível de reação vem uma avaliação sobre a verdade, sobre a beleza, sobre a justiça do que encontro. A abertura e a adesão viva ao reconhecido com o correspondente, com o tempo, naturalmente, decai. Nós advertimos que se dá assim; mas advertimos também que aquela simplicidade nos é necessária, se identifica com nossa originalidade pessoal e, então, reconhecemos como um "dever" para com a verdade da própria experiência a tentativa de barrar essa corrupção.

A moralidade, em sua definição mesma, contempla a contínua

29 GIUSSANI, 2017, op. cit., p. 58.

retomada de seu percurso original: "Trata-se da característica do esforço humano a partir de dentro de uma fraqueza original, cuja incoerência habitual é perdoada, ou seja, dotada novamente, no amor, de uma capacidade de retomada contínua. Moralidade é a intensidade e a propensão contínua dessa retomada".[30]

A companhia humana no âmbito profissional pode chegar a se constituir numa referência experiencial à qual a pessoa pode voltar para retomar seu próprio percurso de elaboração da experiência, desde sua originalidade.

Pode acontecer também que um relacionamento significativo se mantenha como companhia estimuladora de posicionamentos autênticos muito além do relacionamento concreto. A presença significativa de alguém para mim pode permanecer mesmo depois de sua morte. Ter sido olhado de um modo profundo e livre por alguém pode passar a definir a pessoa muito além daquele momento em que era olhada.

30 GIUSSANI, Luigi. *O eu, o poder, as obras*. Tradução de Neófita Oliveira e Virgilio Resi. São Paulo: Cidade Nova, 2002. p. 269.

## CAPÍTULO IV

# O DESUMANO À ESPREITA: ATITUDES NÃO RAZOÁVEIS DIANTE DE QUESTÕES FUNDAMENTAIS

Examinemos atitudes não razoáveis diante das questões fundamentais que surpreendemos em nossa experiência e o consequente esvaziamento ou redução das perguntas referentes a um horizonte totalizante.[1]

Diante da pergunta última que emerge continuamente em nós, diante da interrogação radical vivida existencialmente como uma exigência de resposta, dá-se um pedido. Ninguém vive existencialmente uma pergunta a não ser como espera de resposta. Ou seja, não estamos aqui tratando de uma questão apenas intelectual, de um raciocínio, mas de exigência de sentido, exigência de algo que corresponda às nossas expectativas radicais (que continuamente pedem mais).

Examinaremos algumas atitudes não razoáveis diante dessas interrogações que já aprendemos a reconhecer: estão sempre em nós, sempre dão força e tensão para cada palavra, para cada gesto, dão densidade para cada questão humana.

Por que "não razoáveis"? O que seria não razoável diante de

1 GIUSSANI, Luigi. *O senso religioso*. Tradução de Paulo Afonso E. de Oliveira. Jundiaí - SP: Paco, 2017. p. 93-123.

uma interrogação última? Posso qualificar como não razoável tudo o que não respeitar nossa exigência de totalidade. Romper a expectativa de uma resposta exauriente, total – que nos complete, que coloque nosso coração em paz –, esvaziar essa exigência é não razoável porque interrompe o dinamismo que lhe é peculiar, o dinamismo que dá tensão humana na relação com qualquer coisa que seja. Então é não razoável primeiramente por impedir o horizonte de totalidade e, segundo, porque interrompe o dinamismo próprio do humano.

Giussani[2] indica que essas atitudes não razoáveis coincidem com atitudes "desumanas", exatamente porque interrompem o que há de mais propriamente humano em nós.

## 1. Esvaziamento das perguntas fundamentais por negação teórica

Examinaremos inicialmente atitudes não razoáveis do ponto de vista do esvaziamento da pergunta.

A **negação teórica** da pergunta[3] – ou seja, a afirmação de que não vale a pena levá-la a sério por carecer de sentido – desqualifica imediatamente o movimento original de sua pessoa, tira desde logo a tensão do seu e do nosso movimento, e acabamos afirmando a impossibilidade de uma resposta totalizante ao nosso desejo que é totalizante. Até mesmo de um ponto de vista propriamente filosófico, afirmar a impossibilidade de resposta é arbitrário. E, ainda por cima, nos tolhe.

Frequentemente parece-nos que o ser humano seja grande, livre e poderoso ao dizer: "Essas questões não me interessam" ou "Se eu quiser, não as levo em consideração". Sartre[4] chega a uma consequência clara dessa atitude: a grande liberdade do ser humano estaria em poder dar cabo da própria vida.

Uma consequência impressionante, concretíssima, das atitudes não razoáveis é o fato de que todas as experiências perdem um horizonte maior e, ao mesmo tempo, nós perdemos a capacidade

2 Ibid., p. 93.

3 Cf. Ibid., p. 93-96.

4 SARTRE, Jean-Paul. *O ser e o nada*. 13. ed. rev. Tradução de Paulo Perdigão. Petrópolis - RJ: Vozes, 2005. 782 p.

de certeza. De fato, afirmar antecipadamente que não há solução impede que se chegue a alguma certeza sobre um fenômeno.

Essa incapacidade de certeza passa, em seguida, a ser afirmada como realismo. Seria realista nunca termos certeza nos nossos relacionamentos, ou sobre o que estudamos e pesquisamos. E a falta de empenho até com aquilo que nos interessa encontra justificativas: podemos realizar um trabalho banal, não tem problema, por que afinal de contas... O fato de se conceber de partida que não se pode ter certeza sobre o relacionamento faz com que não se espere mais nada uns dos outros. E são muitos os alunos que comentam a experiência de violência que fazem ao ficar na sala de aula por horas e horas sem esperar coisa alguma, com a vivência de que a própria presença ali é igual a nada, com a percepção de que o professor está falando com ninguém. São frutos da afirmação da impossibilidade já no ponto de partida e da manutenção de uma atitude de não certeza.

## 2. Esvaziamento das perguntas fundamentais por substituição voluntarista

Como introdução ao tema da **substituição voluntarista** das perguntas, Giussani[5] apresenta o exemplo de um casal para evidenciar que sempre precisamos – temos exigência – de algo que nos transcenda para que possamos nos constituir e, portanto, para que possamos nos realizar. É necessário um ideal para que a relação homem-mulher possa se constituir, para que a experiência de amor se mantenha com a abertura que lhe é própria. Sem algo que transcenda o outro, a relação decai, a abertura própria da relação afetiva se interrompe; e a figura do filho é um exemplo de algo que, transcendendo-os, constitui a relação do casal e coloca ambos numa postura de empenho com a vida em comum de modo muito diferente do que se tivessem apenas administrando a própria relação. "É esse sentido [ou seja, o sentido que a presença do filho traz para eles, o sentido que advém de a própria vida desaguar em algo maior, de colocar algo no mundo] que impulsiona e dita a atitude de emoção real, de

5 Cf. GIUSSANI, 2017, op. cit., p. 97-100.

empenho seguro, de sentimento amoroso na sua simplicidade e na sua totalidade".[6]

Um horizonte que transcende aquela relação concede densidade a ela. "Impulsiona e dita", ou seja, conduz, dá as indicações de por onde caminhar. Há a "emoção real". Não é mesmo uma experiência frequente que uma grande relação afetiva termine num poço de reações irrequietas? Não é ainda experiência frequente a de se envolver viva e fortemente e, em seguida, a relação se tornar mecânica, ou seja, o empenho com que se cuida da relação, na prática, desaparece? Não é experiência nossa a de retomar um vivo sentimento amoroso juntamente com a descoberta de um significado que o transcende? Esse sentimento retomado não tem a característica de ser – ao mesmo tempo – simples e totalizante, a ponto de permitir dizer "aqui eu lanço minha vida toda, haja o que houver"? E uma experiência de simplicidade e uma experiência totalizante. É uma resposta vislumbrada que dá à relação a possibilidade de ser vivida de modo não apenas reativo.

Que nos coloquemos com aquela força e tensão humanas não é só uma questão de vontade ou decisão; não se dá porque eu quero me colocar diante do outro com força e tensão, porque quero que meu relacionamento com o outro seja belo e portanto faço de tudo para isso... Não basta! Precisamos vislumbrar algo, algo que seja resposta às nossas exigências. Preciso me relacionar com algo que responda, ainda que inicialmente, às minhas exigências, permitindo que eu viva um relacionamento constituído por um horizonte de totalidade. Sem isso, vivemos num horizonte voluntarista: minha vontade organiza uma parte, imaginando um modelo de relacionamento, estabelecendo um padrão a partir do qual se acaba cobrando do outro que corresponda e garanta o que fora idealizado.

Toda ação, todo relacionamento, todo trabalho, todo empenho precisa se dirigir a algo que apresenta um horizonte de resposta totalizante, que me lança para um horizonte totalizante, ou me ponho a administrar aspectos e – ainda que desejando o contrário – começo a perder a experiência que me interessava.

A experiência de maravilhamento diante da presença do ou-

6 Ibid., p. 96.

tro, aquele pedir que o outro fique perto porque naquele relacionamento percebo uma promessa de algo grande; aquela típica experiência de abertura em que se fica desejando a presença do outro, desejando que algo de grande aconteça, desejando que algo efetivamente grande aconteça com o outro, aconteça algo além do que eu consiga realizar; essa tensão humana pode ser substituída por um voluntarismo.

O que se perde com o voluntarismo? Perde-se essa tensão vivaz que é constitutiva, que nos move para um empenho, que nos permite uma simplicidade num horizonte de totalidade. A atitude voluntarista perde essa tensão e afirma aspectos, insiste sobre eles, ao invés da admiração pelo que está presente. Então se perde a dimensão da totalidade. Há um esvaziamento da pergunta.

Na **negação teórica** das perguntas fundamentais é como se dentro de um relacionamento significativo você dissesse: "Mas é impossível que permaneça. Vejamos quanto tempo vai durar". Mas, e sua exigência de que você marque a pessoa do outro para sempre? E a sua exigência de completude, de realização? Você objetaria: "Ah, são questões abstratas; no concreto mesmo, a gente fica com o que dá, ponto". Parece realista, mas por que não é? Por desconsiderar o motor, desconsiderar um aspecto em mim que me vivifica, que me faz humano; não é realista por deixar de lado o aspecto tão real que me constitui a ponto de permanecer em mim à revelia de minha vontade.

Na atitude **voluntarista**, diversamente, é como se você dissesse: "É o que há de mais importante; vou garanti-lo". Você não diria que amar não é importante, mas os termos da questão ficam na sua própria mão, o que seja amar já está definido por você e vai ser fortemente afirmado; deixa de ser algo que você continuamente redescobre, que continuamente lhe questiona, levando a um esvaziamento.

Numa atitude voluntarista, a armadilha é que você pensa estar cuidando. Mas cuidando em termos já estabelecidos, a experiência de amor, ao invés de ser uma experiência positivamente desconcertante e colocá-lo em paz porque evidentemente a sua vida é mais do que o pouco que se consegue fazer (porque há algo que o toma e solicita novamente, que o faz olhar para si de um modo novo, aberto, com espera); ao invés dessa experiência de novidade devido à solicitação vinda de fora e que o recoloca diante de si mesmo, você se fixa em parâmetros ordenados por você mesmo, estabelecidos por você, garantidos por você. O passo seguinte é a cobrança. Note que também, nesse caso, o motor humano resulta desqualificado.

Na substituição voluntarista das perguntas a "energia que nos faz agir reduz-se a uma afirmação de si".[7] Sendo, assim, uma armadilha maior: quero presentear a pessoa que amo e o gesto se torna uma autoafirmação sobre o outro, ao estilo "sou capaz de fazer isso, preparo desse jeito tão legal" e a pessoa do outro desaparece do horizonte. Evidentemente, há um comprometimento na relação, indicando que a exigência de amor, de beleza, de verdade solicita um empenho pessoal. Mas pode-se substituir esse empenho que as exigências mobilizam, por uma autoafirmação.

Somos evidentemente frágeis, evidentemente pequenos para poder responder à infinita exigência de felicidade do outro que amamos, para poder realizar o que eu mesmo desejo para o outro. Ao invés de viver essa condição como uma tensão que nos leva a ser sempre mais cuidadosos e abertos, sempre mais empenhados, frequentemente a atenção se volta para uma performance (até para a performance amorosa). A expressão afetiva – como o beijo – torna-se performance, a exigência e afirmação de beleza vividas na relação amorosa se torna performance ao sabor da aparência da moda. Até mesmo os envolvimentos mais íntimos podem se tornar performance.

Numa relação pessoal, a autoafirmação e a performance nos gestos são perceptíveis e nos ferem. Tome o exemplo de um abraço ou um beijo: se, ao invés de abertura ao outro, vive-se, na relação concreta, a exasperação de uma sensação em mim, percebese rapidamente o que está acontecendo, e com dor. Organizando a relação pela performance, passa-se a se autoafirmar naquele preciso gesto, deixando a abertura e até a dor de lado. A autoafirmação substitui a exigência de uma relação radicalmente importante – que poderia se tornar um fator de aprofundamento, poderia se tornar um fator de retomada da abertura diante do outro como na experiência inicial do relacionamento. Aquela dor, ela mesma,

7 Ibid., p. 97.

é exigência de um relacionamento em que se esteja diante do outro realmente.

A substituição dessa exigência por um intenso *frisson* ou por performance abre caminho para a autoafirmação justamente nos pontos em que se começava a advertir uma possibilidade de resposta. É, de fato, um esvaziamento.

Fica, então, existencialmente claro porque se usa o termo "voluntarista": nessa atitude, a vontade é um instrumento da autoafirmação.

Tocando a experiência elementar, a vontade é um fator de abertura de nossa pessoa. Se ela não está movida pela dinâmica da experiência elementar, torna-se instrumento da autoafirmação: o relacionamento é visto como em função da satisfação da própria vontade.

Nossa experiência assinala diversamente: faz parte da experiência de amor justamente o fato de o desejo de bem ao outro ser maior do que tudo que eu possa fazer para tanto, mais do que eu possa garantir. Algo semelhante se dá na experiência de amor do pai pelo filho: vislumbra uma possibilidade de bem que vá além do que ele mesmo consegue realizar. Caso contrário, de fato, não é razoável ter filhos. (De fato, muitos não querem mesmo ter filhos). Em ambos os casos, a experiência de abertura ao outro constrói o sujeito.

A experiência de transcendência possibilita que aquela relação amadureça, torne-se consistente. Tomada voluntaristicamente, ao invés, a relação torna-se o ponto da busca de garantias próprias. Aquele ponto pode ser a experiência real de abertura, ao voltar-se ao outro, ou torna-se o âmbito de meu voluntarismo onde a insistência sobre os projetos recai sobre o outro (amado, filho...). Assim, os pais vivenciam frustrações enormes diante das escolhas dos filhos, porque a diversidade negaria dedicação dos pais. Onde está o problema? Eles não deveriam ter-se dedicado? Não. O problema está na autoafirmação. Mas o filho, ao percorrer seu caminho, torna-se o ponto que mais lança os pais para um horizonte mais amplo, tornando-os ainda mais pais e por isso contribuindo para a realização deles como pessoa.

É nessa abertura típica da experiência elementar que essa dinâmica de querer bem ao outro pode não cair numa afirmação voluntarista. Tal abertura evita uma deturpação da própria personalidade e da relação em questão, evitando deturpação do que é ser pai, deturpação de um ideal de construção para o mundo através também daquele filho.

Observe que muitas vezes discutimos processos clínicos tomando a vontade justamente como instrumento de autoafirmação: você tem direito de se afirmar, a sua vontade é o critério. A vontade é o critério se estiver sintonizada com a experiência elementar, com a grande raiz do humano.

## 2.1. Liberdade, vontade e autoafirmação

Qual seria a relação entre liberdade, vontade e autoafirmação?

*– Colocando a nossa vontade na realidade, fazendo o que quisermos, nos concebemos livres. Se essa vontade não está ligada ao que é mais elementar em nós não estamos sendo livres, estamos respondendo a alguma outra coisa que não à nossa própria exigência.*

*– Liberdade é uma resposta à exigência que somos.*

Certo. O problema vem quando passamos a definir liberdade pela autoafirmação.

*– Pela relação de poder que está implicada: "eu posso, eu tenho poder".*

Essa autoafirmação passou a ser definida como liberdade, evidenciando que estamos numa cultura de substituição voluntarista das perguntas fundamentais.

A liberdade nos interessa muito, claro. A exigência de liberdade faz parte da experiência elementar. Sem liberdade nenhum gesto meu chega a me realizar, sem liberdade nada do que acontece à minha volta pode me realizar. Mas há ainda o verso da medalha: com a liberdade, a dinâmica que nos é própria pode acontecer.

Coisa alguma se firme como obstáculo na caminhada para aquilo que nos é mais próprio, ou que nada impeça meu processo autêntico: eis a liberdade.

*– Posso, em algum momento, não querer viver algo total, pleno, realizador. Isso seria liberdade também?*

Do meu ponto de vista, não. Pode ser cansaço, dor, medo, tudo muito bem justificado. Continuar esperando um relacionamento que seja efetivamente realizador ou ficar em um relacionamento verdadeiramente pessoa-pessoa é arriscado. Quantas vezes ouvimos: "você é muito exigente... você precisa esperar menos". Frequentemente nivelamos por baixo e seguimos em frente... Não são necessárias grandes análises para perceber para onde isso vai nos conduzir: para o nada. Então é duro o fato de que essas exigências estejam continuamente pulsando em nós. Às vezes gostaríamos que não estivessem. Cansamos de esperar; isso faz parte da nossa experiência.

Quando começo a reconhecer respostas iniciais, quando posso dar um juízo do tipo: "Isto me corresponde mais que aquilo. Isto me aproxima mais de minha experiência, e aquilo me afasta", um cuidado com a própria experiência surge. Por meio dele vou tomando repetidamente a própria experiência na mão, recolocando-me continuamente. Posso desistir de esperar, e começar a dizer: "isso não existe" ou "isso é bobagem" ou "vamos nivelar por baixo e paciência". Mas, se observarmos nossas experiências de liberdade em ação, chamar "não quero mais" de liberdade não aparece como adequado. Até mesmo essa recusa você a faz por estar querendo se realizar. Mesmo esse desejo de deixar, parar, respirar um pouco, ficar tranquilo, responde a uma imagem de bem para si mesmo. O namorado fala para a namorada: "deixa de tanto grilo": às vezes queremos ter esse tipo de pausa. Mas se esse parar um pouco e respirar não toca aquilo que nos faz ser mais autênticos, não provoca a ser mais si mesmos, há esvaziamento. Pode ser um alívio da tensão, mas não uma resposta. O caminho da autoafirmação impede ou dificulta a retomada de nossas exigências.

Numa dificuldade em um relacionamento, posso, depois de ter "pisado na bola", acariciar o rosto da pessoa que amo e sem falar coisa alguma, recomeçarmos. Até mesmo a dor e a vergonha são englobadas numa dinâmica de construção daquele relacionamento. Por outro lado, se a questão é a afirmação de si, começa: "mas você também é culpado, mas eu tenho direito..."; ou "Então ficamos assim combinados: fazer aquilo e aquilo fica definido como aceitável desde que...". São acordos para administrar o mal-estar. Que grande diferença se comparado com aquela dor que me coloca diante da pessoa do outro, impulsionado pela dor mesma. Este sim é um gesto livre. É outro universo!

Uma relação pessoal significativa começa com uma surpresa, que contém um desafio a respeito da confiança. Na atitude de substituição voluntarista, a ênfase recai sobre o controle da relação substituindo as minhas exigências. Um resultado é que você controla, controla, controla e continua precisando controlar; porque na verdade continua precisando daquele tipo de realização que só se dá como surpresa, só se dá diante de respostas que vêm de fora da situação controlada. Este é o cerne da questão. Então, ou liberdade significa que nada nos impeça de caminhar segundo a dinâmica que nos é mais autêntica, ou significa autoafirmação. Se tenho em mim a propulsão para ir em direção ao Absoluto, à Beleza, à Justiça, à Verdade, para ir em direção à realização total, que algo me detenha é contra a liberdade. Inclusive se esse que impede o processo seja eu mesmo.

Às vezes você nota que algo não corresponde naquele modo de se colocar na relação; pode se voltar para a exigência pulsando ali, apreendendo dela indicações novas. Ou você pode se autoafirmar ainda mais, insistindo no mecanismo. Por exemplo, troca de parceiro e permanece na mesma atitude: a próxima relação é que vai dar certo, a outra matéria a estudar é que fará sentido, o ano seguinte é que vai ser interessante... Mas se torna um caminho esvaziado.

Se você correr ao encontro de um amigo, claro que se cansa. Mas o que está em jogo, o que define a dinâmica é a pessoa do outro, e não o cansaço. Se o foco se torna o que tenho de fazer para chegar lá, então o cansaço domina a cena. É assim que a autoafirmação nos cansa, a ponto de interromper nossa dinâmica própria, a ponto de querer deixar de lado as próprias exigências.

Estamos dentro de uma cultura *psi* em que o importante é o sujeito se fazer. Podemos entender isso como a urgência de a pessoa efetivamente se cuidar, tomar a vida nas mãos, não deixar os processos correrem mecanicamente. Mas muitas vezes tem significado também uma substituição voluntarista: o sujeito escolhe, por exemplo, uma atividade pela qual vai se afirmar no mundo, esperando, assim, obter liberdade e realização. Ilusão que se quebra no primeiro ano da faculdade. O desejo de liberdade, de realização, de que minha atividade no trabalho efetivamente construa algo, que através de meu trabalho eu possa me realizar é uma expectativa autêntica. Mas tomada numa posição voluntarista, como se estivesse autodeterminando os elementos da própria felicidade, tal postura gera autoafirmação e alienação de si mesmo.

*– Enfrentar a questão da liberdade é muito importante porque querendo ser livre, fica-se numa autoafirmação, num se ver livre de... E na hora que você quer se sustentar,* não tem *nada, e às vezes se deprime. Quando acha que está livre de tudo é como se dissesse: "eu sou livre, então não sou nada".*

Se ser livre é autoafirmação, então rompem-se as relações, os vínculos, buscando ser mais si mesmos. Mas sem as relações, sou o quê?

Note a gravidade de nós, psicólogos, orientarmos as pessoas para esse tipo de autoafirmação, para inventarem projetos de vida aleatórios, substituindo um reconhecimento dos elementos vitais para si. Pode-se construir um projeto vital a partir de exigências reconhecidas em si mesmo com direções que delas advêm, permitindo a autenticidade consigo mesmo, como movimento pessoal, descoberto em si. Sem respeito a esse movimento em si, a pessoa não respeita a si mesma. Inventar um projeto de si mesmo nomeando de liberdade, de ímpeto em relação aos desejos, confunde, propõe vontade como autoafirmação, impedindo um reconhecimento real do meu ser devido à sobreposição de uma imagem.

Além do mais, a imagem construída seguiria os ditames da moda daquele momento. A única chance de originalidade é construir com elementos que não são os que você mesmo busca inventar, porque só poderia fazê-lo com os termos colocados à disposição pela cultura, normalmente oferecidos pelo poder. Para ser original, é necessário partir das próprias exigências originais. Na experiência elementar está a originalidade do seu ser. A sua vivência da experiência elementar tem peculiaridades que definem sua pessoa. Realizá-las é a experiência de liberdade.

*– Arquitetando as coisas da melhor forma para si, tudo o que der errado* é tomado co*mo culpa dos outros. Isso* é muito forte.

Essa é uma das autoafirmações: a culpa seria sempre do outro. Inventamos um próprio projeto e quando não dá bons resultados, a culpa é de outros. A única culpa que admitimos é a de não ter sido suficientemente radicais na própria autoafirmação. Esse problema e essa tentativa de solução são muito antigos: já o Livro do Gênesis (3, 1-13) os retrata: quando Deus perguntou a Adão: "Por que você fez isso?", ele respondeu: "Ah, ela é quem me induziu!". Perguntando em seguida a Eva, ela respondeu: "Ah, a culpa é da serpente". Ao que Deus retrucou: "A questão do bem e do mal não é você quem inventa, você reconhece; ou acaba perdendo sua condição de realização".

Ou há algo de significativo que reconhecemos em nós que é uma grande abertura para o mundo ou emerge autoafirmação. Não pensemos que tal postura não seja também nossa. Está indicada naquele nosso mito de origem apontando que o ser humano é assim: ele resiste ao fato que algo fundamental para si não tenha sido produzido por ele mesmo. Naquele nosso mito de origem, a serpente sugere: "vá lá e decida por conta própria, para ser como deuses". Mas se algo me corresponde ou não, se é bom ou mal, é algo que verifico; não é algo que eu possa definir a meu bel prazer. Há um nível da nossa própria experiência que não forjamos, não modelamos, e é uma fonte de vida, uma fonte de valor, de onde pode emergir novidade. Substituindo esse reconhecimento por esforços voluntaristas, buscando realizar o que idealizamos abstratamente – como que a administrar os frutos da árvore do bem e do mal – acabamos sem critérios claros. Abandonando a referência da experiência elementar em nós, a clareza sobre si mesmo se esvai, as relações se complicam, nosso mundo deixa de ser uma morada.

*– Vejo uma contradição: a pessoa se autoafirma buscando um reconhecimento do outro.*

De fato, atualmente se estabelece culturalmente uma dinâmica assim. Há um estilo que aparenta despojamento: os beijos íntimos nos espaços mais públicos, nos momentos mais inusitados; interajo com meus amigos sem dar satisfação a ninguém, mas expostos nas redes sociais virtuais. Aparenta-se indiferença em relação à opinião alheia, mas se fica diante dos olhos dos outros. Quer dizer, eu preciso da relação com o outro, essa autoafirmação, "eu sou mais eu e não estou nem aí" é inconsistente, há uma contradição interna.

Cada um pode se perguntar: Essa é uma dinâmica que está me possibilitando tomar adequadamente as minhas exigências? Minhas exigências de relação estão contempladas nesse modo de nos posicionarmos? Está contemplada adequadamente? É necessário enfrentar as questões a partir da experiência elementar, o ponto crítico pessoal, interno. A experiência elementar sempre nos possibilitará sensibilidade crítica, em qualquer condição pessoal ou de circunstância.

Porque, sem experiência elementar, afirmar a vontade é afirmação parcial de si? Porque afirmar a experiência elementar não seria outra parcialidade?

*– Seria porque eu mesmo vejo como central?*

Certo, porque eu mesmo vejo como central. Mas ainda que eu não reconhecesse, é central. Ainda que eu tentasse negar, ela é central. Ou seja, há uma objetividade em nós que sempre solicitará uma abertura, uma inclusão de novos elementos, inclusão de tudo. Por isso a experiência elementar não aceita parcialidades; a sua exigência de realização não aceita uma parcialidade como resposta. (Pode aceitar uma parcialidade como caminho, um caminho que, estando em relação com a totalidade, possibilita estar um pouco mais próximo dela, segundo o que nossa experiência solicita).

Fazemos tentativas de reconduzir certas exigências totalizantes a parcialidades. Esperamos, por exemplo, muito de nossa felicidade almejada na escolha profissional, mas isso não dura muito tempo. Logo essa parcialidade nos fere. Às vezes concentramos exigências de plenitude em uma determinada pessoa, ou em uma causa... Mas a questão é objetiva: ainda que eu quisesse reconhecer num só aspecto, a dinâmica pede mais, continuamente. Então, essas substituições não se sustentam.

Como é diferente quando faço uma escolha que me insira num universo complexo! Entro num universo complexo a partir de um ponto que para mim é seguro, que me deixa mais inteiro, deixa seguro em meu caminho complexo. Que diferença ter a presença de uma pessoa com a qual eu mesmo não aceito nivelar por baixo aquela relação e a vida mesma! É completamente diferente da substituição, quando a outra pessoa ocupa o lugar do meu empenho, ou o lugar da totalidade.

Podemos vislumbrar a distinção também entre uma causa pela qual agir – que, colocando uma questão ideal, me dá um caminho vivo para que eu possa encaminhar o meu desejo de maneira construtiva e me faz desejar mais do que o efetivamente colocado e uma utopia que é um aspecto afirmado insistentemente, tornando-se um fechamento.

O problema da afirmação voluntarista está em perdermos o ponto de referência na experiência elementar, porque quando falamos em vontade ligada com o ímpeto de totalidade, essa vontade tem uma tensão que não é de afirmação de si mesmo, mas afirmação do ser, afirmação de algo que seja realizador, de algo que coloque o nosso coração em paz e, por isso, é afirmação real do nosso ser.

Há um reconhecimento que é fundamental para que a vontade não se perca em si mesma: é um reconhecimento em mim de um critério que me dá condições de cuidar da minha própria vontade. Posso reconhecer um movimento global mesmo dentro da vontade de algo limitado, delimitado, concreto, circunstancial. Posso cuidar de cada aspecto com uma tensão de realização que não está vinculada somente àquela coisa mesma, mas ligada à tensão para a totalidade, para a completude. Assim, por exemplo, você pode estudar para conhecer o conteúdo de certa matéria, ou para que aquela matéria ressoe na vida: uma coisa é ocupar o tempo estudando, outra coisa é aquele gesto ser vivido num horizonte que faça ressoar o conjunto todo de sua existência. É evidente que essas modalidades de estudar não são iguais: a vontade não é a mesma, não têm a mesma qualidade, não têm a mesma dinâmica.

Giussani[8] fala em três formas de autoafirmação substitutivas à nossa energia pessoal que podem buscar e afirmar os significados radicalmente importantes para as nossas exigências: gosto pela práxis pessoal, sentimento utópico e projeto social.

## 2.2. Práxis pessoal ou projeto social em substituição ao empenho com exigências fundamentais

Consideremos o esvaziamento resultante da substituição do empenho com as exigências fundamentais pelo **gosto pela práxis pessoal**. Retomando o exemplo precedente: você pode substituir o desejo que o levou à faculdade pelo gosto de dialetizar, de discutir, o gosto pelos pensamentos, o gosto por identificar um mecanismo, por descobrir associações internas a um caso, o gosto por desvendar aspectos escondidos... Esse gosto pode até chegar

8 Cf. Ibid., p. 97 et seq.

a substituir a urgência que você tem de acompanhar o drama pessoal de alguém, a urgência de contribuir para um aprofundamento da experiência que está ocorrendo no mundo. É essa urgência que o leva a acompanhar o outro, mas frequentemente fica-se satisfeito com a compreensão de um caso e a pessoa some do horizonte. Nossa própria experiência, no entanto, denuncia que reconduzir a pessoa a um mecanismo, com o qual nos divertimos ao destrinchá-lo, não pode adequadamente substituir a realização própria do nosso empenho dramático, vivo, com ela mesma.

*– Penso nas situações, por exemplo, de família: você quer muito a felicidade da pessoa, acaba entendendo que ela tem de ser dessa e dessa forma, e começa a cobrar; a cobrança acaba ficando em primeiro plano, mais que o desejo de que ela seja feliz.*

Você está se aproximando – ainda que tomado num âmbito mais privado – do que Giussani chama de **projeto social** substituindo o empenho com as exigências fundamentais. Organizamos com um projeto social até as relações pessoais. Vejam as consequências que ele menciona: quando organizamos as relações baseadas em um projeto, é "um moralismo que invade tudo".[9] O exemplo descreve bem: acaba-se exigindo do outro uma certa adequação ao projeto, e eu lido com o outro em função dessa adequação. Ao invés disso, a consciência do drama de que o meu projeto é uma tentativa frágil de contribuir com um processo que é muito mais complexo me faz respeitar muito mais o movimento das pessoas, respeitar muito mais os pequenos passos que vão acontecendo, me faz ficar preocupado com o afastamento de posições autênticas.

Um modelo de relação pode substituir o empenho com as pessoas concretas, o drama de estar diante de um outro que é livre.

Por que falo em empenho? Não seria também uma questão voluntarista?

Giussani aponta: a "energia voluntarista, como que cega, dá-se a si mesma uma finalidade: não é atraída por uma meta reconhecida como objetiva".[10]

Se reconheço um aspecto objetivo, coloco-me em ação, busco

9 Ibid., p. 100.
10 Ibid., p. 98.

responder, ajo, fico em silêncio diante daquela pessoa que está comigo... Mas esse silêncio não é um vazio, é uma presença, é se colocar, entrar na questão a partir de um ponto reconhecido como significativo. É dramático: diante de alguém que está chorando, você sabe que pode fazer muitíssimo pouco, mas a sua atenção ao drama do outro permite que você faça companhia a ele. Se você deixar a pessoa sozinha, você tampona aquela vivência, e ela não consegue elaborar. Se você dissesse a ela algumas coisas bonitas, você tamponaria a vivência, porque não permitiria que aquela tristeza indicasse uma direção própria. A objetividade a que me refiro tem a ver com uma tensão própria da experiência elementar. Ela é potência no sentido de ser exigente, de dar indicações, no sentido de dar densidade para o momento vivido. Quantas vezes, nos processos psicológicos, clínicos, sociais, educativos, tomamos em consideração assuntos sem aquela densidade. Resultado: deixamos a pessoa sozinha (e frequentemente ela até se queixa disso) e a distância no relacionamento vai até mesmo sendo teorizada como necessária. Mas naquele drama ali há uma exigência de realização, a qual reconheço em mim, embora seja a vivência própria daquela pessoa diante de mim. Nada que eu faça, do ponto de vista técnico, pode substituir minha presença que se constitui a partir desse olhar. Quando alguma técnica buscar substituí-la, resultará em solidão, ou em discussão de temas, ou em mecanização dos processos da pessoa (tida como feixe de reações). Ao invés da apreensão da pessoa enquanto sujeito, toma-se como objeto.

Um desejo de realização não é mecanismo. Mas podemos nos ocupar de processos psicológicos substitutivos à pessoa mesma. Fico mesmo diante da pessoa quando reconheço a objetividade do que ela é: exigência de realização, de felicidade – qualquer que seja o diagnóstico referente ao comprometimento de sua estrutura psíquica.

O que nos consente prestar atenção na experiência elementar do outro é a nossa própria experiência elementar, pois permite o **reconhecimento**. Sem isso a alteridade estaria fadada a permanecer estranha, fora de mim; no mínimo, me seria indiferente.[11]

11 DI MARTINO, Carmine. L'incontro e l'emergenza dell'umano. *In*: PRADES, Javier (org.). *All'origine della diversità:* le sfide del multiculturalismo. Prefácio de Angelo Scola. Milano: Guerini, 2008. p. 85-103.

Se eu não quero me alienar na relação, entro, porque com a minha presença algo significativo pode acontecer no mundo, do qual eu mesmo posso ser participante. Aquele momento em que estou diante da pessoa faz parte de um processo maior: Se reconheço o mistério que sou, e que o outro é, então brota um respeito pela situação, e o que está em questão não é tanto o que faço, mas o que a pessoa é, o que a situação é; o mistério daquela dor, o mistério do passo surpreendente que a pessoa dá diante de uma situação toda bagunçada... Esse estar diante do mistério coloca-nos com todo empenho com aquela situação, sem autoafirmação. Não estou falando de algo esotérico, mas do reconhecimento do mistério: se sou objetivamente maior do que eu mesmo me dou conta, se há algo em mim que é, que se afirma continuamente, que insiste continuamente, que se identifica com a verdade da minha pessoa e que eu nem sei pensar sobre isso direito... isso é misterioso ou não?

Se é assim comigo, posso reconhecer no outro. Se estou numa relação em que olho com a percepção do mistério, em que reconheço que é misterioso o fato de essa pessoa ter em si algo que indica uma realização, que ela mesma reconhece, mas não dá conta de administrar, isso de partida já é grandioso. E não sou eu que coloco algo de grandioso ali, nem sou eu quem vai fazer com que ela pense de certo modo. Trata-se de outro processo.

É verdade ou não que no reconhecimento do mistério estamos diante da realidade e não diante de algo suposto? Que estamos diante de cada coisa com abertura? Alguns objetam: "Ah, mas ficamos ansiosos, não apreendemos tudo". Ao que eu responderia que também isso faz parte da abertura. Quem define tudo por um aspecto que consegue apreender, busca administrar o processo, acabando por interromper tanto a proximidade vislumbrada como o emergir da autenticidade. Pelo contrário, o cuidado de não definir e de não conduzir o processo – mas sim de ajudar no processo de reconhecimento de algo que está ali – é uma posição de abertura.

Podemos ler poesia ou grandes ideais de modo voluntarista, como afirmação da própria sensibilidade; podemos transformar coisas imensas, aberturas fantásticas, em autoafirmação. Mas, se a tensão própria de estar diante do mistério, diante da realidade, tem uma abertura que constitui a minha relação, então capto o valor da poesia, colho o valor de um ideal, sou provocado pelo valor de um silêncio, apreendo o valor de uma dor, vivo o valor de uma pessoa fazendo experiência de não aceitação de reduções, de repúdios a certas experiências e acontecimentos.

É importante reconhecer que, mesmo nessas atitudes não razoáveis que estamos examinando, o motor continua a ser a experiência elementar, só que perdemos o passo. Nós queremos muito a realização, por isso queremos garanti-la, só que realização não é algo que possamos garantir... Porque nos autoafirmamos? Porque fazemos um caminho de curto-circuito: quero afirmar o meu ser, e querendo fazê-lo da forma mais rápida e menos dolorosa possível, inviabilizo, estoura o circuito interno; não conseguimos afirmar o nosso ser – afirmamos a nós mesmos, mas não o nosso ser. Afirmamos uma parcialidade: afirmo a mim. Há um modo de afirmar o mistério no qual afirmo tudo de mim e tudo do outro a um só tempo. Mas se perco isso, acabo por afirmar uma parcialidade, começo a insistir num ponto e essa insistência, ao invés de me dar paz – porque a percepção do mistério, ainda que dolorosa, contém algo de paz – torna-se uma ansiedade por controlar e afirmar o aspecto parcial. É um caminho de curto-circuito que fazemos.

O que eliminamos é, principalmente, o mistério; e é por isso que depois precisamos eliminar a dor – mas é impossível. Uma mãe dando à luz um filho está diante do mistério de uma vida que emerge por meio dela, embora ela mesma não seria capaz de fazê-lo: ela sente dor, mas não é a dor que está em questão; não está só diante da dor, mas diante de um processo muito maior. Quando deixamos de ter atenção ao mistério, não suportamos a dor, não suportamos a tensão própria da vida. Então começamos a tentar eliminar a dor. Trata-se de uma afirmação de si porque não é um reconhecimento daquela objetividade que em mim pede uma direção, é uma tentativa de administrar as coisas de modo que eu tenha menos dor, que haja menos dramaticidade. E, assim, o que começa com um desejo de afirmação do ser, termina como autoafirmação, não deixando espaço para o ser.

Isso nos mostra que este algo em nós – a experiência elementar – é objetivo em nós, mas não é em si mesmo resposta: é um grito: É um grito que nos permite um relacionamento com a resposta, é um grito – abertura para uma resposta necessária, além de mim.

Examinemos a própria experiência: quando você se autoafirma num relacionamento significativo com alguém, você não queima possibilidades, o contexto relacional favorável e aquela pessoa mesma? Aquele relacionamento que lhe concede abertura, que lhe possibilita um olhar sobre si mesmo mais vivo, mais completo; aquele relacionamento mesmo não é afirmação de seu eu? É. Cuidar daquilo que está fora de você, não é cuidar de você mesmo? É. Mas se quero cuidar de mim mesmo para garantir o meu espaço na relação, queimo aquele contexto que me propicia essa realização. Preciso cuidar, mas autoafirmação tantas vezes atrapalha o cuidado de si porque "não dou o braço a torcer", porque não mudo de perspectiva, porque continuo insistindo, porque fico colhendo ocasiões para continuar a dizer aquilo que já disse antes...: fecho perspectivas.

Há relacionamentos que me constituem, porque passo a ter capacidade de sacrifício, passo a ter horizonte ideal, a ter capacidade de desafiar o outro, porque passo a colocar alguma coisa no mundo, e algo que me interessa vivamente.

Quer dizer, há um tipo de relação em que dependo para ser mais eu mesmo, para ter mais consistência: como um bebê, que consegue se afastar de seu pai ou mãe quanto mais tem certeza do relacionamento com eles. Sem certeza do relacionamento com o pai, o bebê vai ficar grudado no pai, no dedo dele, na perna, na calça do pai, no bichinho de pelúcia, na fralda, em qualquer coisa que apareça na frente, e não vai para lugar algum. Desesperadamente, procura um chão. Ao invés, um relacionamento que me constitui é a possibilidade de ser eu mesmo, é a possibilidade de entrar no mundo. E o pai que quer garantir que o filho fique perto, na verdade só vai se realizar quando vir o filho levantando; mas se ele não entender isso, ficará tentando garantir o filho por perto e, com isso, inviabiliza a realização de ver o filho crescer.

### 2.3. Sentimento utópico *versus* empenho no presente

A experiência de estar diante do mistério como uma porta que efetivamente abre possibilidades para mim, de modo que eu possa caminhar, dar passos, essa experiência só pode se dar no presente (ainda que numa situação limitada, de dor, cheia de contradições). Quando não escapo da situação presente, entro numa dinâmica de abertura de possibilidades que é uma outra coisa do que insistir em algumas poucas possibilidades vislumbradas: não se trata de ficar inventando saídas.

Posso – como na perspectiva do projeto social – estabelecer algumas metas pelo politicamente correto, e me preocupar, por exemplo, com a inclusão sem que o drama do que estamos fazendo com as nossas relações seja enfrentado. Queremos incluir outras pessoas na universidade, mas o drama do que estamos fazendo aqui continua em aberto. Não basta que mais setores da sociedade estejam aqui representados: seria uma substituição do drama que só pode ser respondido ao enfrentarmos a pergunta "o que nós estamos fazendo aqui?". Sem ter resposta a essa pergunta, incluir é ainda muito pouco. Se enfrentarmos o centro da questão, seremos solicitados pela própria experiência à inclusão. Estamos todos esperando que a educação abra uma perspectiva nova para a pessoa e para a nossa sociedade; mas, ao invés de nos ocuparmos disso, ocupamo-nos de projetos que não podem tocar nessa questão. Estamos substituindo as questões fundamentais por projetos, e acabamos por tolher a potência do nosso motor humano diante da grande insatisfação que vivenciamos.

Assim, um sentimento utópico pode substituir um movimento que consegue abarcar a dor e muito daquilo com que ficamos indignados. Então acabo por censurar o fato de que toda a minha indignação não consegue mudar a corrupção com utopias vagas, em que escapo do problema de que a corrupção corrói o ideal (como está amplamente documentado em nossa realidade social e política). Na medida em que o poder se substitui ao ideal (não se torna instrumento de um ideal, mas se substitui a ele) não se tematiza a questão de como um ideal possa permanecer vivo.

O mesmo tipo de substituição pode ocorrer no campo religioso: a pessoa pode recorrer a um discurso utópico genérico evitando o enfrentamento do drama da vida com sua espera real de resposta às questões fundamentais e totalizantes.

## 3. Esvaziamento das perguntas fundamentais por negação prática

Identifiquemos agora a negação prática das perguntas fundamentais[12] e sua peculiaridade em relação a outras modalidades de esvaziamento daquelas perguntas já examinadas (a negação teórica e a substituição voluntarista da pergunta como autoafirmação).

– *Na negação teórica, você nega o sentido da pergunta e, na negação prática, você até aceita a pergunta, mas nega a possibilidade de uma resposta.*

Na negação teórica, dizemos "essas perguntas estão aí, mas não vale a pena nos ocuparmos delas". Na negação prática, sentimos a pergunta conosco, mas tentamos controlá-las, porque a pergunta mesma é incômoda, o fato de ela estar aí nos fere, atrapalha. Consideramos como uma pergunta radical, mas é melhor evitar. Confundimos dor com pernicioso, consideramos a dor que vivenciamos por uma pessoa em situação de injustiça (como algumas que encontramos pela rua, todo dia) como algo a ser evitado e acabamos nos afastando da pessoa mesma. Uma experiência de amor, por exemplo, inspira cuidados: faz com que você queira acompanhar a situação do outro, faz ficar preocupado e cheio de expectativas, mas podemos dizer: "deixa pra lá, melhor não arrumar encrenca" ou "vai dar muito trabalho...". Note que podemos tomar uma dor que faz parte do amor, ou uma dor que faz parte da percepção da injustiça como algo a ser evitado e, assim, esvaziamos a nossa própria tensão. É nossa tensão pela justiça que esvaziamos quando afastamos aquela pessoa que queríamos não ter visto naquela situação injusta. É nossa tensão por amor que esvaziamos quando afastamos a dor no relacionamento que solicita cuidados.

É como se nós, em certo momento, ficássemos mais ligados nessa dor do que na exigência da resposta. Evitamos o empenho com algo que sabemos ser importante para nós.

Culturalmente, nós não estamos preparados, cada um de nós não foi ajudado a assumir a "dor e a delícia de ser o que é" (utilizando o verso de Caetano Veloso).[13] Só sabendo olhar a dor e a

12 Cf. GIUSSANI, 2017, op. cit., p. 100-108.

13 VELOSO, Caetano. Dom de iludir. In: CAETANO VELOSO. *Noites do norte ao vivo*. Rio de Janeiro: Universal Music. 2001. Faixa 17. 2 CDs.

delícia do que se é, é que damos conta de enfrentar. Se a dor "toma a cena", se ela me assusta, se ela é assumida logo como algo a ser evitado, então, não terei condições de enfrentá-la. Consciência de si envolve dor e delícia. Mas se, para evitar a dor, tampono minha consciência, então amorteço o motor de mim mesmo e faço da delícia de ser o que se é um frenesi e perco a possibilidade de a dor fazer parte de um movimento de me lançar intensamente no mundo.

De fato, o grande problema é em relação ao preparo e à educação que temos para isso. Note a responsabilidade que temos enquanto psicólogos. Durante os atendimentos, que lugar há para o enfrentamento da dor que faz parte da consciência de si? Da dor que faz parte do enfrentamento do viver com o outro? Não porque temos que nos submeter à dor, mas porque não podemos abandonar o nosso motor humano. Desejar mais, comporta uma dor. Amar intensamente, comporta uma dor. Desejar justiça, comporta uma dor. Certa grande experiência de beleza dói. Uma experiência de felicidade muito intensa pode acarretar dor física porque é algo que tende a romper os limites, estabelece um parâmetro novo e você precisa se recompor. Você pode viver uma experiência de intensidade tamanha que se torna dor. Inclusive no prazer, quando muito intenso, a vivência é próxima de dor. Se eu sou facilitado por alguém a reconhecer esses diversos níveis de experiência e seu núcleo fundamental – como Giussani[14] está fazendo conosco –, o "eu" dá conta de incluir a dor dentro da experiência de amor, a dor dentro de uma luta pela justiça.

Se não, o que acontece? Todos somos a favor de que a fome seja banida do mundo, "seria ótimo", "pena que eu esteja muito ocupado...". O que está acontecendo conosco? Não estamos preparados, não fomos culturalmente preparados para enfrentar os incômodos e as dores, estamos prontos para afirmar ideais abstratos e nem um pouco prontos para sofrer por eles.

A atenção com a própria experiência logo indica que não se pode enfrentar esse problema por via da afirmação do que é politicamente correto; não se pode tocar essa questão com bandeiras. Mas a dor por ter "pisado na bola" com a pessoa que mais amo,

14 GIUSSANI, 2017, op. cit.

onde a coloco? A dor de a corrupção chegar muito perto e em algum momento tomar posse de mim, que afirmei outra coisa, essa dor mesma não poderia ser fortemente mobilizadora? Deixar que essa dor faça com que tomemos cuidado com quem amamos e com nossos projetos de construção; viver a tristeza por querer bem àquela pessoa, mas não dar conta de manter o bem que quero, pode me levar a um cuidado com a situação muito maior do que ficar levantando bandeiras.

Em 1994, o então Ministro da Fazenda, Rubens Ricupero, foi filmado sem saber, e o jornalista "joga lenha na fogueira" da vaidade do homem de poder que articulara ao Plano Real: a entrevista em que o ministro se autoafirmava – dizendo faturar o que é bom e esconder o que é ruim – foi fortemente divulgada na tevê, promovendo um escândalo geral, a ponto de ele chegar a renunciar ao cargo e a sair do país. Diante daquelas imagens, ele não tinha como se defender. Quando pediu a demissão do cargo, porém, falou algo muito interessante. Disse algo como: "eu falei aquelas coisas, mas sinceramente não me reconheço naquela fala. Aquilo não é exatamente expressão de mim e da minha posição. De fato, me portei daquele modo, mas estou quebrado comigo mesmo". Na época, Adélia Prado[15] foi totalmente contra a corrente e afirmou algo do tipo: "agora é que ele não deveria sair; agora ele deveria ficar, porque quem diz que tem dor pela sua inconsistência está pronto para assumir um cargo público, está pronto para ser uma pessoa com responsabilidade de nos guiar". Ela indicou que ele estava tendo a hombridade de não fugir de uma dor pela incoerência, dor que é, de algum modo, vivida por todos nós, dor que faz parte da sinceridade com a qual nós tomamos a própria vida nas mãos. Uma pessoa madura não é a que não erra – essa nem mesmo existe. Uma pessoa madura sofre com a própria fragilidade, sofre com o próprio mal e grita por uma possibilidade de solução. Ricupero não justificou, mas se colocou diante de todos com sua

15 PROGRAMA Roda Viva: Adélia Prado. 05 de setembro de 1994. São Paulo: TV Cultura – Fundação Padre Anchieta, 1994. 1 fita de vídeo (119 min.), VHS, son., color. A transcrição completa desta entrevista encontra-se disponível no *site* do Projeto Memória Roda Viva, uma iniciativa conjunta da Fundação Padre Anchieta, Fapesp e Unicamp. Cf. PROGRAMA Roda Viva: Adélia Prado. 05 de setembro de 1994. Disponível em: https://rodaviva.fapesp.br/materia/716/entrevistados/adelia_prado_1994.htm. Acesso em: 01 jul. 2022.

dor e, justamente nisso, Adélia Prado reconheceu o homem público confiável: precisamos de gente que tenha dor pela própria inconsistência para que o cuidado com a vida tenha uma força e genuinidade que nasce da carne – essa, sim, confiável.

Pensem em quantas pessoas acompanhamos que não estão preparadas para olhar para si mesmas com essa complexidade e fogem de todo tipo de sacrifício, inclusive de cuidar da própria experiência ou de cuidar do próprio filho, inclusive de aguentar as tensões próprias de um relacionamento a dois. Que responsabilidade nós temos em ajudar essas pessoas a ficarem diante das contradições e das dores justamente para poderem ter em si a energia de enfrentá-las.

Basta considerar de frente o mal-estar para que brote em nós, de novo, a exigência de um relacionamento realmente pessoal, porque esta já está em nós. Não é que temos de criá-la. A dor é recurso: leva-nos a ter um olhar autêntico, por isso é bonita aquela frase "fiz, mas eu sinceramente não me reconheço naquilo": sou outra coisa. A pessoa que quer se retomar diante da própria fragilidade, está viva, é cuidadosa, é sensível com o problema de que a vida é mais complexa do que gostaríamos.

Pensem em quantas sessões terapêuticas podem se tornar simplificação da experiência ao autorizar a pessoa a escapar do seu próprio drama, do próprio sofrimento, porque "ela tem de amar a si mesma, abrir as possibilidades para si mesma" como se isso coincidisse com uma imagem de si arbitrariamente construída... Mas ser **si mesmo** é se retomar.[16]

Giussani[17] lembra-nos que uma objetividade em nós pede a retomada, pede o enfrentamento de situações que vão incluir sacrifícios. Estar diante de outro inclui sacrifício, mas é a possibilidade de realização do meu ser, da minha pessoa.

Na negação prática, nós substituímos essa dor, abafamos essa exigência com algo que nos ocupe, algum tipo de entorpecente no sentido original do termo.

16 Sobre como a dor psicológica pode solicitar a autenticidade pessoal, consultar o livro da psiquiatra Maria Teresa Ferla: FERLA, Maria Teresa. *O homem da morte impossível e outras histórias*: psicopatologia fenomenológica. Prefácio de Eugenio Borgna. Tradução de Guilherme Wykrota Tostes. Belo Horizonte: Artesã, 2011. 140 p.

17 Cf. GIUSSANI, 2017, op. cit., p. 100 et seq.

*– Essas atitudes, em geral, levam-nos a sofrer com as mínimas coisas que não saem de acordo com o nosso plano. Então, vão gerando um sofrimento na relação com o outro, este tomado como o gerador do mal-estar, e a solidão vai crescendo.*

Perfeito. Acabamos por reafirmar a solidão, e o ideal é que nada nos toque. Porque, se tocar, é diferente do que imaginávamos. Só posso ficar com meu imaginado modelo de mim mesmo e de mundo; um ideal de vida onde tudo é para mim, no sentido pobre do termo...

*– E a alma se apequena. Há um poema (Mar Portuguez), de Fernando Pessoa,*[18] *que diz:*

*Valeu a pena? Tudo vale a pena*
*Se a alma não é pequena*
*Qualquer passar além do Bojador*
*Tem que passar além da dor*
*Deus ao mar perigo e abismo deu*
*Mas nele é que se espelhou o céu*

Nesses versos, temos tudo. O que está em jogo? Ir além da dor quando se passa por alguma espécie de perigo sobre a imagem de si mesmo, sobre a afirmação de si mesmo, sobre um horizonte que é outro do que já estabeleci. Mas é justamente ali que se reflete o infinito que é o que você está precisando. "Nele é que se espelhou o céu".[19] É no mar, além do ponto estreito – do Bojador –, é no mar que se tem o reflexo do infinito.

Nós desejamos mais, mas depois limitamos nosso percurso. A possibilidade de ficar diante do infinito é justamente indo além do próprio limite estabelecido. O infinito está refletido no pôr-do-sol que não foi você quem fez e que o toca de um modo que você acaba dizendo "valeu o dia!". É justamente nessa realidade que o toca de modo intenso embora você não a tenha feito ou projetado, que você faz a experiência do infinito. Enquanto você se organiza nos seus termos, ainda que tudo aconteça segundo planejado, você

**18** PESSOA, Fernando. Mar Portuguez. *In*: PESSOA, Fernando. *Mensagem*: poemas esotéricos. 2. ed. Edição multilíngue coordenada por José Augusto Seabra. São Paulo: Allca XX; Edusp, 1996. p. 58.

**19** Ibid.

não pode ter o sabor do infinito. Só pode ter o sabor do amarrado, do enquadrado. Quando aceitamos passar pelo fato de que não fui eu que fiz, pelo fato de que o outro me é dado e que naquela relação estou sendo dado mais a mim mesmo, aí podemos ter o sabor do céu que ali se espelha, o sabor da realização de si, o sabor de uma correspondência às nossas exigências radicais. É por isso que tudo vale a pena. Não porque "tanto faz", mas porque em cada coisa pode estar refletido o céu, pode estar refletido um horizonte infinito. Nós somos pequeninos, mas somos uma janela aberta, uma janela que faz com que a floresta inteira caiba dentro da sala. Uma experiência limitada, de uma pessoa limitada com outra pessoa limitada, que tenha a surpresa de uma relação real, que tenha algo de realização, reflete o infinito.

Então, a alma se apequena quando abandona o desejo de ir além do limite, que é o que mais nos caracteriza. Olhar de frente o fato de que você "pisa na bola" não é para ser mal ou chato consigo mesmo, mas por ser a forma mais simples de vivenciar que você é exigência de mais, que você não pode ficar delimitado pelo limite, não pode aceitar ficar definido por esse pouco. Não é uma afirmação de bandeira do tipo "nós somos incorruptos", mas "a corrupção não pode nos definir". A alma se apequena quando continua dizendo "eu sou o máximo" ou então "nada é possível". Por que pequena? Porque deixa de, vivencialmente, caminhar efetivamente para mais.

Por que é preciso "passar além do Bojador"? Quem nos empurra? Porque não ficamos acomodados? Temos exigência de mais. A alma não é pequena. Temos exigência de mais e, se enfrento o limite – não para ficar pisoteando a culpa, mas para vivenciar minha exigência de mais –, pronto: meu motor humano está recuperado, "tudo vale a pena". Até aquela situação de limite começa a refletir o céu. Como é possível que sejamos tão cheios de limites e, ao mesmo tempo, tanta promessa de realização? Como é possível?

*– Essa promessa de realização é uma possibilidade de entrar em contato com algo que* é muito maior que eu, que ultrapassa o meu limite, e me constitui.

Perfeito. Qual é o erro em nos concebermos como Sísifo do mito grego, que tenta, tenta e não consegue? Empurra, empurra, empurra a pedra para cima e ela acaba sempre embaixo? Qual é o problema? É que ficamos querendo que a resposta venha pelas nossas próprias forças. Que *eu* deixe de ser limitado, que *eu* consiga a realização, **eu** estabeleça a realização. É um curto-circuito. O que temos é a **tensão para** que permite reconhecer, fora de nós, algo que nos corresponda. Sem o dinamismo realmente vivo de **tensão para**, pode passar a coisa mais realizadora possível na sua frente e você não enxerga, não tem parâmetros para reconhecer; vive como se a resposta não existisse.

Mas frequentemente reduzimos o fato de termos esse desejo que oferece critério como forjar a resposta e, para manter essa posição, realizamos a negação prática – porque precisamos de alguma coisa que nos poupe das evidentes insatisfações. Mas nós precisamos, na verdade, de algo que nos recupere. Ficar afirmando "o homem é bom", "nós vamos fazer uma sociedade justa", ocupar-se com pensamentos bonitos e ideais grandiosos tem perna curtíssima. Mas uma resposta realmente realizadora, aquela continuamente aberta, que tem sabor de infinito, eu posso reconhecer se estiver com o desejo aceso e voltado para a resposta.

Estamos falando: "enfrente o fato de que você é limitado", "enfrente a dor", "enfrente a culpa", porque é ocasião de brotar o desejo de autenticidade da sua pessoa. É o grande recurso que temos: não porque resolve o assunto, mas lhe dá instrumento para reconhecer respostas que efetivamente tenham a ver com a realização, tenham a ver com a sede de infinito que nós somos, com a sede de beleza, com a sede de justiça, com a sede de verdade que somos. Que essa vivência esteja viva não quer dizer que nós somos a resposta – que é o problema de certo humanismo – mas que nós temos os recursos para o reconhecimento de algo que nos corresponda; nós sempre vamos precisar de uma alteridade para nos realizarmos. Nós vamos sempre precisar de uma resposta além de nós mesmos para sermos mais nós mesmos.

Giussani[20] fala ainda: "Onde está o erro da cultura de hoje? Ela esquece as premissas: estas estão na consciência do homem", mas não estão na consciência do homem automaticamente, estão na "consciência do homem [...] que grita".[21] Não na utopia gené-

20 GIUSSANI, 2017, op. cit., p. 102.
21 Ibid.

rica. Estão na consciência do homem que vive "a dor e a delícia de ser o que é" (usando a bela expressão de Caetano Veloso).[22] Paul Claudel[23] nos surpreende com a belíssima frase: "A paz, para quem a conhece, tem em si a alegria e a dor em partes iguais". Surpreende-nos por nos ajudar a reconhecer a paz como experiência totalizante, que nada tem a ver com a imperturbabilidade ou com o ideal da ataraxia que, também esses, conhecemos e, que, por sua vez, levam-nos à solidão e à perda de interesse generalizada.

A dor pelo fato de "pisar na bola" com a pessoa que você mais ama, junto com a evidência de que você ama – porque mesmo "pisando na bola" algo permanece intocado – permite experiência de paz. Na possibilidade real de dizer "eu não me reconheço nisso, eu preciso me cuidar para que isto não me tome", na evidência de meu erro não destruir o que eu sou, não destruir a minha possibilidade de realização, – pois eu posso retomar no instante seguinte –, nessas constatações, que envolvem a totalidade dos fatores, posso fazer experiência de paz.

Paradoxalmente, apostar somente em ideais bonitos – como negação prática das urgências radicais de respostas – nos leva à experiência de solidão e aridez; essa parcialidade tenta esconder que a beleza somente não é capaz de sustentar a vida com sua dramaticidade característica. A possibilidade de abertura real a toda a nossa experiência de modo a viabilizar a realização está em poder viver "o impulso para o mistério".[24] Não ser definido pelo erro pode ser vivido concretamente, pode ser uma postura sustentada e vivida realmente dentro de uma relação com o mistério, isto é, dentro de uma relação com uma resposta que existe além de mim e que, no relacionamento, me constitui.

### 3.1. Redução estética ou sentimental das perguntas fundamentais

Examinadas as posições não adequadas à nossa humanidade por promoverem um **esvaziamento** das perguntas fundamentais,

22 VELOSO, Caetano. *Dom de iludir*, op. cit.

23 CLAUDEL, Paul. *A anunciação a Maria*. Tradução de Sophia de Mello Breyner Andersen. Lisboa: Lucerna, 2006. p. 179.

24 GIUSSANI, 2017, op. cit., p. 108.

uma desqualificação delas, tomemos em consideração agora as atitudes não razoáveis por sua **redução.**[25] Giussani aponta a característica dessas atitudes: enquanto levam a sério "a realidade do estímulo constitutivo da razão"[26] as reduzem: a evasão estética ou sentimental para no meio do caminho de busca e elaboração da experiência; a negação desesperada desiste do percurso devido a dificuldades da resposta; a alienação usa as perguntas fundantes como instrumento de poder.

Vejamos a descrição da redução estética ou sentimental, que me parece marcante também na cultura brasileira:

> Nesta postura, o homem aceita as perguntas, mede-as, calibra-as, por meio do sentimento, mas sem compromisso pessoal do eu. Não há um comprometimento da sua liberdade, mas apenas a satisfação expressiva do reflexo emocional suscitado pela interrogação. A busca do sentido da vida, a urgência, a exigência de um sentido para a vida torna-se um espetáculo de beleza, assume uma forma estética.[27]

Aflorando a experiência elementar, somos provocados em toda a nossa pessoa: no sentimento, nas expectativas, na abertura da razão para apreender aquele elemento... O problema se dá quando tomamos como sentimento a experiência que se dá em modo totalizante.

– *É uma redução atentar para a experiência e ficar na sua forma, porque quando você está diante de algo, aquilo o provoca a uma abertura para algo maior, mas você fica somente na reação.*

Avaliar a experiência pelo sentimento é tomá-la pela reação, por isso, pela forma. Quando emerge em mim a experiência elementar, o sentimento me ajuda a identificar que há algo de significativo que precisa acontecer ou está por acontecer ou tenho exigência de que aconteça; há algo para ser colocado a tema no contexto da vida. A experiência aponta para alguma coisa não somente para o eu. Se a tomo só como vivência em si mesma, considero a experiência apenas como reação. É, de fato, uma redução da experiência: algo me abre, leva a me voltar para algo que me

**25** Cf. Ibid., p. 109-123.
**26** Ibid., p. 109.
**27** Ibid.

transcende e que tem a ver com a verdade da minha experiência, com minhas expectativas, com minhas urgências, minhas exigências, algo me leva para uma abertura à resposta e eu detenho o olhar na ressonância que essa abertura promove em mim.

Faço uma experiência afetiva de abertura, de surpresa diante da presença do outro e depois eu me ligo na ressonância que se dá em mim daquela presença do outro: e passo a gostar mais da ressonância em mim do que da pessoa mesma do outro. A pessoa do outro desaparece porque está fixada de um modo utilitarista, em função de uma ressonância afetiva em mim. Mas aquele se ligar à pessoa foi uma experiência de abertura, foi uma experiência de se voltar para o outro. A ressonância em você indicou que algo de significativo estava ali diante de você.

Ao dar ênfase no sentimento – que faz parte daquela vivência – reduzo o horizonte, perco seu dado indicativo, perco o passo da caminhada da elaboração da experiência, descarto a indicação do próximo passo inscrito na própria experiência.

O que seria medir e calibrar as perguntas por meio do sentimento?

Quando afirmamos algo do tipo: "a experiência elementar é importante porque me faz ter sentimentos grandes, me tira do vazio e da aridez" é verdade, mas é pouco, porque ela nos tira do vazio e da aridez nos lançando adiante. Poderíamos ler o poema "Mar Portuguez", de Fernando Pessoa,[28] citado há pouco, dizendo "tudo vale a pena se a alma não é pequena" curtindo em nós um respiro que vem dela, a abertura de horizontes, além do horizonte estreito do qual o poema trata, sem que isso implique em se ocupar do que quer dizer a alma não ser pequena. A vivência de abertura diante daquela imagem, ao invés de ser um indicativo de um ponto de trabalho, de cuidado com a própria experiência, de enfrentamento dos limites e de grandes possibilidades de valor (porque "vale a pena"), pode ser tomada como ocasião justamente de não precisar enfrentá-los, emocionados pela ressonância que a imagem de abertura e valor desperta em nós.

Para uma mãe diante de um filho morrendo, o espetáculo de beleza não basta, aquilo não pode ser "a" resposta da vida. Não

28 PESSOA, 1996, op. cit., p. 58.

que o sofrimento impeça de admirar a beleza, mas porque o espetáculo da beleza é uma abertura do nosso ânimo, mas nós temos urgência de que a vida tenha consistência, que o sofrimento tenha sentido, que a própria beleza tenha sentido radical para a vida. A abertura característica da experiência de beleza valoriza o sentimento intenso, valoriza a possibilidade de escapar do limite, faz você esperar alguma coisa, mas ainda não é a sua realização. Reconhecemos como correspondente imediatamente, mas ou corremos atrás do que seja efetivamente a superação do limite para apreender algo infinito – que pode, esse sim, ser resposta – ou então podemos nos ocupar do que a beleza causa em nós. A abertura é o primeiro aspecto. Se em seguida não vem um empenho nosso com isso que está vislumbrado, distraímo-nos e perdemos a melhor parte.

A experiência estética pode nos ajudar a reconhecer elementos essenciais e nucleares da realidade, aqueles que temos dificuldade de captar quando estamos administrando coisas e experiências. A poesia, por exemplo, tem essa função essencial de nos possibilitar chegar a acolher uma experiência. Você pode tocar no que seja o amor: de forma poética você chega mais próximo do âmago do que seja o amor, mais do que quando você fica falando sobre o tema, mais do que quando você acaricia alguém. A experiência estética pode compor e completar o sentido de alguns gestos. Mas é frequente também que a poesia seja tomada como um escape, como substituição da experiência e do real. Assim, podemos nos ocupar de um poema que retrate o amor, advertir a vibração que nos causa e isso não significar nada na relação dramática com a pessoa que amamos. Mas a realização daquilo a que o poema remete pode não estar mais próxima se pararmos o processo de busca que a elaboração daquela experiência provoca: ao invés de aquele poema se tornar uma provocação para mim, a emoção toma a cena e o meu empenho com a busca se esvai. Porque li o poema, me parece estar amando... Mas se eu não der esse passo, valorizo o amor sem amar.

A beleza da possibilidade pode ser uma ajuda a me lançar numa busca de realização: naquela experiência de beleza há uma promessa para mim. A interrupção desse processo inviabiliza a plenitude humana insinuada na experiência de beleza mesma.

Giussani[29] chega a dizer que na evasão estética ou sentimental "não há um comprometimento da sua liberdade".

Liberdade é definida por ele como nossa capacidade de adesão àquilo que reconhecemos como correspondente.[30] De fato, se a minha exigência me leva a certa direção, o que é liberdade? Que nada me impeça de ir nessa direção. Minha exigência é o que tenho de mais original, de mais próprio e ela indica, aponta, me impulsiona: há liberdade quando nada impede que aquilo se dê, quando eu não deixo de afirmar uma correspondência advertida.

Se aceito o reflexo emotivo e estético do emergir das perguntas, mas as considero e avalio pelo sentimento, essa elaboração da experiência pode não contar com o "compromisso pessoal do eu"[31] pode não haver o comprometimento da liberdade. Mesmo reconhecendo algo verdadeiro indicado na experiência (de beleza ou de tristeza, por exemplo) posso não aderir àquela verdade da experiência. Sem esse comprometimento do eu nessa adesão, sem essa liberdade vivida na adesão, interrompo o processo desencadeado em minha experiência mesma. Assim, acabo ficando com a ressonância que a vivência tem e não vou em direção àquilo que a experiência mesma está indicando como correspondente. Sem comprometimento pessoal da liberdade, paro na satisfação expressiva do reflexo emocional suscitado pela interrogação, ou suscitado pela exigência, ou pela pergunta, ou pelo encontro com algo significativo. Então, a "a busca do sentido da vida, [...] a exigência de um sentido para a vida, torna-se um espetáculo de beleza".[32] O interrogar-se pelo sentido é tomado como uma beleza a ser vivida em si, não como exigência de resposta. A intensidade da pergunta me leva a perceber-me vivo, profundo; e fico por aí.

A beleza suscita um ideal e posso ficar com a beleza do ideal

29 Cf. GIUSSANI, 2017, op. cit., p. 109-112.

30 "A liberdade é a capacidade de seguir a atração mais forte [...] a atração vencedora" (p. 240- 241). "A sua verdadeira coerência é escolher aquilo que a leva para a felicidade" (p. 243). A liberdade, em seu dinamismo, pelo qual tende à felicidade para a qual é feita, ao destino para o qual foi feita, chama-se amor: a lei da liberdade é amar. (p. 245). GIUSSANI, Luigi. *L'autocoscienza del cosmo*. Milano: BUR, 2000. 416 p. (Coleção Quasi TISCHREDEN, 4). Cf. também GIUSSANI, Luigi. *É possível viver assim?*: uma abordagem diferente da existência cristã. 2. ed. Tradução de Neófita Oliveira e Francesco Tremolada. Rio de Janeiro: Nova Fronteira, 2008. 376 p.

31 GIUSSANI, 2017, op. cit., p. 109.

32 Ibid.

suscitado, sem se tornar crivo, crítica em relação a cada experiência vivida. Há uma exaltação do ânimo sem concretização de meu posicionamento pessoal diante da provocação ali recebida.

Sem o comprometimento de nossa pessoa, de nossa liberdade, o espetáculo de beleza pode se reduzir a uma forma potente de nos tirar de um mundo de limitações, tornando-se uma enganação. Toda beleza – como a própria arte – pode nos ajudar a reconhecer e a aderir a alguns elementos nucleares das experiências: neste sentido, Adélia Prado[33] comenta o mistério de encontrar no cotidiano a beleza do humano. Bem diferente disso seria captar a beleza do drama humano sem que significasse qualquer empenho com aquele drama, ou até podemos tomar a beleza como alívio do drama: daria uma impressão de seriedade, de não alienação, ao tocar em temas dramáticos. Estaria levando a sério, mas parando no meio do caminho.

Temas dramáticos ou trágicos são valorizados na nossa cultura. Ser crítico é muito importante, mas podemos tocar muitas feridas sem comprometimento para sua superação. Assim, parece que ser crítico é "colocar o dedo na ferida": vive-se intensamente. Mas é só o início do processo. Insistir em uma criticidade que não abre espaço para a solução, que não deixa espaço para ir além por definir aprioristicamente que qualquer solução é ilusória serve para uma espécie de autoafirmação, mas não é uma atitude que respeite nossa estrutura de abertura fundamental diante da realidade e não pode ser uma forma razoável de enfrentamento do drama advertido. A criticidade promove também dor, é profunda, intensa, justamente porque aponta a urgência de uma solução, porque aponta algo além. Deixando de seguir essa indicação presente na própria experiência, fixa-se na forma – da crítica, da beleza, da ressonância afetiva da experiência. Mas o surgimento daquela criticidade em nós é expressão de uma urgência de algo a ser realizado. Ou nosso empenho segue o que está indicado na nossa própria experiência ou nos apegamos à forma, a uma vibração em nós, a uma afirmação de nós mesmos.

33 Cf. PRADO, Adélia. Arte como experiência religiosa. *In*: MASSIMI, Marina; MAHFOUD, Miguel (org.). *Diante do Mistério*: Psicologia e senso religioso. São Paulo: Loyola, 1999. p. 15-32.

Quanta crítica é pura autoafirmação! Quanta experiência afetiva ou experiência de beleza é pura autoafirmação do artista ou do admirador... É a acusação que tantas ideologias fizeram para a cultura burguesa, que valoriza a arte, mas o apego à beleza se torna escape em relação à realidade; valoriza a filosofia, mas não se torna empenho com as questões fundamentais da vida, permanecendo apenas um tema com que se ocupar; valoriza o amor, mas se torna instrumental em relação ao frenesi, esvanecendo presença do outro. São críticas à cultura burguesa muito sérias e pertinentes. Ainda é só o início: poderia permanecer no meio do caminho, porque a crítica mesma pede outro tipo de envolvimento com o que se manifesta na beleza, com a presença do outro na relação afetiva, com a verdade na vida dos temas fundamentais que a filosofia recupera continuamente ao longo da história. A experiência elementar é um ímpeto crítico e avaliativo que nos lança no real.

Giussani[34] fala que "a seriedade existencial das perguntas não pode se sentir à vontade no esteticismo".

Note que não se trata de moralismo, do gênero "temos de ir adiante". Se você considerar não só a reverberação ou ressonância afetiva desses temas; se considerar as exigências que estão ali, você não pode parar na crítica ou na reverberação estética. É sua exigência não parar. Nossa própria experiência pede, temos exigência de que a resposta seja efetiva.

### 3.1.1. Pontuar o sentimento mirando a exigência que o constitui

Nos atendimentos na clínica psicológica, pontuar a vibração do sentimento tem uma função importante, que é a de facilitar que o sujeito fale a partir de sua própria experiência. Partir da ressonância afetiva o ajuda a se observar. Mas retomar o sentimento como se fosse "o" ponto que vale naquela vivência, acaba por favorecer que a pessoa reduza sua própria experiência. Contribuiria com um desfocar da figura do outro numa experiência afetiva, por exemplo, fixando o olhar em si mesma. Nesse sentido, seria um desserviço.

34 GIUSSANI, 2017, op. cit., p. 110.

Estamos considerando uma unidade. A experiência elementar suscita em nós sentimento. Prestar atenção nele é uma possibilidade de tomar a experiência na mão. Como você se dá conta da experiência elementar? Porque aparece um incômodo, um desejo, uma revolta, uma indignação, ou um mal-estar que você não consegue nem nomear, mas indica uma realidade em você, que não é o sentimento. Sem essa distinção você não conseguiria distinguir um mal-estar por ter comido algo que não lhe fez bem de uma dor no estômago quando presencia uma injustiça. Sem observar a experiência, inclusive do ponto de vista do sentimento, você não saberia distinguir essas vivências. A finalidade de pontuar e examinar o sentimento não é exaltá-lo por ele mesmo, é chegar ao posicionamento propriamente pessoal em relação ao que está indicado no sentimento.

Trata-se de uma sinalização de um movimento da pessoa inteira, sinalização de exigências que estão presentes dentro de uma vivência. O sentimento está indicando que tem diante de você alguma coisa de grande e de fundamental para a sua realização, que é o outro. Podemos dificultar o estabelecimento da experiência mesmo na clínica psicológica: as pessoas podem chegar com uma urgência vivida nas relações pessoais e serem conduzidas a examinar a experiência voltando-se somente para a ressonância nelas mesmas. Ao invés de as vivências serem tomadas como porta para um horizonte de totalidade, tornam-se o quarto fechado.[35]

Encontramos propostas, até mesmo humanistas, dando ênfase no sentimento, avaliando através dele. Sua função é essencial, mas o sentimento é indicativo de uma realidade, é indicação de que estou me dando conta de algo que ressoa em mim.

Todo contexto psicoterápico é relacional, mas frequentemente a experiência é lida de forma individualista e tende a resultar em uma redução sentimental.

Apontar o sentimento é forma concreta de prestar atenção na vivência que está brotando, então é uma porta preciosa. Pode ser uma chave para ir em direção à experiência autenticamente vivi-

35 MAHFOUD, Miguel. Vida e morte no filme "Todas as manhãs do mundo": entre sensações, interioridade pessoal e intersubjetividade. *In*: ANGERAMI, Valdemar Augusto (org.). *O suicídio no cinema*. Belo Horizonte: Artesã, 2021. p. 321-349.

da, sem ficar presa de meras opiniões (quando não se distingue a opinião própria da alheia veiculada no contexto). Mas pontuar o sentimento permite ajudar o sujeito a prestar atenção em si mesmo até o ponto de chegar a colher em si um movimento, fonte de critério de juízo autêntico, não alienado. A atenção ao sentimento pode auxiliar a reconhecer a vibração de uma exigência pessoal.

Se nossas vivências – ainda que de impacto estético ou emocional – não nos fizerem ter mais consciência de um fundamento, ou seja, de um ideal (também promovendo que o sentimento esteja ali), não teremos condições de chegar a uma certeza.

> "Sonho, verdade sem certeza de memória", escreveu Shakespeare [...]. O sonho tem um impulso verdadeiro, um ímpeto ideal que cria certa aura imaginativa, emocional, mas é sem "base", sem um fundamento dado, a ser continuamente recuperado para ser obedecido, verificando-o assim numa crescente certeza![36]

Uma vibração emocional é substituída por outra em seguida. Eu me emociono por X, depois por Y, depois Z, que vai substituindo um ao outro e permaneço ligado às emoções. Mas se, ao invés, X, Y e Z possibilitam que eu me dê conta de uma exigência que me constitui e me lança no mundo, que é responsável pelas diversas vibrações emocionais, aí então o que se dá não é substituição, mas confirmação. Cada vez que encontro um ideal diferente, reforça-se em mim um impulso fundamentalmente meu, próprio de minha pessoa. Não se dá uma fragmentação, mas um contínuo reavivar de minha pessoa.

Ou me atenho ao vivo ímpeto que me constitui nas várias situações ou os vários ideais e diversas experiências me fragmentam.

*– Como você descreveria uma pessoa coerente?*

Para abordar esse tema de modo complexo, sugiro a leitura do livro *A lenda do santo beberrão,* de Joseph Roth,[37] e sua versão homônima em filme dirigido por Ermanno Olmi,[38] já citados. Traz

**36** Ibid., p. 112.

**37** ROTH, Joseph. *A lenda do santo beberrão*. Tradução de Marcus Tulius Franco Morais. São João Del Rei-MG: Ugrino, 2000. 90 p.

**38** A LENDA do santo beberrão. Direção de Ermanno Olmi. São Paulo: Look Video, 1992. 1 fita de vídeo. (127 min.), VHS, son., color., legendado.

a figura de um beberrão que vive nas ruas de Paris: um desconhecido lhe dá soma em dinheiro, e sugere que agradeça a Santa Teresinha. E surgem as interrogações: "Mas o que é isso? O que está acontecendo?" e, ao mesmo tempo, ele se põe a imaginar o que faria com aquele dinheiro: cortar os cabelos, fazer a barba, comprar um terno e uma carteira para guardar o dinheiro que agora tem; mas antes comemora bebendo. Bêbado, gasta todo o dinheiro, não faz nada do que queria... mas permanece a gratidão pelo acontecido.

Surpreendentemente, encontra mais dinheiro e decide novamente ir até uma igreja de Santa Teresinha para agradecê-la. No caminho, bebe e acaba não indo. Bêbado, dá-se conta: "aconteceu tudo isso e estou assim...; amanhã eu vou até lá". No dia seguinte, encontra uma antiga amante, fica com ela e não vai. Passam-se dias e dias assim. A grandeza desse homem é a gratidão que ele carrega: seu ponto de referência real que o leva a se dirigir à sua meta continuamente. Sua grandeza é devida ao fato de que nada do que faz apaga sua experiência fundamental. Uma tensão voltada para aquele agradecimento que era mais forte do que as bobagens que fazia. A coerência que mais interessa se refere a essa volta contínua ao próprio fundamento: retomada da vida pessoal e autêntica, continuamente. A vida dele se realiza nessa tensão.

### 3.2. Negação desesperada

Assim como a evasão estética, a negação desesperada[39] é uma atitude que leva a sério as perguntas radicais, mas, nesse processo, dá respostas que reduzem as próprias perguntas: a sua particularidade é a negação da resposta, o que torna as perguntas desesperadas. Aquela tensão que é própria de nós mesmos, que é própria do motor humano, que vibra com um tom novo e que pode colocar alguma coisa de novo na vida social, no mundo, essa tensão se esvai em função da negação da possibilidade da resposta. Não se esvai no sentido que as perguntas desapareçam, mas a tensão que lhes é própria se deturpa: a originalidade não se realiza, não completa o seu percurso.

39 GIUSSANI, 2017, op. cit., p. 112-117.

Giussani[40] afirma: "é a dificuldade das respostas que a um certo ponto leva a dizer: 'Não é possível'". Nós resolvemos trabalhar numa certa perspectiva ou começamos um relacionamento pessoapessoa real, mas diante da dificuldade de constituí-lo, dizemos: "não é possível". Reconhecemos no dinamismo da vida algo de valor, mas a morte se impõe e começamos a dizer: "não é possível que a vida possa se realizar". Em seguida, Giussani[41] diz que essa posição é dramática, mais do que as outras, porque entra em jogo a nossa liberdade. Porque dizer "é impossível" não é uma dedução, é o cansaço de permanecer na busca que faz com que você acabe afirmando a impossibilidade; não é uma consequência lógica. Não é uma evidência. É uma escolha.

Este é um ponto de passagem crucial para nós que trabalhamos com Psicologia, acompanhando pessoas. Estamos aprendendo a reconhecer em nós essas exigências e é importante saber identificar onde está a força e a fragilidade de uma posição dessas.

*– Existe o meu desejo de busca, mas eu não encontro o que quero e não aguento esperar, por isso digo que é impossível e não quero continuar buscando.*

É justamente esse passo que Giussani[42] está indicando. Para dizer "é impossível, então é inútil que eu continue buscando", eu tenho que negar que o meu desejo continua me impulsionando. Dizer "é impossível" e aceitar essa impossibilidade implica negar que, em mim, continua a pulsar uma exigência daquela resposta, mesmo que eu ainda não a veja. Trata-se de afirmar a impossibilidade ou afirmar que em si continua a pulsar uma exigência. "Aqui se joga, entre o sim e o não, a pura opção", nas palavras de Giussani.[43] E dela depende que a pessoa continue esperando uma resposta ou não.

É fundamental que, nos acompanhamentos clínicos ou nos vários processos psicológicos, nós possamos identificar este momento em que a pessoa começa a abandonar sua pergunta por cansaço, formulando uma impossibilidade para si. Esse é o momento em que ela começa a abandonar sua própria perspectiva, a deixar de lado o seu próprio recurso. Mas existe em nós uma

40 Ibid., p. 113.
41 Cf. Ibid., p. 113 et seq.
42 Ibid.
43 Ibid., p. 113.

exigência, uma espera de resposta que permanece, ainda que não estejamos vendo a resposta, ainda que algo a negue, ainda que a morte negue o fluxo da vida. Exatamente neste momento da morte negando o fluxo da vida, eu posso afirmar com intensidade a minha exigência de vida, pois há algo que subsiste, esse é o ponto. Ou esse algo que subsiste se torna o nosso grande recurso, ou reduzimos todo o percurso que temos por fazer.

Giussani[44] coloca a objeção de Adorno, para quem essa é uma esperança impotente: ela subsiste, está continuamente acesa, mas é impotente, serve apenas para nos deixar acordados. É muito frequente essa resposta; ouço-a com muita frequência, mesmo nas aulas: "é importante que exista a falta, porque assim nos movemos", como se o problema fosse nos movermos. O nosso problema não é termos um pouquinho de vitalidade dentro de nós. O nosso problema é que a vitalidade que reconhecemos em nós mesmos possa se realizar, tornar-se inteira, madura, dar frutos. Temos exigência disso.

Afirmar que essa esperança seja impotente é um desses fatores de redução que depois leva ao desespero. Uma coisa é dizer que eu desejo a vida e não posso me dar a vida. Mas outra é dizer que o nosso **desejo** de felicidade é impotente, que a nossa **esperança** é impotente. Porque esse desejo de felicidade nos coloca em relação com o que possa nos realizar. Esta espera nos coloca em relação com algo que possa nos realizar. Uma coisa é dizer: "**Eu** sou impotente a realizar-me, por mim mesmo", outra é dizer que essa esperança, que essa exigência seja impotente.

Giussani[45] cita a frase de Pavese: "Alguém alguma vez nos prometeu algo? E então por que esperamos?". A espera é a estrutura da nossa pessoa. A tristeza pela não realização não se torna desesperada justamente porque ela é fonte de espera, de esperança: esperamos que se realize, que se cumpra. Fora disso, não ficamos menos tristes: fora disso vem o desespero, a não espera, a não esperança.[46]

44 Cf. Ibid., p. 113.

45 Ibid., p. 85. Cf. também PAVESE, Cesare. *O ofício de viver*. Tradução de Homero Freitas de Andrade. Rio de Janeiro: Bertrand Brasil. 1988, p. 209.

46 Sobre a esperança tematizada em relação à capacidade de resposta do sujeito, abordadas a partir das contribuições da experiência elementar cf. MAHFOUD, Miguel.

Se estivermos numa sala e trancarem a porta, o que acontece? Nós pulamos pela janela, porque não aceitamos, não podemos aceitar um horizonte fechado. É terror, no sentido técnico do termo.

– *Eu li um livro de Sartre*[47] *sobre essa questão, sobre o terror da morte. São três pessoas que são enterradas numa caixa: entre quatro paredes. Trata-se dessa angústia de n*ão poder realizar nada daquilo que você se preparou para realizar. Essas *três pessoas estão para morrer e nem assim conseguem se suportar e suportar o estado, só que elas não tinham o que fazer, n*ão tinha*m para onde sair, n*ão havia janela, não havia porta, *n*ão havia vida, enfim. O que ele consegue retratar da angústia é uma coisa i*mpressionante.*

O problema de Sartre é que ele chega a dizer: "é impossível". E o que Giussani está dizendo é que nós temos necessidade de estar diante de uma **possibilidade** de resposta. Ele não diz que a resposta seja essa ou aquela. É algo antes disso: ele diz que nós temos necessidade de considerar a **possibilidade** da resposta. Cortar a possibilidade da resposta é desumano.

– *Em Sartre n*ão *existe essa possibilidade.*

Naquela posição intelectual não existe, mas é contra nossa estrutura. Primeiro, é uma arbitrariedade e, segundo, nós estamos vendo a gravidade pelas consequências na nossa cultura.

– *Assisti a uma palestra do Prof. Yves de la Taille, em que ele afirmou que o problema da atualidade é essa negação de sentido. Todas as promessas, todas as ideologias n*ão têm mais sentido hoje em dia, *foram abandonadas de um modo coletivo e juntamente com isso ele apontou como a taxa de suicídio hoje* é a principal causa de morte *no mundo.*[48]

O suicídio é a afirmação da impossibilidade tornada absoluta. Você está dizendo que isso se tornou um problema mundial, está nas estatísticas. Não estamos falando que qualquer ilusão vale.

---

La dimensione della responsabilità nella motivazione dell'operatore e nella libertà del soggetto. *In*: CERATI, Giorgio; MONZANI, Emiliano; TERRIZZI, Fiorella. *Il fattore umano*: l'incontro tra paziente e operatore, la speranza, i modelli psicosociali di cura. 2010, p. 73-85.

47 SARTRE. Jean-Paul. *Entre quatro paredes*. 3. ed. Tradução de Alcione Araújo e Pedro Hussak. Rio de janeiro: Civilização Brasileira, 2007. 130 p.

48 DE LA TAILLE, Yves; CORTELLA, Mario Sérgio. *Nos labirintos da moral*. São Paulo: Papirus, 2005. 112 p.

Giussani[49] está dizendo é que precisamos ficar diante da necessidade de respostas, ao menos ficar diante da própria exigência de resposta sem negá-la, sem negar a "categoria da possibilidade". Não posso eliminar a possibilidade de que exista algo que eu não estou encontrando. Quer dizer, ir contra a categoria da possibilidade não é só ir contra um exercício lógico, é ir contra um dinamismo nosso.

Voltemos ao romance *A lenda do santo beberrão*.[50] O que vocês entenderam sobre coerência ali?

*– A princípio parece justamente incoerente: ele lembra do que o motiva, mas está sempre bebendo, sempre postergando, sempre fazendo uma coisa para ele mesmo. Está sempre nessa contradição, nunca cumpre, passa a vida na perspectiva do amanhã: "não, amanhã eu faço, amanhã..."*

Vejam: se pautarmos o olhar pelo ponto de vista externo e buscarmos a coerência entre o desejo que ele tinha e o gesto que ele fez, o que concluímos? Que ele é totalmente incoerente, porque ele queria agradecer e foi beber, foi ficar com a antiga amante, ficou lá sentado imaginando que agora ele era uma pessoa importante. Mas nós fazemos tudo isso, não só o beberrão...

*– Eu diria que há coerência do ponto de vista da abertura, todo dia ele retomava o desejo e estava inteiro nessa retomada: sentimento, pensamento, emoção, tudo isso estava integrado na possibilidade de agradecer.*

Pensem nos momentos em que ele se deu conta de que tinha passado mais um dia e ele havia gastado o dinheiro. Aquela dor que ele vivia o fazia retomar a própria história e a sua gratidão. Aquela dor da contradição não cancelou a experiência dele, tanto que, no dia seguinte, ele estava desejando de novo. Na verdade, ele era coerente com o seu desejo, porque quando dizia "eu", ele não se referia ao conjunto de gestos contrários ao seu próprio desejo. Quando dizia "eu", ele falava: "eu tenho esse desejo".

Então, qual é o problema da negação desesperada? É que, se abandono meu desejo afirmando a impossibilidade, eu sou incoerente comigo mesmo! Essa é que é a grande incoerência. Porque eu desejo, eu espero, eu continuo esperando. O "santo beberrão"

49 Cf. GIUSSANI, 2017, op. cit., p. 115-116.
50 ROTH, 2000, op. cit.

não conseguia agradecer, mas não largava o desejo de agradecer. Ele, bagunçado, limitado, contraditório, não era incoerente consigo mesmo, com o próprio desejo. Quando é que ele se recuperava? Quando se dava conta de que tinha alguma coisa importante para fazer, mesmo quando não sabia nem dizer o que era. Aqui é que ele começava a se recuperar, aqui o "eu" dele começava a estar presente de novo.

A coerência que nos interessa fundamentalmente é a coerência com as próprias exigências. Não coerência no sentido de "eu dou conta de encaminhar", mas coerência de que "eu reconheço que elas são exigências fundamentais para mim, elas me definem e eu não largo mão delas".

Abandonar a esperança é incoerência. Se faço de conta que está tudo correndo bem, que eu sou grande, é mais incoerência do que se me perco, se não consigo fazer. O fato de não conseguir pode me permitir perceber a necessidade que tenho, a dor que carrego, e, junto, posso perceber que eu estou vivo, estou presente frente a mim mesmo, à minha própria pessoa.

*– Estou com uma dificuldade. Entendo que retomar o desejo seja fundamental, mas parece que a ação está sendo deixada de lado. Para mim, ser coerente totalmente inclui o que eu estou fazendo no mundo e, quando na história do filme, para mim fica forte o fato de ele está vendo que não é aquilo que ele quer, mas continua não fazendo o que quer e parece que não há o mínimo esforço para mudar.*

Não é verdade que não tem o mínimo esforço, porque recuperar a consciência de ter gratidão e de que tenho algo grande para realizar é tensão. Essa história radicaliza, exagera para mostrar onde é que está o ponto fundamental. Não estou colocando-a como ideal, mas acredito que ela sirva para mostrar onde está o ponto da coerência que nos mantém vivos, que nos mantém continuando a colocar tensão para ir em direção àquela coisa grande que você tem que realizar. É essa coerência, é esse movimento que não podemos perder e qualquer coisa que, no percurso, faça você se atrapalhar, não tem necessariamente força para destruir essa tensão, porque a dor de estar se atrapalhando recupera essa tensão. Tudo para ele se organiza em função da gratidão e da coisa grande que ele sabe que tem para realizar. É isso que lhe dá força e tensão, ainda que ele não saiba lidar direito com isso.

Há uma posição parecida na canção *Romaria*, de Renato Teixeira.[51] Nela, está presente a pergunta: O que eu sou? "O meu pai foi peão / Minha mãe solidão / meus irmãos perderam-se na vida à custa de aventuras. / Descasei e joguei, investi, desisti / Se há sorte eu não sei, nunca vi." Mas.... "Como eu não sei rezar / só queria mostrar/ meu olhar, meu olhar, meu olhar". É isso. Eu posso não estar dando conta da minha vida, eu posso nem saber fazer esse gesto direito, formal, bonito, mas eu estou aqui presente, estou aqui com a minha dor, vim "mostrar o meu olhar". É um gesto, esse gesto é a coerência com ele mesmo, a coerência com a própria vida.

*– E a dor entra como força motriz para essa ação.*

Certo, a dor – porque a vida dá errado, porque eu não sei para onde a vida vai – está pulsando naquele olhar. Então, se ele foi mostrar o seu olhar, ele foi mostrar aquela tensão. E é um gesto. Por isso não é um "tanto faz": eu preciso dar um jeito de tornar presente no mundo esse horizonte, essa minha tensão. O mesmo vale para *A lenda do santo beberrão*: não se trata de colocar como ideal o "tanto faz", ou dizer que a coerência externa não interessa, pelo contrário. Mas a dor da incoerência pode me fazer ser coerente comigo mesmo no sentido de não abandonar a minha posição. Porque se eu viro cético, sou incoerente comigo mesmo. Se eu digo "tanto faz", sou incoerente comigo mesmo, estou rachado ao meio.

*– Alguma coisa que você faz e que contraria a sua exigência carrega essas duas possibilidades: você pode sentir a dor da incoerência e falar "não, não* é isso"*, ou você pode continuar.*

Certo. A dor pode favorecer que eu perceba que certo contexto me ajuda mais do que outro, certo tipo de leitura me ajuda mais do que outro, e isso se torna um juízo sobre tudo. Não é só "dá próxima vez eu dou conta, hoje eu não dei, dá próxima vez eu vou dar"; é também dar um juízo sobre o que me ajuda a ficar numa posição que tem mais a ver comigo. Não é só uma posição de autoafirmação no sentido de "da próxima vez eu vou dar conta". Quer dizer, a fragilidade faz parte, mas faz parte como dor, não como cinismo, não como negação.

51 TEIXEIRA, Renato. Romaria. *In*: RENATO TEIXEIRA. *Romaria*. São Paulo: RCA, 1978. Faixa 7. 1 disco de vinil.

O da coerência é, portanto, um tema profundo, com o qual não podemos ser moralistas. Vocês conhecem o filme *Aurora*?[52] É um filme mudo de 1927, preto e branco, considerado um dos filmes mais belos da história do cinema. Ele começa com a frase de que aquela é a história de um homem e sua esposa, de um homem qualquer, em qualquer lugar, de qualquer tempo, cuja vida tem momentos doces e momentos amargos. É a história de um casal no campo, que recebe turistas da cidade em férias de verão. A mulher da cidade, toda bonita e sedutora, quer viver emoções de verão e dá em cima do homem "da roça". E, a certo ponto, eles planejam eliminar a esposa: ele a leva para um barco com a ideia de virá-lo. Nesse momento, mostra-se o contraste entre a vida anterior do casal, a alegria de brincar com o filhinho bebê, e a posição que ele tem agora, fechada, dura. Ela percebe que aquela posição dura carregava uma intenção contra ela e fica com medo. No momento em que ele apreende esse medo, a decepção e dor dela, ele se dá conta do que estava fazendo e começa a pedir que ela não tenha medo dele.

Pensem que, numa situação dessas, como é que ele pode pedir que ela não tenha medo dele? Mas pedir que ela não tivesse medo dele era a coisa mais verdadeira. Ela sai correndo, pega um bonde que estava passando, vai embora. Ele consegue correr, pegar o bonde também, e os dois vão para a cidade. Ele fica atrás dela e ela não quer saber. Até que eles veem um casamento, em que o pastor diz: "vocês recebem o sacramento, que é o fato de Deus levar a sério uma confiança que há entre vocês. Você vai cuidar dela? Esse gesto é um gesto de confiança um no outro? É isso que Deus está abençoando: esse gesto de confiança um no outro". O coração do homem quebra-se, e o pastor completa: "você vai recebê-la? Você vai amá-la?". O noivo diz sim e o marido diz sim. Ele começa a chorar e diz sim.

Ele tinha acabado de fazer o contrário, mas a posição mais verdadeira dele, a posição realmente dele era dizer sim de novo. Isso aqui é coerência. Quando ele chora dizendo "sim, eu quero recebê-la", ele chora com a dor de que tinha feito exatamente

52 AURORA. Direção de Friedrich Wilhelm Murnau. São Paulo: Versatil Home Video, 2007. 1 DVD (94 min.), Fullscreen, son., p&b., legendado.

o contrário daquilo, e com essa dor ele diz "mas eu quero recebê-la". Quando ele diz isso chorando, ela reconhece que aquele é o seu marido. Não é o marido dela porque ele não errou. É o marido dela porque ele diz "eu tenho uma confiança, eu quero que se estabeleça uma confiança entre nós e eu quero recebê-la". É isso que faz com que ela reconheça quem é aquela pessoa e volte a uma proximidade que o gesto que ele tinha acabado de fazer impossibilitava. Se ela fosse coerente ao gesto, ela tinha que sair correndo, justamente o que fez. Mas eles puderam ser coerentes a uma coisa que estava dentro daquele gesto frágil, daquele gesto incoerente, daquele gesto contra a pessoa deles. Eles estavam sendo coerentes a uma afirmação, a um sim que estava ali naquela dor pelo mal feito. Aquela dor pelo mal era um sim.

Na cena seguinte, eles saem da igreja se olhando, muito próximos um do outro. Veem um fotógrafo e falam: "vamos tirar uma foto". Primeiro, fazem uma pose de homem respeitável com sua senhora, mas, enquanto o fotógrafo prepara a máquina, eles começam a se beijar. O fotógrafo fica maravilhado pelo modo como eles estão juntos, começa a tirar fotos sem que eles o percebam e diz: "que estranho casal. É o casal mais doce que eu vejo nos últimos tempos".

Então, aquela dor que o marido viveu não só o recuperou da bobagem que ele tinha feito, como transformou o relacionamento deles. O relacionamento deles se tornou mais intenso, tornou-se mais verdadeiro, eles eram mais casal depois disso do que antes. Eles estavam um diante do outro mais intensamente, mais inteiramente do que antes, menos ingenuamente. Eles sabiam que eles estavam dizendo sim.

Acontece que, quando eles voltam de barco, vem uma tempestade e o barco realmente vira e ela some. Ele não tem só culpa, ele tem a consciência do amor. Ele tem a consciência de quem é aquela pessoa para ele e a consciência da possibilidade de vida que aquilo que começou de novo entre eles é. A dor de perdê-la é também amor, tanto que ele saiu numa procura, chamou todas as pessoas da aldeia e a encontraram. E o filme termina assim: ela acordando na cama e eles se olhando com uma intensidade de olhar muito maior do que no início, quando estavam brincando com o filho, contentes. Aquela intensidade de olhar, quando no fim eles se olham conscientes de tudo que um é para o outro, com todo o drama que eles têm, é uma profundidade de experiência que só a coerência como o próprio sim permite. Não é o fato de não errar, porque errar e viver a dor leva a uma coerência com o próprio sim. Assim, é a maturidade da minha pessoa, é a maturidade da relação que eu estabeleço.

Estou falando de uma posição completamente diferente da negação desesperada. Aquela moça tinha todo o direito de dizer "casamento não existe, fidelidade é impossível, os homens são violentos, o amor é frágil", ela tinha todas as cartas na mão para dizer "é impossível". Mas, retomando a exigência que estava ali naquela relação, dentro da dor da incoerência, acontece um processo de realização. Nenhum deles depois podia dizer que era impossível. Cancelou o problema? Não. Mas justamente a dor levou a precisar afirmar que era possível.

Discutindo o problema da impossível aspiração, Giussani [53]afirma que essa opção de dizer que não é possível vem de uma experiência dolorosa. É da dor que vem o "não é possível", mas trata-se de uma armadilha. Em seguida, ele mostra que o aspecto profundo dessa dor é o fato de que muitas vezes ficamos desorientados num limiar, numa situação de limite, numa fronteira. Qual fronteira? Usando uma frase do poeta italiano Leopardi,[54] ele diz que é o "mistério eterno do nosso ser".[55] A percepção do mistério eterno do nosso ser é um limite, é um limiar. Quando o marido do filme *Aurora*[56] se dá conta daquela pessoa diante dele, todos os interesses que ele tinha se reorganizam. Ele estava diante de uma pessoa não no sentido de "eu já conheço, eu sei bem quem é"; ele estava diante do mistério que é aquela pessoa. Quando ele diz "mas eu quero amá-la, tem uma confiança entre nós possível de se afirmar", ele não diz a partir do que tinha feito. Ele diz isso a partir do mistério que é a pessoa deles e do mistério que é aquela relação entre eles.

53 GIUSSANI, 2017, op. cit., p. 114 et seq.

54 LEOPARDI, Giacomo. Sopra il ritratto di una bella donna scolpito nel monumento sepolcrale della medesima. *In*: LEOPARDI, Giacomo. *Cara beltà...*: poesie. 6. ed. Introdução de Luigi Giussani; posfácio de Mario Luzi. Milano: Biblioteca Universale Rizzoli, 2005. p. 96. v. 22-23.

55 Ibid., p. 117.

56 AURORA, 2007, op. cit.

Eu só conheço de verdade uma pessoa quando reconheço o mistério que ela é, não quando digo "ah, eu já sei". Quando num namoro você não se surpreende com a presença do outro, com o fato de ele estar ali, com o fato de que aquela relação tenha acontecido, mas você diz "ah, eu sei como ele é, eu sei como vai ser a reação dele", começou a acabar. Se eu começar a definir a pessoa por aquele gesto, eu não tenho mais a pessoa diante de mim, eu tenho o gesto. Eu só tenho a pessoa diante de mim como mistério, como realidade que está emergindo agora, e que eu não controlo, porque não tenho todos os fatores.

A nossa vida inteira é assim. Está emergindo alguma coisa no momento presente que não é feita por mim, que eu não controlo, mas que está constituindo o mundo nesse momento presente, está me constituindo nesse momento presente. Em cada momento, estamos diante de um mistério acontecendo, se desenrolando. Estar em uma posição assim é um pouco desconcertante. Estar disponível a cada momento a algo que está emergindo é o contrário da autoafirmação, é o contrário de fazer o relacionamento ir para aquele lado que eu quero, fazer com que a reação dele vá na direção que eu quero que vá. Quando estou diante do mistério, quando estou diante da minha exigência de algo grande que aconteça ali, eu sei que preciso que algo de grande aconteça naquele relacionamento e sei também que não posso dar isso a mim mesmo e nem ao outro. Eu posso desejar intensamente, posso cuidar do relacionamento a partir disso, mas não está em minhas mãos.

Isso é profundamente incômodo. No fim, ou aceito o mistério que a realidade diante de mim é, ou afirmo partes e, por isso, acabo dizendo que a realização total é impossível. Só afirmando o mistério posso afirmar a totalidade, que sempre me escapa. Só posso afirmar a totalidade afirmando junto uma realidade que me escapa, uma realidade que está acontecendo diante de mim e que é mais do que a minha pessoa é. Ou tenho a percepção do mistério que é a vida, o mistério que é aquela relação de amor, o mistério que é o desejo que permanece em mim à minha revelia e retomo a partir desse mistério, ou a percepção desse mistério me machuca, me desorienta. Ou essa percepção do mistério me ajuda a me manter afirmando minhas exigências, ou começo a desistir de minhas próprias exigências dizendo que elas não dão conta de se realizar. Mas quando me lanço na vida, não é porque eu dou conta, é porque estou esperando algo que venha, que aconteça. Você vai para a faculdade dizendo: "eu dou conta de ler todos os livros, de tirar todas as conclusões"? Você vai esperando que algo aconteça, vai esperando encontrar alguma coisa.

Ou afirmamos essa possibilidade de acontecer algo, e então é possível continuar que as exigências modulem a vida, ou reduzimos o horizonte para dizer "ah, mas o meu desejo de vida não faz com que eu não morra. O meu desejo de amor não faz com que a outra pessoa goste de mim, então o meu desejo é impotente, a minha vida é impotente, o meu desejo de vida é impotente". Mas seria uma violência conosco, porque você continua a esperar a vida, você continua a esperar algo que seja um acontecimento.

Afirmar a impotência, a impossibilidade é um posicionamento diante de um drama. É mais razoável retomar continuamente a sua espera ou abandoná-la? É mais razoável, no sentido de que é mais seguro à sua estrutura humana, cuidar dessa espera ou negá-la?

– É *mais razoável cuidar.*

É mais razoável cuidar, só que esse cuidar é duro, é exigente. Só se eu prestar atenção na minha estrutura humana, na minha exigência, em como essas perguntas vão se identificando como meu próprio eu, é que consigo manter o cuidado.

– *Vejo muito isso na nossa cultura: você cuida do que é importante, tenta, tenta e, se não dá certo: "ah é impossível, vamos desistir, vamos administrar do jeito que está". Mas quando você escuta uma pessoa falando* "é impossível" *depois de uma experiência fracassada, você vê a dor ali. É nítida.*

Exatamente. E essa dor passa a ter tom de desespero mesmo, não é a dor em que a pessoa diz: "não encontrei, mas eu preciso". Caminhando na mata, quando você fica com fome sai procurando algo para comer, porque você precisa. Se não achou ainda, você continua procurando cada vez mais vivamente, porque você precisa. Você começa a gritar para que apareça alguém, começa a colher sinais da presença humana, a olhar para as coisas buscando sinais que lhe possibilitem uma resposta.

Nós temos uma exigência em nós, estrutural como a fome, só que a resposta não é uma materialidade, mas é um sentido.

Vamos nos fragilizando no caminho, porque não estamos adequadamente procurando uma resposta. Mas um mínimo de atenção com essa busca, com essa fome que você tem, faz você perceber que, na verdade, cada mínimo olhar dirigido a você acende uma esperança, enorme, fundamental. Mas você pode preferir que não acenda, porque lhe dá trabalho.

### 3.3. Alienação: redução das perguntas fundamentais

Tratamos já da redução como evasão estética, onde a provocação advertida em nós promovida pela pergunta se perde e desaparece o problema da resposta às exigências. Já tratamos também da negação das perguntas, tanto no sentido que a esperança permanece impotente, desqualificada, quanto no sentido de a realidade ser considerada como uma ilusão, (então não tem sentido se ocupar das perguntas e das respostas, pois as coisas estariam aí, mas seriam essencialmente vazias, sem consistência). Em cada uma, Giussani[57] voltou continuamente à questão de que existe algo em nós que se afirma continuamente, não nos autorizando a dizer "nada tem consistência": a permanência em nós de uma exigência tão insistente é mais consistente do que imaginávamos.

*– Pensando naquela frase de Giussani de que a alienação está associada à ideia de progresso, entendi como um abandono da situação presente, como um adiamento de questões fundamentais como pretexto.*

Porque o adiamento é problemático? Porque não é razoável, não é humano? Porque não é um modo adequado de lidar com a exigência? Porque Giussani chama de alienação a essa posição "deixar para amanhã"?

*– Eu acho que a pessoa se esquece. Uma amiga está com certa dificuldade, e eu a questionava: "Mas como é que você diz que não vai dar conta de uma coisa se você não sabe o que vai acontecer? Por que você não vai começando a cuidar desde já?". Ela fica preocupada agora com o pânico que virá.*

Você usou a palavra "preocupada": a origem da palavra é justamente essa experiência de se "pré-ocupar", ocupar-se antecipadamente, e com isso acaba se escapando do presente. Quando é pos-

57 GIUSSANI, 2017. op. cit.

sível ocupar-se realmente de algo? Quando realmente podemos cuidar da situação? É no presente que a minha exigência se coloca e me move. Que eu vislumbre consequências para o futuro é uma das consequências de meu empenho. Mas se deixo a questão para o futuro, o movimento da minha pessoa se perde.

As exigências ativas coincidem com o meu eu: eis a chave da questão. Se organizo tudo para minhas exigências estarem ativas depois, fico alienado de mim mesmo. Ou minhas exigências estão dando o tom agora, ou me perco. Esse momento é insubstituível. Não posso viver com meu filho só em função do que ele vai ser depois: eu perderia a vida com o meu filho e perderia a mim mesmo.

*– Quando você vive para o futuro, sente um estranhamento próprio da alienação. Há uma perda de sincronicidade entre sua necessidade e seu ato.*

Esse é o problema de lançar para o futuro: perco a sincronicidade entre a minha exigência concreta e o ato de me pôr no mundo: este se torna abstrato. Eis porque chamamos de alienação. Ao invés, as minhas exigências estão presentes, coincidem com meu eu presente. E então não posso organizar algo para o futuro sem que isso signifique, de algum modo, um empenho agora. O desejo de que meu filho tenha certo tipo de perspectiva no futuro me compromete com ele, agora. Ou o meu eu estaria fora da jogada; e não posso construir a relação com meu filho a não ser entrando na jogada. E só posso entrar na jogada no presente.

*– Eu tenho impressão que normalmente a gente se sente mobilizado a fazer, mas, deixando para o futuro, se bloqueia o agir. Vai gerando angústia.*

E dá para entender que é redução da pergunta: Você é capaz de fazer tratados, discutir com seu amigo por horas sobre a necessidade do perdão, como tema importantíssimo, mas estando seu eu efetivamente fora da jogada, ocupar- se da questão é ainda alienação.

Pense em como se vai encontrar as pessoas, no trabalho psicológico clínico, educacional ou social: quanto da elaboração proposta é mirada numa questão de futuro idealizado... Podemos nos ocupar das questões jogando a resposta para depois produzindo alienação, isto é, um distanciamento de nós mesmos.

O melhor modo de nos ocuparmos, o melhor modo de mantermo-nos vivos esperando algo melhor no futuro é que meu eu esteja efetivamente colocado no agora. Ou eu continuaria falando da necessidade de um futuro melhor para nossos filhos ou de um mundo sem fome, mas permaneceria mergulhado na corrupção cotidiana. Seria uma alienação, porque não estou mentindo quando concebo um ideal de um mundo mais justo. O problema é que isso está lançado para depois. E nisso o que acontece? Meu empenho com o meu próprio desejo, aquele que me faz pensar em possibilidades grandiosas, desarticula-se.

Então, não estamos dizendo que a questão do progresso não seja importante, ou que só o presente interessa. Não se trata disso. A questão é que a possibilidade de encaminhar uma perspectiva para o futuro depende do empenho sério que você coloca com as exigências constitutivas hoje.

Giussani[58] comenta: "eliminar o fator principal e fundamental, que é o eu, dissolvendo-o, não é resolver, mas apenas eliminar o fator mais incômodo e decisivo". Estamos tratando de um fator incômodo, solicitador. Aceitando que minha exigência seja colocada no presente, questiono, coloco crítica sobre minha própria experiência e sobre a realidade.

– *É como se fizesse borbulhar o sangue. Ela vai incomodar enquanto você não conseguir resolver.*

– *Se você não se propõe a elaborar, a trabalhar e a dar sequência na resolução do que seja a angústia, se não procurar lidar com sua dor, gera uma inquietude. Ela é o motor que vai mobilizá-lo.*

A radicalidade é que esse motor é o meu eu. Não é um motor *do* meu eu, é o meu eu. Essas exigências são o meu eu em ação. Não posso deixar para depois, a não ser ao custo de um esvaziamento terrível de mim mesmo, embora os temas permaneçam.

*Um exemplo: você precisa pedir perdão a uma pessoa; se você não pede, vai dando um incômodo. Mas quando você pede perdão, há um refrigério, uma sensação de paz tão grande que nenhuma outra coisa que você conquistasse lhe daria. Ser coerente, nesse sentido, lhe dá esse retomo que nenhuma outra atitude daria.*

Uma coisa é você saber que precisa pedir perdão, até saber que já está perdoado, outra coisa é que isso aconteça num ato

58 Ibid., p. 119.

presente, num posicionamento seu presente. A sua experiência de liberdade é completamente diferente do fato de você saber. E ela só pode acontecer justamente no ato, no fato de isso se tornar agora um movimento seu. A resposta que está reservada para você na experiência do perdão, ela só se dá no momento em que você atua no agora. Você usou essa palavra lindíssima: há um refrigério, que só a própria experiência pode conter. O refrigério é feito da tensão e do encontro com a resposta. É isso que precisa acontecer no presente. Eu não posso adiar o encontro com a resposta: adiando, não faço experiência desse refrigério, faço a experiência de ajeitar um esquema.

A alienação não se refere só à alienação de um processo, como em geral se discute: "Há um processo social importante para acontecer e você não pode ficar alienado dele. Você não pode ser outro, estar numa posição outra do que daquele processo. Fora do processo da história, fora do processo que está encaminhando". "*Alien*" quer dizer outro, alheio. Mas aqui estamos falando de uma outra alienação: a alienação de si mesmo que impossibilita, na prática, superar essa alienação dos processos. Eu posso estar nos processos e estar alienado de mim mesmo, o que faz com que não possamos efetivamente ter esperança nesses processos.

Giussani aponta:

> O homem não conhece sua própria fórmula.[59] Porque a fórmula do homem é o relacionamento livre com o infinito, por esta razão não cabe em nenhuma medida, e arrebenta as paredes de qualquer morada na qual se queira aprisioná-lo. As perguntas e as evidências constitutivas do "coração" (ou da "experiência elementar") são o sinal existencial do relacionamento livre com o infinito.[60]

Que essas questões permanecem além do fato de lidarmos mal com elas, mostra a potência das exigências que recusam qualquer enquadramento que não seja uma relação de abertura, que não seja uma relação, não com alguma coisa, mas com o infi-

59 DOSTOIEVSKI, Fiódor. *Os irmãos Karamazov*. Tradução de Natália Nunes e Oscar Mendes. Rio de Janeiro: Abril Cultural, 1970. p. 295.

60 GIUSSANI, 2017, op. cit., p. 123.

nito.[61] Que até uma perspectiva de futuro seja prisão para nós, é realmente indicativo de que precisamos de uma relação com o infinito. E o infinito precisa conter tudo do presente, precisa conter tudo do passado, precisa conter tudo do futuro, não pode negar nada. Porque se eu nego alguma coisa, quebro a mim mesmo; e essa exigência vai continuar a pedir outro tipo de posição.

Por isso Giussani[62] diz que não se trata de jogar fora a questão do futuro. Não é questão de ficar num esvaziamento contínuo, não é questão de ficar no momento presente sem horizonte. Isso também seria para nós outra prisão. Então, qual é a relação possível para a superação de uma alienação desse tipo? É que a ação do presente tenha a ver com a totalidade. Que o meu posicionamento hoje tenha a ver com a minha história e com a construção de um futuro colocado como um horizonte constitutivo no meu gesto de agora. Não estou suportando as contradições atuais em função de um projeto de sociedade mais justa depois. Não estou topando as regras do jogo injusto agora em função de uma estratégia lançada para depois. O que está em jogo é a possibilidade de um gesto meu agora que efetivamente esteja abrindo caminho para uma perspectiva nova.

Se eu tenho a urgência de uma resposta agora, sinto dor pelo fato de a resposta não estar presente, mas eu estou cuidando disso, então me ocupo, não me *preocupo*. O fato de que eu não dou conta não é uma condenação, é a possibilidade de efetivamente eu me cuidar, de me ocupar do meu pedido.

Qual é a possibilidade de continuar a me ocupar das exigências? Saber da potência infinita dessas perguntas e da exigência de encontrar resposta. E dar atenção à realidade em mim e à minha volta para chegar a afirmar: "isso aqui tem a ver, isso aqui não tem a ver". Eu só posso cuidar dessa elaboração se sei que a resposta não é mecânica, que envolve um drama: isso pode me tornar muito mais cuidadoso.

– *Penso que, num trabalho psicológico clínico, na perspectiva da experiência elementar, pode-se apontar para a pessoa essas exigências*

61 MAHFOUD, Miguel. O coração como núcleo pessoal: contribuições de Luigi Giussani. *In*: HOFFMANN, Anette; OLIVEIRA, Leda Menescal de; MASSIMI, Marina (org.). *Polifonias do coração*. Ribeirão Preto - SP: FUNPEC, 2014. p. 117-138.

62 Cf. Ibid., p. 120 et seq.

*e talvez ela chegue a estar completamente consciente de que isso existe. Mas que ela passe a agir de acordo com essas exigências, não cabe ao terapeuta. Você não pode garantir que ela chegue lá.*

Não podemos nem garantir, nem puxar. Este só pode ser o movimento da própria pessoa, ou produziremos alienação. A questão é que quando tocamos nesse ponto, o movimento acontece. Você não pode reconhecer a exigência de amor sem que, de algum modo, isso o mova. Se reconheço em mim a exigência de amor, eu não fico parado. Não é um constructo genérico com o qual faço uma leitura e explico, dou uma interpretação dos fatos. A questão é que quando identificamos na experiência essas exigências, nós nos movemos.

O que nós podemos fazer? Podemos ficar atentos a esse nível de exigência, a esse nível de tensão, pontuar isso, acompanhar isso. E o movimento que brota daí é próprio da pessoa. É isso que temos que ajudar a acontecer: um movimento próprio da pessoa, e não um movimento que gostaríamos que acontecesse; ou entramos de novo em processos idealizados, identificados como úteis, lançados para o futuro. Não se trata disso. Trata-se de reconhecer, naquela dor que a pessoa está vivendo, as exigências que estão presentes. No momento em que eu lido com a exigência que está na dor, não estou tomando mais a dor por ela mesma. Tomar a dor por ela mesma faz a pessoa girar em círculos até que a energia mude.

Há técnicas que lidam com a energia: dar vazão à energia da dor para reequilibrar o processo. Mas nós não estamos falando em reequilibrar um processo mecânico. Estamos falando da pessoa se reposicionar diante da própria vivência. Nada que eu faça pode garanti-lo. Há só a possibilidade de nos aproximarmos desse nível de exigência no momento presente. A questão é que quando esse nível é tocado, alguma coisa se move. Para não se mover, tem de ser barrado.

Nosso grande recurso é que isso não é um constructo teórico, mas um dinamismo. Não precisamos falar a expressão “experiência elementar” para o cliente, não devemos dar uma aula para ele sobre dinamismo humano. Precisamos é ficar com ele na sua tensão própria, naquela vivência que ele está trazendo, seja de raiva, de tristeza, de alegria, seja de uma grande expectativa de futuro, uma questão do passado a que ele está preso, qualquer que seja a questão. Se identificarmos a exigência que está ali, ordenando a experiência dele, esse dinamismo se desprende, esse dinamismo começa a se ativar. Por isso não é questão de solicitar, de dar uma porta de saída para o outro. Seria uma porta de saída, mas seria alienada. A questão é ajudar o sujeito a se posicionar diante da sua própria experiência, de modo que o movimento dele, pequeno ou grande, seja um movimento não alienado, portanto, grande.

– Às vezes o terapeuta fica na afirmação de si e o cliente fica no sentimentalismo, na estética do choro. É *superficial, ou seja, não entra nem na exigência do terapeuta nem na exigência do cliente. Isso acontece demais.*

Vejam como isso é importante: podemos passar uma sessão intensa do ponto de vista da adrenalina, intensa do ponto de vista dos sentimentos e ainda sermos alienados. Quando não é alienado? Quando toca a exigência. A exigência coincide com o meu eu.

Vocês reconhecem isso em vocês? Então já começamos...

## CAPÍTULO V

# O DESUMANO DESUMANIZA: CONSEQUÊNCIAS DAS REDUÇÕES E ESVAZIAMENTOS DE QUESTÕES FUNDAMENTAIS

Já consideramos de várias maneiras as atitudes que desqualificam e interrompem o processo das perguntas fundamentais, das exigências constitutivas. Verifiquemos agora como Giussani[1] nos indica consequências daquelas atitudes que seriam não razoáveis por interromperem o processo de abertura característico de nossa pessoa, o processo de abertura próprio da exigência de sentido, próprio de cada uma das exigências que vivemos e de cada uma das demandas de sentido tão radicais que temos. Essas atitudes não razoáveis interrompem um horizonte de totalidade, interrompem uma dinâmica de busca, de pergunta. Identifiquemos algumas consequências bem específicas, que são: a ruptura com o passado, a incomunicabilidade e a solidão, a perda da liberdade.

1 GIUSSANI, Luigi. Consequências das atitudes não razoáveis diante da interrogação última. *In*: GIUSSANI, Luigi. *O senso religioso*. Tradução de Paulo Afonso E. de Oliveira. Jundiaí - SP: Paco, 2017. p. 125-144.

## 1. A perda da memória, guardiã da experiência em horizonte aberto

O tema memória[2] é um bom início para a argumentação sobre as consequências das atitudes de esvaziamento e redução das questões fundamentais, porque nos ajuda a entender essas várias questões da argumentação de Giussani sobre o assunto. A ruptura com o passado e a incomunicabilidade impedem que transmitamos algo significativo e o resultado é que acabamos perdendo o "gosto de viver".[3] Dessa forma, inviabilizam também o futuro. Mas o termo memória, muito caro a Giussani, alinhava os demais temas acima identificados. A característica da memória[4] não é, sobretudo, conservar um conteúdo ou manter algumas imagens. A memória é uma lembrança vivida com vitalidade. A vitalidade da lembrança é dada pela elaboração da experiência do sujeito no presente. Logo, a memória não significa saber que uma coisa aconteceu lá atrás, mas se dar conta de que nosso presente inclui algo que vem de lá, reconhecer um horizonte no qual o nosso presente é constituído.

Além disso, Giussani afirma algo ainda mais radical: "a experiência é tutelada pela memória".[5] Tutelada, protegida, para que ela possa crescer, possa ter seu desenvolvimento. A memória depende da elaboração da pessoa, mas a elaboração da experiência se dá porque temos memória! A memória é que nos faz cuidar da experiência. Se não protejo algo que está em mim, esse algo não mais permanece comigo, se perde, minha experiência se enfraquece.

Já assinalamos a diferença entre vivência e experiência:[6] vivência é algo que acontece em nós, mas para que permaneça mes-

2 Cf. Ibid., p. 131.

3 TEILHARD DE CHARDIN, Pierre. *O fenômeno humano*. 14. ed. Tradução de José Luiz Archanjo. São Paulo: Cultrix. 1995, p. 251. (Cf. também GIUSSANI, Luigi. *O senso religioso*. op. cit., p. 133).

4 HALBWACHS, Maurice. *A memória coletiva*. Tradução de Laís Teles Benoir. São Paulo: Centauro, 2004. 189 p. SCHMIDT, Maria Luísa Sandoval; MAHFOUD, Miguel. Halbwachs: memória coletiva e experiência. *Psicologia USP*, São Paulo, v. 4, n. 1-2, p. 285-298, 1993.

5 GIUSSANI, 2017, op. cit., p. 131.

6 Cf. capítulo 1 do presente volume.

mo conosco, temos que elaborar, chegando a dar um juízo sobre o vivido.[7] Isto é, na medida em que podemos elaborar nossa vivência, ela pode permanecer conosco. Giussani[8] ressalta que a capacidade de juízo envolve a memória. Sem protegermos algo que vivemos, nos perdemos. Não perdemos só um conteúdo, mas nossa própria experiência. De fato, Giussani chega a explicitar que "a experiência deve ser verdadeiramente isto, ou seja, julgada pela inteligência".[9] Então, o trabalho da memória envolve justamente um juízo pela inteligência que seleciona alguns elementos, como se disséssemos "esses aqui eu quero que permaneçam comigo, não quero perdê-los". E é justamente esse juízo que lhe permite tomar nas mãos sua experiência e, assim, ela pode permanecer com você.

Giussani diz que o juízo mais importante é o que compara o que aconteceu com a nossa experiência elementar, "porque a experiência elementar é a inteligência em ato na sua essência".[10] Poderia comparar o que aconteceu com certa imagem que eu quero ter de mim mesmo, mas não é essa a consistência da elaboração da experiência. Essa consistência está na comparação com o que mais nos interessa. Algo que aconteceu em mim, algo que aconteceu comigo, contém uma provocação, faz brotar um desejo, uma expectativa, um ímpeto de justiça, ou de amor, ou de outro tipo. O juízo é certamente o que possibilita conservá-la.

As experiências mais significativas que temos sempre vêm associadas com memórias e expectativas. Vivemos um momento significativo e ele não fica isolado, mas o associamos a outros elementos, de tal modo que as experiências que já temos solicitam uma abertura. Se não trouxéssemos algo do passado para viver o presente, viveríamos na pura reatividade.

Notem quantas vezes numa relação de casal um reconta para o outro os acontecimentos ligados ao momento em que se conheceram: como se conheceram, que tipo de expectativa surgiu, que tipo de mudança aconteceu... Já sabem e continuam a contar. Por quê?

– *Parece que vai reafirmando o sentido.*

7 Cf. GIUSSANI, 2017, op. cit., p. 21 et seq.
8 Cf. Ibid., p. 131.
9 Ibid., p. 131.
10 Cf. Ibid., p. 131.

Certo. Porque você reafirma no presente alguma coisa que aconteceu no passado e constrói o seu relacionamento agora. Se você não fizesse algo dessa ordem, ficaria na reatividade, dispersaria a experiência e a relação, mesmo sendo experiência boa, satisfatória, gratificante. Você precisa retomar algo da sua história com um juízo significativo para que aquela vivência do presente se torne uma experiência. Então, a memória é o que protege e viabiliza a experiência.

Outro aspecto da memória é que ela não está só em função do passado, mas está em função da experiência e, assim, tem uma dimensão de abertura para o futuro também. Quando você dá um juízo significativo, um juízo de valor sobre uma experiência, você a imagina se estendendo para o futuro. Então, o casal que repete muitas vezes como foi que se conheceram, o tipo de provocação que aconteceu, não está em função do passado. Está solidificando o porquê estão lançando alguma coisa para o futuro. É nesse ponto que vem a consequência grave que Giussani[11] aponta: a ruptura com o passado faz com que não tenhamos mais gosto pela vida.[12] A ruptura com o passado resulta em não termos mais perspectiva para o futuro. E se não temos gosto pela vida, interrompemos o futuro numa "muralha" de problemas.

Dessa forma, a possibilidade de abrir perspectivas para o futuro está nessa elaboração sobre o passado. Simone Weil[13] falando sobre o enraizamento, ressalta que: "um ser humano tem raiz por sua participação real, ativa e natural na existência de uma coletividade que conserva vivos certos tesouros do passado e certo pressentimento de futuro". É justamente o enraizamento que possibilita a apreciação da história em que nós estamos, e isso nos abre a pressentimentos do futuro. Não se trata de imaginação do futuro, mas um pressentimento do futuro dado pela experiência enraizada atual.

Sendo já grave a perda do gosto de viver, a isso se soma a interrupção do futuro, por isso, da esperança. E Giussani[14] define

11 Cf. Ibid., p. 133.

12 TEILHARD DE CHARDIN, 1995, op. cit., p. 251.

13 WEIL, Simone. O *enraizamento*. Tradução de Maria Leonor Loureiro. Bauru - SP: Edusc, 2001, p. 43.

14 GIUSSANI, Luigi. *É possível viver assim?*: uma abordagem diferente da existência cristã. 2. ed. Tradução de Neófita Oliveira e Francesco Tremolada. Rio de Janeiro: Nova Fronteira, 2008. 376 p.

esperança justamente como capacidade de lançar para o futuro algumas certezas a respeito do presente. Ora, se não temos certeza sobre o presente, se o nosso presente é pulverizado, não temos energia vital nem energia intelectual para projetarmos para frente alguns elementos vitais do presente.

A ruptura com as exigências também acaba levando a uma ruptura de interesse pelas várias perspectivas e pelo diálogo. Não podemos deixar de ser sujeitos do nosso tempo mas, numa atitude de fechamento, podemos evitar certas questões que recebemos ou recusar a presença de algo solicitador que venha do passado, gerando esvaziamento.

## 2. A perda do significado e a ruptura com o passado

Na ruptura com o passado, "a perda do significado tende a anular a personalidade".[15] A personalidade do homem adquire densidade e consistência, exatamente como exigência, intuição, percepção e afirmação do significado. A característica da nossa personalidade é a exigência que vive dentro das tendências. A força pessoal da sua personalidade é a sua pessoalidade. Personalidade é o seu atuar pessoal, com características que podem até ser classificadas mas, sobretudo, tem uma tensão, uma exigência, uma percepção, uma afirmação de significado que são próprios de sua pessoa.

A perda do significado de um gesto, ou de um período de tempo, ou do significado da minha presença no mundo, ou da presença de alguém..., são empobrecimentos radicalmente importantes. Trata-se de empobrecimentos da tensão que me é própria, que me caracteriza. Então, desqualificar o significado do passado vem junto com desqualificar a busca de significado que vivo hoje.

Sem a busca, sem o significado – Giussani[16] faz notar – ficamos no âmbito da reação e lidamos com as coisas, mas sem a percepção de como elas se ligam umas às outras. É como se tentássemos arrumar a sala sem acender a luz. Assim, lidamos com as coisas, tentamos ajeitá-las, mas não as possuímos, por-

15 GIUSSANI, 2017, op. cit., p. 125.
16 Cf. Ibid., p. 126.

que não possuímos o nexo que uma coisa tem com as outras e com o todo.

"A perda do significado leva, portanto, a uma depressão da personalidade, e esta ofusca o senso do passado".[17] Porque, se não buscamos mais, o passado não tem sentido. E ao se referir a uma criança com uma máquina fotográfica na mão, Giussani[18] evidencia como podemos lidar com os objetos de modo reativo. Sem um horizonte do passado que nos auxilie a lidar com o objeto, não chega a utilizar a máquina fotográfica nem a ter recursos para usá-la. Não se defende aqui que haveria somente um uso para aquele objeto. Acentua-se que sem um auxílio sobre a função do objeto ficaríamos no âmbito das reações, sem recursos para chegar a usá-lo de modo criativo.

O filósofo Aníbal Fornari[19] questiona: você não pode deixar seu filho sem língua alguma para que tenha a liberdade de escolher uma. Você impediria o processo dele. Ele precisa receber uma para poder chegar ao ponto de tomá-la criativamente, ou para poder aprender outras dez, para fazer poemas criando novos sentidos para palavras. É preciso receber uma tradição para, lidando com ela, chegar a dar respostas pessoais e criativas.[20]

Giussani[21] refere-se a um texto de um escritor de Samizdat (literatura clandestina soviética, anônima) apontando que as ideologias revolucionárias, instaurando uma ruptura com o que estava estabelecido antes, têm muita força para destruição, mas não para construção.[22]

**17** Ibid., p. 126.

**18** Cf. Ibid., p. 126.

**19** FORNARI, Anibal. *Memória, história e identidade em Paul Ricoeur*. Belo Horizonte: Faculdade de Filosofia e Ciências Humanas da UFMG, 1999. 227 f. Apostila.

**20** Uma interessante tematização da tradição nesses termos encontra-se em LEITE, Roberta Vasconcelos. *Viver a tradição e encontrar a alteridade cultural*: investigação fenomenológica na comunidade rural de Morro Vermelho. Belo Horizonte. 2011. 140 f. Dissertação (Mestrado em Psicologia) - Universidade Federal de Minas Gerais, Belo Horizonte, 2011.

**21** Cf. GIUSSANI, 2017, op. cit., p. 129-130.

**22** "Sabemos muito bem que a falsidade de todas as revoluções reside no fato de que elas são fortes e concretas ao condenar e ao destruir, mas são absolutamente fracas e abstratas ao construir e ao criar". ANÔNIMO A. B. La via per cambiare. *In*: SAMIZDAT: cronaca di una vita nuova nell' URSS. Milano: Russia Cristiana, 1975, p. 156.

## 3. Incomunicabilidade como perda da provocação da realidade

É interessante que a alternativa da não vinculação com o passado não é a liberdade, mas a fragmentação e o enfraquecimento da personalidade. Por que resulta em incomunicabilidade?

*– Atendi uma jovem que relatava que o que mais a irritava era a superficialidade das pessoas: "prefiro mil vezes conversar com os meus amigos lá do interior, que não têm curso superior nem nada, porque eles querem falar de coisas verdadeiras, querem saber como estou, querem saber da minha vida, de coisas que são importantes. Quando saio com meus amigos da faculdade, eles só querem falar de teorias, que na verdade para eles não fazem sentido algum. É só para falar, para falar mais alguma coisa".*

Se o que recebemos – inclusive as teorias – não são provocações para nossa pessoa, não temos mais o que dizer. Então, fala-se: "você viu a última notícia?" e se repete. Ou: "você viu a aula com a última teoria?" e se repete. Assim, não se tem nada a comunicar.

Ao invés, a vinculação com a tradição pode ser estruturante de uma cultura, a ponto de podermos identificá-la como cultura tradicional. Por exemplo, numa comunidade caiçara do litoral sul de São Paulo, presenciei como a contínua observação de uma pedra era ocasião de elaboração e retomada da tradição.[23] A pedra tinha um formato redondo, parecia esculpida. Eles se perguntavam: "o que será que é essa pedra?".

> A explicação tradicional é a de que ela serviria para amarrar e segurar escravos. Mas as perguntas sobre o que seria aquilo não cessam: seria pedra de algum tipo de moinho? Teria sido esculpida ali mesmo? Nunca teria sido utilizada? Como e quem a teria levado até ali? Poderia ter sido algo da Nuclebrás, de apenas alguns anos atrás?[24]

Cada detalhe da realidade é tomado dentro daquela interro-

23 MAHFOUD, Miguel. *Folia de Reis*: *festa raiz*: Psicologia e experiência religiosa na Estação Ecológica Juréia-ltatins. São Paulo: Companhia Ilimitada; Campinas: Centro de Memória da Unicamp, 2003. 163 p.

24 Ibid., p. 32.

gação. Eles não fecham a questão, têm a dizer sobre muitas hipóteses: a hipótese da tradição, a hipótese de um momento mais recente. E também tem a hipótese que uma pessoa formulou ali, observando as coisas. Mas nenhuma delas fechou a questão. Todas essas hipóteses são materiais para um trabalho de reflexão do sujeito e para um diálogo intenso, e o povo fica matutando... É muito interessante como dinâmica, porque não eliminam nada. A pessoa não deixa de se perguntar, mesmo interessada na resposta da tradição, ela não fecha a questão, leva em consideração o que o outro tem a dizer e formulam novas hipóteses.

## 4. Solidão como ausência de significado

O enfraquecimento da nossa personalidade resulta na solidão. "A solidão, na realidade, não é estar sozinho, mas é a ausência de um significado".[25] Quando estamos na perda de significado, tudo é pesado, tudo machuca, qualquer sinal de dificuldade nos fere. E precisamos nos defender dos acontecimentos. Então, se eu não aprendo a elaborar o significado, se a memória não me ajuda a elaborar e a conservar a minha experiência, vivo como que na retaguarda; mas o resultado não é que eu me protejo, mas que enfraqueço e me isolo. Isolado, não recebo mais a provocação a responder, eu não tenho mais o espaço interpessoal da minha pessoalidade, não tenho mais como colocar algo de pessoal no mundo, não tenho mais como exercitar o meu ser, não tenho como apreender o sentido de minha pessoa na existência.

Paradoxalmente, uma única pessoa pode se posicionar contra uma multidão, se tem consistência. Teve grande repercussão na história mundial a cena do rapaz chinês que, em 1987, entrou sozinho na frente de uma fileira de tanques de guerra, desafiando o poder.[26] O empobrecimento da personalidade na solidão não tem a ver com estar sozinho. Podemos experimentar a solidão ao lado de muitas pessoas ou ao lado de uma pessoa num momento de intimidade.

25 GIUSSANI, 2017, op. cit., p. 132.

26 O MASSACRE de Tiananmen: a memória chinesa proibida. Direção de Nicolas Wiart. Lisboa: RTP2, 2009. 1 DVD (51 min.). Widescrecn, son., color., legendado.

*– E é essa que dói mais.*

É essa que corrói por dentro, para valer. Ou seja, a solidão a qual Giussani[27] se refere é a perda de significado. Se não sou realmente significativo para aquele outro, aquele momento que seria de maior afirmação do outro, torna-se momento de solidão. Se não existe a surpresa pela presença de um pelo outro, se não existe uma abertura de surpresa pela presença do outro para mim, aquele momento que seria de maior intimidade acontece como momento de solidão, e nos rasga.

"A incomunicabilidade como dificuldade de diálogo e comunicação [...] faz com que a solidão [...] se torne mais trágica".[28] A solidão já está lá quando não sabemos bem o que é ser um para o outro, quando já não temos mais o que dizer, quando o que você tem a dizer já não interessa. A solidão já se instaura. A incomunicabilidade aumenta o senso trágico da solidão. Por que é trágico? Porque devora nosso eu. E nesse sentido, Giussani[29] traz a frase do Teilhard de Chardin[30] citada anteriormente:

> O perigo maior que a humanidade pode temer hoje não é uma catástrofe que venha de fora, uma catástrofe estelar; não é nem a fome nem a peste; é, ao invés, a doença espiritual, a mais terrível porque é o mais diretamente humano dos flagelos, que é a perda do **gosto de viver**.

A perda do significado resulta na perda do gosto, perda da capacidade de dar conta dos desafios que a vida comporta. Se você perde o gosto de viver, a intimidade não pode existir mais, e o relacionamento se torna performance. Se você perde o gosto de viver, sair para balada vira um problema. Se você perde o gosto de viver, o futuro não interessa. Se você perde o gosto de viver, o passado é um peso.

Peter Berger e Thomas Luckmann, autores da famosa obra *A construção social da realidade*,[31] escreveram *Modernidade, pluralis-*

27 GIUSSANI, 2017, op. cit., p. 132.

28 Ibid., p. 132.

29 Cf. Ibid., p. 133.

30 TEILHARD DE CHARDIN, 1995, op. cit., p. 251.

31 BERGER, Peter Ludwig; LUCKMANN, Thomas. *A construção social da realidade*: tratado de sociologia do conhecimento. 32. ed. Tradução de Floriano de Souza Fernandes. Petrópolis - RJ: Vozes, 2010. 239 p.

*mo e crise de sentido*,[32] em que eles apontam que estão faltando, para a Psicologia social e para a Sociologia, instrumentos conceituais que permitam entender a força de pessoas únicas dentro de sua sociedade e a força de órgãos intermediários. Sabemos falar de grandes processos sociais que manipulam, que modulam, que formam e deformam pessoas. Mas não sabemos considerar uma evidência: certas pessoas e certos grupos pequenos têm uma grande força e capacidade de interferir no conjunto.

## 5. Perda da liberdade

Reconhecemos, por experiência, a liberdade como a possibilidade de realizarmos nosso próprio percurso. Note que não se trata de não sermos determinados ou de não termos vínculos. A chance de sermos livres está em elaborarmos o mundo que temos para fazer um percurso realmente próprio, de forma tal a chegar a uma grande resposta às exigências. Dessa forma, é com a realidade, as determinações e os vínculos que podemos chegar a fazer tal elaboração. Insistindo na ausência de vínculos ou de determinações, acabamos reafirmando que liberdade não existe.

Sartre coloca: a questão fundamental não é tanto o que fizeram de mim, mas o que eu faço daquilo que fizeram de mim.[33] Isto é, o problema da liberdade não é que ninguém mexa comigo. A questão é que tipo de posicionamento, que tipo de resposta eu dou às determinações que encontro. Aqui está a possibilidade da liberdade.

Mas Giussani[34] afirma que não é qualquer tipo de resposta que efetiva a experiência de liberdade. Se a resposta não vai em direção a algo que me satisfaça radicalmente, não posso fazer uma experiência de liberdade. Para afirmar certa posição, posso ser

32 BERGER, Peter Ludwig; LUCKMANN, Thomas. *Modernidade, pluralismo e crise de sentido*: a orientação do homem no mundo moderno. 2. ed. Tradução de Edgar Orth. Petrópolis - RJ: Vozes, 2004. 94 p.

33 "Assim, começamos a entrever o paradoxo da liberdade: não há liberdade a não ser em situação, e não há situação a não ser pela liberdade. A realidade humana encontra por toda parte resistências e obstáculos que ela não criou; mas essas resistências e obstáculos só têm sentido na e pela livre escolha que a realidade humana é". (SARTRE, Jean-Paul. *O ser e o nada*. 13. ed. rev. Tradução de Paulo Perdigão. Petrópolis - RJ: Vozes, 2005, p. 602.).

34 GIUSSANI, 2017, op. cit., p. 135 et seq.

teimoso e "bater o pé", assim exerço minha condição de sujeito, mas ainda não é liberdade. Se minha resposta não contemplar um encontro com uma resposta radicalmente satisfatória, ainda não farei a experiência da liberdade.

Tendo isso em vista, entendemos porque, na perda da liberdade, perdem-se os grandes horizontes. Reduzindo os horizontes da experiência, a exigência de respostas radicais fica ofuscada e desaparece a experiência de liberdade.[35] Se a questão é como consigo me distrair ao longo da semana, e no fim de semana, se a questão é entretenimento, o problema da liberdade desaparece. Se as questões pessoais estão definidas pelo poder, some o problema da liberdade.

O ponto fundamental da liberdade é aderir ao que você identifica como resposta correspondente às suas exigências fundamentais, de modo que nada o impeça de ir em direção ao que lhe corresponde – ou mais precisamente –, em direção ao que mais lhe corresponde. Eu mesmo poderia me impedir de ir em direção ao que me corresponde, eu mesmo poderia não levar a sério ou não dar atenção às provocações, aos sinais que a minha experiência indica: a experiência de liberdade "escorreria por entre os dedos". Porém, se há intuição de uma correspondência que não quero perder, tenho condições de fazer uma experiência de liberdade ao responder à realidade a partir dela. Que nada me impeça de ir em direção àquilo que mais me corresponde: liberdade.

Desse modo, a liberdade, como experiência, formula-se mais pela sua resposta do que pelas condições em que você vive (e pode incluir os limites). Você poderia estar preso e fazer uma experiência de liberdade.

Certa vez, fui a uma exposição[36] sobre uma experiência de trabalho na prisão. Começava com o portão carcerário. Depois, entrávamos num espaço que reconstruía um pátio de presídio, e encontrávamos painéis com grandes obras de arte sobre a experiência de

35 GIUSSANI, Luigi. *L'autocoscienza del cosmo*. Milano: BUR, 2000. 416 p. (Coleção Quasi TISCHREDEN, 4).

36 BERGAMINI, Paola; BOSCOLETTO, Nicola; SAVORANA, Alberto; VITTADINI, Giorgio (org.). *Libertà va cercando, ch'è sì cara*: vigilando redimere. Castel Bolognese (Itália): Itaca, 2008. 72 p.

pessoas presas: fotografias, pinturas de Van Gogh, textos de Dostoievski. Tínhamos a vivência de estar num lugar pequeno, mas, ao mesmo tempo, havia uma perspectiva. Continuando, em outro ambiente, havia painéis relatando a experiência de sofrimento e de liberdade dos presos. No espaço seguinte, eram exibidos vídeos de presidiários falando da experiência de trabalhar numa padaria, em cooperativa dentro do presídio, e do que significa o relacionamento com algumas pessoas. Um deles dizia que essas pessoas o solicitam mais do que a marca do mal que carrega consigo o faz. Solicitam a apostar na vida de um modo que ele mesmo considerava impossível, dado seu percurso de vida. Ele falava da experiência de trabalho: não do trabalho em si, mas da experiência de alguém que entrava em relação com ele esperando dele algo não definido pelo seu erro; e falava como, a partir disso, pôde recomeçar. O rapaz estava na prisão e fazia experiência de liberdade.

Era muito impressionante, porque uma coisa é apreciar a literatura, admirar os painéis, interessar-se pela experiência do rapaz no vídeo; outra coisa é, ao entrarmos mais, nos depararmos com os presidiários fazendo doces. E diziam: "aceita um?". E vi, naquele instante, desmoronarem as barreiras construídas para nos afastarmos daquelas pessoas: barreiras baseadas no problema do mal, do delito, do castigo. Tudo isso desmorona diante de um rapaz que sinceramente lhe oferece algo que ele mesmo fez: "Você aceita? Você quer?". E comi o pedaço de panetone mais gostoso da minha vida! Porque ali eu decidia se entrava em relação com ele ou reafirmava um muro. O modo como ele oferecia me solicitou uma resposta e, para aderir à evidência de uma experiência grande e livre, precisei deixar o preconceito. E eu também fiz uma experiência de liberdade. Muito concretamente precisei passar por cima do preconceito, do medo, do limite (meu e dele), por uma evidência de um relacionamento real. Pensem como um rapaz no presídio consegue mexer conosco justamente em termos de experiência de liberdade. E é curioso que, embora essa mostra durasse uma semana, um deles falou que queria muito voltar ao presídio para contar lá as experiências que viveu, as reações que presenciou: experiências de encontro, de relação, de surpresa. Que esperança se abria para eles! Dá para entender a extensão da experiência de liberdade de que estamos tratando?

Notem que esse tipo de atitude profunda, mesmo de quem está vivendo grandes privações, pode realizar uma experiência de liberdade que gera grandes provocações. Estando aqui "fora", podemos não nos dar conta da exigência de liberdade que temos. Mas se não cuidarmos dela, se não respondermos, nos deixaremos pisar, ficaremos nas fórmulas, nos chavões, insistiremos em detalhes dos quais gostamos. Ao invés, a adesão a algo que nos corresponde pode ser uma experiência de liberdade mesmo dentro de condições limitadas, podendo dar uma contribuição para a história.

Então, a questão da liberdade que para nós, em geral, ressoa como uma questão individualista (fazer o que eu quero e ninguém tem nada a ver com isso), na verdade, é o ponto onde mais podemos contribuir com uma construção para todos.

## CAPÍTULO VI

# LIBERDADE: RETOMAR CONTINUAMENTE, A GRANDE OPORTUNIDADE

Vimos como podemos lidar mal com nossos grandes recursos pessoais e identificamos algumas consequências de atitudes não razoáveis diante de questões radicais da experiência propriamente humana, ao esvaziá-las ou reduzi-las. Examinemos, agora, como um forte contraponto, o tema **liberdade**.[1]

Os grandes limites identificados nas tentativas de lidar com os recursos propriamente humanos não têm a última palavra: temos sempre a possibilidade de retomada da nossa experiência em seu sentido mais original, respondendo ao reemergir das exigências fundamentais em nós. Tal retomada é um gesto, uma atitude que nos fortalece como sujeitos; não podendo acontecer em nenhum processo automático: é um movimento de nossa pessoa.

Giussani[2] ressalta que sem liberdade não há expressão do humano. E ressalta também a necessidade de uma educação da liberdade, educação da pessoa para a liberdade: assim como precisamos nos formar como pessoas, precisamos também nos

1 GIUSSANI, Luigi. Educação da liberdade. *In*: GIUSSANI, Luigi. *O senso religioso*. Tradução de Paulo Afonso E. de Oliveira. Jundiaí - SP: Paco, 2017, p. 191-200.
2 Ibid.

educar à liberdade, necessitamos de solicitações a tomar posição livremente diante dos acontecimentos, das possibilidades e dos limites.[3] Tal problematização traz consequências importantes para a concepção de educação mesma. Mas traz em seu bojo também uma provocação ao reconhecimento de que todos nós, independentemente da idade, sempre necessitamos ser formados, educados, e, portanto, temos necessidade de nos deixar educar. É evidente que também essa expressão de liberdade corresponde aos nossos anseios profundos associados à efetivação de nossa realização. Tal importância também ressalta igualmente a necessidade de aprendermos a ser autenticamente críticos.

Retomar continuamente a fonte de vida que carregamos em nós, que reconhecemos aflorando enquanto nos relacionamos com o real é uma grande responsabilidade frente à própria vida, assim como frente à vida das pessoas com as quais trabalhamos tendo alguma função formativa. Formar para a liberdade é o grande tema que agora enfrentamos.

## 1. Liberdade e habilidade de responder

Ao tema liberdade, Giussani[4] associa o da responsabilidade. Em seu sentido forte, original, responsabilidade é "habilidade de responder". Nossa capacidade de responder já inclui nossa liberdade, no sentido de ir em direção a algo que nos solicita, que nos provoca, e que identificamos ter a ver conosco.[5] Liberdade é

3 Cf. Uma contribuição ao debate sobre a necessidade de sermos educados para sermos livres em: MAIA, Lícia Caetano; MAHFOUD, Miguel. Experiência elementar em Psicologia: da consciência de si à construção do contexto educacional. *In*: SANTIAGO, Ana Lydia; CAMPOS, Regina Helena de Freitas (org.). *Educação de crianças e jovens na contemporaneidade*: pesquisas sobre sintomas na escola e subjetividade. Belo Horizonte: PUC Minas, 2011. p. 349-361.; MAHFOUD, Miguel. Acompanhamento de jovens na verificação pessoal de uma hipótese educativa. *In*: OLIVEIRA, Neófita; CAPITANIO, Giorgio (org.). *Vida e trabalho*: o risco de educar. Belo Horizonte: AVSI, 2008, p. 133-152.

4 GIUSSANI, 2017, op. cit, p. 191.

5 Para examinar relação entre responsabilidade, liberdade e experiência, cf. MAHFOUD, Miguel. La dimensione della responsabilità nella motivazione dell'operatore e nella libertà del soggetto. *In*: CERATI, Giorgio; MONZANI, Emiliano; TERRIZZI, Fiorella (org.). *Il fattore Umano*: l'inconrto tra paziente e operatore, la speranza, i modelli psicosociali di cura, 2010, p. 73-85.

afirmar aquilo que eu reconheço como fundamental para mim, de modo que nada me impeça de ir em direção àquilo que mais me corresponde.

Por isso, a educação para a liberdade precisa incluir a educação para que eu e o outro respondamos. Uma coisa é passar o conteúdo, outra é apresentar uma experiência e esperar a resposta. Nesta se dá o exercício de formação da pessoa e o exercício da liberdade.

Um processo de educação para a atitude de pergunta deve incluir a educação a responder provocações do real. Em geral, polarizamos nossa relação com o mundo: ou nos dedicamos ao real como se ele estivesse desvinculado de nós, tornando-o alienante, ou nos impomos sobre o real no sentido subjetivista (o que importa é só o sujeito). Giussani[6] não adota um realismo ingênuo desse tipo; ele fala em realismo considerando contemporaneamente os dois polos: leva em conta o que o real provoca em nós, o que o outro provoca em nós, o que um acontecimento neste momento da minha vida está me provocando, juntam ente com minhas respostas a tais provocações.

Pensem na quantidade de projetos sociais em que técnicos reclamam que a comunidade não responde... Vários projetos sociais se organizam para que as pessoas mudem, sem considerar o que está acontecendo no contexto, a que provocações aquelas pessoas precisam responder. A questão é que resposta elas precisam dar à própria vida e que colaboração podemos dar a esse processo que é delas.

E o mesmo vale para a clínica psicológica: podemos levar a pessoa a problematizar sua experiência e não ajudá-la a identificar quais respostas ela precisa dar à própria vida. Não se trata de fazer provocações de certo conteúdo, mas de ajudar a pessoa a observar a provocação ali contida e ajudá-la a responder. Não há formação da pessoa sem essa atitude de ir em direção ao que é reconhecido como realização e isso ninguém pode fazer pelo outro.

6 Cf. GIUSSANI, 2017, op. cit., p. 20 et seq.

## 2. Educação à atenção *versus* politicamente correto

Para o estabelecimento da experiência de liberdade, Giussani[7] acentua a necessidade de uma educação para a atenção. Atenção no sentido de estar diante do outro e colher o que está emergindo, identificar algo de precioso que está ali e possibilitar que ele responda. A educação à atenção é o que possibilita enfrentar constantemente uma dinâmica de preconceito (que continuamente se reestabelece). Não precisamos nos escandalizar: alguns elementos de preconceito se estabelecem, mas podemos ter uma dinâmica de atenção real ao fenômeno com liberdade, de modo que podemos ser capazes de rever continuamente o que estabelecemos como imagens estruturadas. Não enfrentamos uma ideologia com outra ideologia, não enfrentamos um preconceito com outro preconceito: enfrentamos a ideologia e o preconceito com a atenção e com a liberdade de adesão ao que reconhecemos como verdadeiro e correspondente.

Por isso é tão danosa a apologia ao "politicamente correto": define juízo de valor já de partida, e você, envergonhado de sua experiência, é coagido a afirmar o que foi determinado como correto por outros. Os problemas políticos e culturais gerados são graves, mas examinemos agora aqueles ligados à dinâmica pessoal. Educar, do ponto de vista do "politicamente correto", contrapõe-se a educar à atenção, pois naquele caso o ponto não é prestar atenção à experiência, mas modular a própria experiência a partir de algo que já está estabelecido. Você não colhe a provocação da relação, mas afirma o que "deve" ser afirmado.[8]

E não se trata de um ou outro conteúdo: estamos considerando a dinâmica característica. Há conteúdos justíssimos que precisam ser enfrentados, mas educar em termos de grandes linhas nas quais as pessoas devem se encaixar inviabiliza que cada um preste atenção na provocação que se apresenta em cada relacionamento, inviabilizando respostas pessoais. Podemos entrar em temas muito importantes, organizá-los em termos mais

7 Cf. Ibid., p. 191-192.

8 Uma interessante crítica ao "politicamente correto" como cerceamento que desfavorece elaboração da experiência encontra-se em SEMPRINI, Andrea. *Multiculturalismo*. Tradução de Laureano Pelegrin. Bauru - SP: Edusc, 1999. 178 p.

ou menos externos, do que pode ou não ser dito, e não modificarmos a relação. Pelo "politicamente correto" esses problemas são tomados do ponto de vista formal e não se chega à raiz da questão, que é justamente qual o lugar da alteridade para mim. Precisamos ajudar o sujeito a observar sua experiência a ponto de identificar que ele não pode dispensar a alteridade para a constituição do seu eu, pois o outro faz parte de seu próprio percurso.

### 3. Consequências da distração para com a experiência

Sem uma dinâmica de atenção, apenas defendemos interesses. Mas o simples embate de forças não é capaz de promover a liberdade. Se a questão é a atenção à solicitação da experiência, ficamos próximos, e me interessa o passo que você vai dar. Trata-se de outra dinâmica. A diversidade das experiências vai ser enriquecimento, vai trazer provocações diferentes para nós.

Outra consequência: se não educarmos para a atenção, mas para certos conteúdos "politicamente corretos", incentivamos o apego à própria posição, o apego a posições já existentes. Se eu formo para um posicionamento específico, rapidamente ele está obsoleto. Se ajudarmos o outro a julgar tudo que encontra a partir de suas exigências constitutivas, ele vai dar continuidade em outros momentos de sua vida – numa situação muito bonita, numa situação muito dramática – e fazer uma experiência de liberdade.

Sem uma educação à atenção, a apreender elementos novos, acentuo só o que me agrada. Começo defendendo o que ressoa em mim como agradável e acabo me fechando, tornando-me insensível. Vemos isso na nossa vida quotidiana: professores falam de assuntos importantes, mas que não dizem nada para as relações reais. Esses assuntos se tornam para ele somente um aspecto do ser humano, o que gera insensibilidade a provocações ligadas ao tema. Fica levantando bandeiras. Mas não precisamos de mais bandeiras, precisamos de revisões reais.

Um aspecto que me agrada pode ser um ponto de entrada numa complexidade maior.

Outra consequência da não educação à atenção é que as posições se tornam simplistas. Afirmo meu valor e paro, não colho a complexidade, fico no recorte da compreensão que tenho. A atenção à experiência, ao invés, define uma revisão, inclui o elemento novo, colhe a contradição. A própria experiência convida a uma complexidade.

### 4. Sentimento, correspondência e adesão

Na vida quotidiana frequentemente ficamos atentos à sensação que o outro nos causa, e não propriamente à pessoa do outro. Quando a ênfase no sentimento embaça a presença do outro para mim, se esvai a provocação que a alteridade nos traz. Assim, nas mais diversas formas de acompanhar a pessoa, é fundamental pontuar como o sentimento faz parte de uma elaboração maior, mais radical, que promoverá abertura, inclusive para a alteridade, e reativará uma dinâmica pessoal na relação com o real.

– *Qual a diferença entre o encontro com alguém que desperta um sentimento e o encontro que me corresponde, corresponde às exigências fundamentais? Quando encontro alguém que, de algum modo me corresponde, se refere a algo muito fundamental, também, fico contente, brota um sentimento: como me guiar por esta correspondência e não* pelo sentimento?

Quando sua filha, ainda bebê, chorava à noite e por um ano e meio, você se levantava sempre (nunca dormia uma noite inteira): você o fazia rapidamente para responder e isto a tornou mãe. Duvido que você tenha se levantado sorrindo, mas você poderia dizer que não houve uma realização ali?

Claramente, um sentimento aflora, mas você se pautou pelo sentimento “que chato!”? Não. Ou levantou somente para evitar um sentimento de culpa? Não. Você se pautou por uma correspondência: “aqui há algo para eu responder; torno-me eu mesma respondendo”. Ainda que não tenha chegado a expressar assim, havia uma percepção disso.

A correspondência tem a ver com o centro de minha pessoa enquanto me ocupo daquele gesto ou daquela circunstância. A minha resposta de aceitação do que está diante de mim tem a ver com a identidade comigo mesmo, com a possibilidade de realização do que sou. De outro modo, eu negaria minha própria experiência, negaria uma possibilidade para mim. Ao deixar de afirmar o outro enquanto ser, eu deixaria de afirmar o meu ser.

Certamente o sentimento faz parte, mas não coincide com correspondência. Você é capaz de sacrifício por um amigo, não porque você fica contente, não porque lhe ressoa agradavelmente, mas porque naquela relação há uma verdade do seu ser e do ser do outro, e você fica mais ligado a essa verdade do ser por meio de um gesto de afirmação do outro do que ligado à ressonância afetiva. Assim, constrói efetivamente aquela relação. E, juntamente, se dá também uma ressonância afetiva, você vive um sentimento. A exigência de felicidade engloba o sentimento. Não é o sentimento que define a experiência; a experiência engloba o sentimento.

A experiência elementar aponta uma direção. Você tem cada vez mais certeza quando um conjunto de indícios vai apontando para certa direção. Então, temos mais segurança para apostar nas vivências, para "abraçar conscientemente o que encontramos"[9] por mirar uma direção apontada pela própria experiência. Não é a ressonância imediata a apontar, mas a direção fica clara na sua leitura da própria experiência, na leitura dos indícios que indicam o próximo passo, indicam onde vale mais a pena apostar.

Há uma afirmação do ser, afirmação de minha vida, que tem como consequência imediata a de afirmar o ser da pessoa com quem me relaciono, mesmo que ela estivesse me desconsiderando. Eu preciso ter uma clareza do valor da minha experiência e clareza da construtividade que brota da companhia com certas pessoas para poder aceitar o que reconheço, para poder afirmar o ser com tamanha liberdade. Se eu me pautar no sentimento, quando a pessoa me trata mal, imediatamente reajo, trato mal também e faço a lista dos motivos pelos quais seria justo que eu a afastasse. Mas a afirmação do ser é livre.

## 5. Abertura como atitude de pergunta diante do real

Giussani evidencia[10] que liberdade não pode se dar sem uma

9 GIUSSANI, 2017, op. cit., p. 192.
10 Cf. Ibid., p. 192 et seq.

atitude ativa nossa. Às vezes acreditamos que ser ativo coincide com nos ocuparmos de muitas coisas. Essa atitude ativa se constitui como pergunta, como gesto de abertura: é uma espera. Então, essa atitude não é agitação, não é ativismo: é um cuidado com a ação que nos caracteriza.

*– Como Giussani caracteriza essa espera? Porque espera, muitas vezes, pode ter um sentido de passividade, de não posicionamento.*

Alguém pode nos ver em sala de aula e falar: "Olhe lá, várias pessoas sem fazer nada". Se for retirado o elemento da sua espera, o que sobra? Quase nada. A sua espera é fundamental, ela define o que acontece em sala de aula. Você dirá: "Hoje a aula valeu" ou "Hoje a aula não valeu" se acontecer algo que corresponde à sua espera, não é um acaso.

– É um sentido.

É um sentido, mas é espera de que aconteça algo. Se converso com você, não posso entrar em relação só nos termos que eu conheço de antemão. Não seria me relacionar com você, a não ser que espere emergir algo, o acontecer da sua pessoa agora (ou afirmaria um esquema).

Ao aceitar levantar da cama, há uma espera. Quando me volto para você, há uma espera; quando você se volta para mim, há uma espera.

Entendemos bem o que seja espera quando nos referimos àquele silêncio que acontece entre eu fazer uma pergunta e receber a resposta: silêncio que é abertura, atividade. Sem a atitude de expectativa de uma correspondência, expectativa de que aconteça alguma coisa que realmente valha a pena, sem essa atitude pode acontecer o que for, não me toca. O que nos caracteriza não é o que sei, mas o que preciso que aconteça. E mais: o que eu preciso que aconteça pode ser pouco claro para mim, mas ele é totalmente definidor de mim.

Nesse sentido, a espera se expressa como perguntas, que emergem em nós: "Está valendo a pena? Sim, mas por que vou lá hoje? Por que isso está acontecendo comigo? Que sentido tem tudo isso? Para onde isso vai me levar? A que isso serve?". Essas perguntas pedem respostas consistentes. Você não aceitaria qualquer resposta. Você pode não saber exatamente a resposta, mas sabe se uma resposta dada tem a ver ou não. É o que Giussani[11] aponta: sem atitude de espera, de pergunta, pode se apresentar uma grande ocasião e eu não tomá-la para mim, perdendo uma possibilidade de liberdade.

## 6. A espera pede uma resposta

Note bem: trata-se de espera de uma resposta. Muito se fala sobre a intensidade do viver, intensidade da busca, como se nos bastasse buscar por nos dar adrenalina, densidade. Não. Essas perguntas esperam respostas, essas perguntas nos dão possibilidades de identificar aspectos de respostas adequadas às nossas exigências, nos dão sensibilidade. Ouvi uma pessoa que trabalha experimentando comidas em restaurantes dizer como é difícil fazer isso muitas vezes ao dia e ter de comer sem vontade. Que dificuldade é ter um juízo sobre uma comida que se prova sem fome! É justamente a sua fome que lhe permite dar um bom juízo sobre a comida. É justamente a nossa exigência de beleza, de justiça, de verdade, que nos permite identificar elementos de beleza, justiça, verdade. Podemos tentar nos esquivar: "Ah, mas temos exigência de que seja plenamente e nunca vai ser...". Mas essa exigência de que seja plenamente vai nos ajudar a identificar onde é que estão os elementos que realmente valem a pena e, ao identificá-los, viver uma realização.

No âmbito das exigências fundamentais, dá-se algo parecido com o que acontece numa experiência afetiva, de amor: o encontro com uma pessoa significativa inaugura muitas promessas, abre muitas expectativas. E essa experiência de abertura a uma resposta que você já identifica também é uma realização. A realização não ficará reservada apenas para depois de anos, quando se cumprirem aquelas promessas que você vislumbrou naquele início de relacionamento. Aquela experiência de abertura, concreta, ainda que limitada, aquela experiência real de amor o abre e lhe possibilita uma dada experiência de realização dentro de um caminho de realização sempre maior.

A experiência de abertura e de procura da resposta não é algo

11 Cf. Ibid., p. 193.

que possamos continuamente adiar por continuamente encontrarmos frustrações (num momento acreditamos ter encontrado a resposta e daqui a pouco precisamos de mais). Isso não é um processo de contínua frustração, por que nessa dinâmica, quanto mais eu tenho viva a minha pergunta, mais posso ter encontro com respostas significativas fazendo experiências de realização. E é realmente experiência de realização porque é encontro com a resposta (não é simples enaltecimento de meu próprio sentimento ou desejo).

Certas correntes em Psicologia problematizam a questão da resposta, estabelecendo a priori que resposta é ilusão e que ser sujeito é admiti-lo. Já Giussani[12] aponta que desqualificar o encontro, desqualificar a solicitação que a realidade nos faz tira de nós a possibilidade dessa abertura e, portanto, tira de nós a possibilidade da realização. Se a expectativa da resposta é depreciada de partida, define-se como ilusão qualquer tipo de resposta. Uma hipótese negativa não permite encontrar objeto algum. Além disso, tal posição é insustentável: a solicitação do real irá continuamente se reapresentar e a abertura que emerge em nós, nossa espera por resposta não pode ser eliminada.

Giussani faz,[13] nesse sentido, uma grande provocação: educação a dispensar as provocações do real, a renunciar ao desejo, tolhe nossas possibilidades de liberdade. A possibilidade está, portanto, em nos educarmos a manter a pergunta aberta, a reconhecer que nossa ligação com o real não é de adequação ou adaptação a ele. Pelo contrário, é uma ligação muito exigente, em função de desejos infinitos que nos constituem, é uma relação provocadora, problematizadora com o real.

A educação para a liberdade se refere justamente a ajudar as pessoas nessa relação: ajudá-las a um compromisso com a própria realidade, ou seja, a responder às provocações. E, para isso, é fundamental partirmos de uma hipótese positiva sobre a possibilidade de encontrar uma correspondência: se duvidamos sistematicamente, se não damos crédito ao ímpeto por realização que continua pulsando em nós, às provocações da realidade que nos

12 Cf. Ibid., p. 193 et seq.
13 Cf. Ibid., p. 193-194.

solicitam continuamente, nunca chegaremos a ter certeza de nada.[14] Iremos sempre colocar dúvidas: "Será?", "pode ser que sim ou que não...", não teremos energia para uma verificação exigente e nunca colheremos as provocações para chegar a um juízo de certeza sobre nada. O questionamento pode ser um fator que traz desafios, requerendo cuidados, ou pode ser um fator que estabelece dúvida, inviabilizando a verificação: "E se não der em nada?". O risco de que "pode não dar em nada", se nos provoca a cuidar dos elementos, ajuda-nos a observar mais, a estarmos atentos, a não perder o passo. Mas se é um processo de dúvida, inviabilizamos nosso próprio processo.

A canção *A natureza das coisas*[15] é um exemplo de consideração da possibilidade de não resposta como provocação a um posicionamento de cuidado: "Amanhã pode acontecer tudo, inclusive nada".

Também, a canção *Anuncia*ção,[16] de Alceu Valença, diz: "Tu vens, eu já escuto os teus sinais" – estão no vento, nos sinos... Eu não sei exatamente o quê, mas já sei que algo está chegando. Essa percepção nos coloca numa atitude de alerta, de curiosidade desejosa, de atenção, de apreensão das coisas, de cuidado com a minha própria experiência. É uma atitude de abertura na qual estou efetivamente vivo, estou cuidando de minha experiência.

Podemos fazer ciência simplesmente descrevendo ou contando os acontecimentos ou, então, permanecendo cuidadosamente maravilhados pelos acontecimentos e, por isso, voltados a entender como aquilo chegou a ser o que é, e qual perspectiva está abrindo.

## 7. Experiência do risco

Apostar num relacionamento é um risco, entrar na faculdade é um risco: diante de algo que nos interessa, buscamos o que não sabemos, mas que intuímos poder chegar a saber. Lançamo-nos

14 Cf. Ibid., p. 193 et seq.

15 JOSÉ, Flávio. A natureza das coisas. *In*: FLÁVIO JOSÉ. *Para amar e ser feliz*. Monteiro-PB: LBC, 2004. Faixa 7. 1 CD.

16 VALENÇA, Alceu. Anunciação. *In*: ALCEU VALENÇA. *Ao vivo em todos os sentidos*. Rio de Janeiro: Indie Records. 2003. Faixa 17. 1 CD.

com uma intensidade de busca e de espera numa aventura humana, lançam-nos com uma abertura que torna o caminho interessante. Giussani[17] se pergunta: por que vivemos esses processos como experiências de risco? Isto é, a um só tempo não sabemos o que iremos encontrar, e afirmamos que podemos chegar a saber. Esses dois elementos compõem o risco: um fator desconhecido e uma hipótese sobre a existência do porquê, a existência de resposta. Não sabemos o que vamos encontrar na faculdade, mas esperamos por algo de grande. A hipótese de uma resposta é fundamental. Mas não se trata de uma hipótese delimitada, mas referente à **existência** da resposta: é essa intuição da existência da resposta que viabiliza o processo de abertura.

Giussani[18] aponta que frequentemente encontramos na nossa experiência um hiato, uma separação entre essa intuição de uma verdade, de uma resposta, e a vontade, a energia afetiva que possibilita o conhecimento. Quantas vezes ouvimos no processo psicoterápico a pessoa falar: "eu sei, mas eu não mudo", "eu sei, mas eu não consigo ir em direção a isso que estou entendendo". Esse saber não nos move por inteiro. Saber dizer o recorte do problema poderia se tornar contra nós ao não mover mais nossa experiência.

Ao Plantão Psicológico[19] muitas pessoas chegam com uma leitura psicologizante da própria experiência. Chegam explicando o próprio processo, com isso inviabilizando o contato com a própria experiência. Por isso é tão radical a importância da educação à atenção e à aceitação, que favorece uma atenção ao meu próprio processo, uma vinculação à minha própria experiência sem me deixar prender pelas explicações.

E Giussani[20] nos dá essa dica preciosa: aquele hiato, a incoerência fundamental que encontramos em nós não se refere a um problema afetivo ou a razões não suficientemente fortes para nos arrastarem. O que falta é o meu eu se posicionando: Não é questão de "deve ser" ou de falta de compreensão da explicação; é questão de juízo.

17 GIUSSANI, 2017, op. cit., p. 195.

18 Cf. Ibid., p. 197.

19 MAHFOUD, Miguel (org.). *Plantão psicológico*: novos horizontes. 2. ed. revista e ampliada. São Paulo: Companhia Ilimitada, 2012. 156 p.

20 Cf. GIUSSANI, 2017, op. cit., p. 197 et seq.

Por isso, educar a pessoa a se posicionar é fundamental. Caso contrário, a pessoa reconhece seu interesse, compreende certos aspectos de sua pessoa, mas permanece onde está. O que falta quando se estabelece o hiato entre a razão e a vontade? Falta adesão à verdade, falta o posicionamento do meu eu em direção àquilo que reconheço como correspondente, e adesão a ele. O que pode reunir o que está separado em hiato? O meu posicionamento diante da minha própria experiência. É este ato do eu que é fator reconstituidor de minha pessoa e da cult ura da qual participamos.

Este é o ponto chave da formação da pessoa, o ponto fundamental sem o qual liberdade não existe. Insistir no "deve ser", no comportamento ético por ele mesmo, acentua o hiato.

Liberdade em relação à própria experiência: esse ponto assegura toda a possibilidade de nosso percurso humano. Aderir ao que nos ajuda a uma posição livre é liberdade em ação.

## 8. Experiência de liberdade e fenômeno comunitário

Nos atendimentos psicológicos, a pessoa chega contando as vivências mais confusas, as dores mais agudas... Sintonizar-se com as exigências constitutivas que naquelas experiências pulsam é afirmar a sua existência, é afirmar a pessoa dela enquanto ser, para além da repercussão de sentimentos. Quando afirmo um desejo de realização que vivo numa experiência associada a sentimentos negativos, favoreço a utilidade do eu.

A unidade é possível, e inclui o valor, o sentimento, o reconhecimento de uma presença... Não chego a ela tentando juntar o que gosto com o que me interessa, com o que aprendi em minha família... Não consigo costurar todos esses elementos: ficariam um tanto desencaixados. Na origem de minha posição no mundo, esses elementos estão todos contemplados, e a unidade pode sempre reemergir porque já está presente na origem da experiência.

Consigo afirmar minha experiência integralmente, neste nível original, afirmando a experiência elementar. Posso, então, começar a olhar o outro de modo tal que a exigência constitutiva dê o tom e a direção para o relacionamento.

A unidade do meu "eu" fica explícita na relação com um amigo e essa experiência me permite manter o desejo de uma relação íntegra também com quem se relaciona comigo de modo pouco sincero ou contra mim.

– É liberdade, porque você não fica ao sabor da situação.

Vivemos a experiência de liberdade com a experiência de afirmação do nosso ser, com a realização pessoal que advém daí. A experiência de liberdade está dentro de algo que encontramos, de relacionamentos que vivemos. É algo que reconhecemos e que permite retomar o desejo, afirmando-o, ainda que numa situação desfavorável. Há uma afirmação do meu eu numa atitude assim. Não autoafirmação, mas afirmação da possibilidade de ser.

Quando me posiciono a partir da afirmação do ser, então faço experiência de liberdade, inclusive com meus sentimentos de tristeza ou raiva devido àquela pessoa me tratar mal. É impossível não ter uma reação negativa diante de uma pessoa que está negando a vida e negando o valor da sua pessoa. É impossível não ter uma ressonância afetiva de valência negativa, mas posso ter uma experiência de liberdade diante disso quando afirmo o ser assim como eu o experimento e experimentei na relação com certas pessoas significativas.

Não se trata de afirmar um valor abstrato, tentando mantê-lo a todo custo, por exemplo, ao se dizer: "Vocês não vão me tirar as ilusões. Eu penso diferente". De uma busca de resistência assim não emerge a unidade da pessoa nem a experiência de liberdade. Mas se algo me aconteceu, se me surpreendi envolvido numa outra dinâmica, há um fator a mais: o chamado "fenômeno comunitário"[21] muito importante para a experiência de liberdade.

Não é questão de estar em grupo; mas com o fator comunitário há a possibilidade de retomar o centro da minha pessoa de um modo que não se dá quando resolvo só por mim mesmo dar uma direção à minha experiência.

Sem sermos acolhidos no mundo humano não podemos nos tornar nós mesmos.[22] Não teríamos força para existir nem biolo-

**21** Ibid., p. 198.

**22** SAFRA, Gilberto. *A face estética do* self: teoria e clínica. 3. ed. São Paulo: Ideias e Letras, 2005. 174 p.

gicamente ou para nos lançarmos no mundo se não tivéssemos sido acolhidos. Quer dizer, sem alguém que tenha olhado para mim de modo que se torne uma experiência realmente significativa, não posso ser livre.

Nossa energia vital é de gente que se relaciona. Para a energia vital se atuar de maneira articulada, ela precisa emergir no relacionamento. Sem relacionamento, a energia vital se dispersa. Imaginem quantas reações nós temos em cada segundo, devido a sons, climas, expectativas, ressonâncias psíquicas... A energia vital toma uma direção num relacionamento; sem um relacionamento a nossa energia vital se fragmentaria, estaria numa dispersão tal que não teríamos condição de permanecer vivos.

## 9. Liberdade, amor a si mesmo com o destino e virtude

Giussani define amor como "juízo [...] que arrasta toda a sensibilidade humana".[23] Arrasta todo o sentimento, arrasta também todo o desejo de realização, toda a sensibilidade que permite chegar a dizer "isso não tem a ver comigo" ou "isto tem a ver comigo", "eu preciso mais, mas não sei bem o quê...". Quando chego a afirmar dentro de um relacionamento que minha experiência é mais do que está acontecendo na relação mesma, esse juízo arrasta consigo toda a sensibilidade humana: fico livre frente àquelas pessoas com quem eu não estaria bem e também livre para afirmar os relacionamentos realizadores.

Mas o que pode fazer com que uma pessoa se posicione com liberdade assim, o que faz com que a pessoa se dê ao trabalho de elaboração da experiência tão cuidadosa sobre si mesma, sem deixar de buscar o que mais anseia, sem se deixar segurar por incompreensões?

Giussani mesmo responde:

> Efetivamente, o homem só é movido por um amor e por uma afeição. O amor que nos pode persuadir a realizar esse trabalho para chegar a uma capacidade habitual de desapego das próprias opiniões e da própria

23 GIUSSANI, Luigi. *O eu, o poder, as obras*. Tradução de Neófita Oliveira e Virgilio Resi. São Paulo: Cidade Nova, 2002. p. 71.

> imaginação (não eliminação, mas desapego!) de modo a pôr toda a nossa energia cognitiva na busca da verdade do objeto, qualquer que seja ele, **é o amor a nós mesmos como destino**, é a afeição pelo nosso destino. É esta comoção última, esta emoção suprema que persuade à virtude verdadeira.[24]

O juízo arrasta a sensibilidade humana no relacionamento concreto. A pessoa que chega a formular esse potente juízo é movida pelo quê? Pelo desejo de criar um clima bonito em volta? Não é tanto por isso. É movida pelo "amor ao destino", que persuade a virtude, e possibilita a liberdade. Quando estou com você e afirmo o seu ser, essa experiência o solicita à virtude.[25]

Para compreender o que é virtude, tomemos primeiramente o seu oposto: o vício. No vício, há dificuldade em tomar uma atitude para dar direção a um processo; algum outro fenômeno a substitui, dando direção ao processo, de modo que se forma um *habitus* de não tomada de posição que, quanto mais se afirma, menos vigor a pessoa tem para direcioná-lo, e nem vigor para alterar o *habitus* estabelecido. Já na virtude, quando a pessoa toma uma atitude, seu vigor pessoal se estabelece, de modo que, quanto mais toma atitudes para dar direção ao processo, mais se encontra em condições de fazê-lo, mais facilitada se encontra para novas tomadas de posição, mais força tem para dar direção aos processos, definindo sua própria formação pelo estabelecimento de *habitus*. Formam-se, assim, os chamados círculo vicioso e círculo virtuoso.

Também, na relação interpessoal, quanto mais afirmo o ser do outro, mais ele tem a possibilidade de se posicionar dando uma direção, e tem a possibilidade de ser livre. Se, ao invés de afirmar o ser, afirmo o sentimento, não brota daí essa capacidade de dar uma direção: hoje ele fica ligado a uma ressonância afetiva, ama-

24 GIUSSANI, 2017, op. cit., p. 58, grifos do autor.

25 Sobre a definição de virtude, descrição de sua formação e dinâmica própria, bem como considerações sobre sua presença na pessoa em comunidade, cf. STEIN, Edith. Estructura de la persona humana. *In*: STEIN, Edith. *Obras completas*: escritos antropológicos y pedagógicos. Tradução de F. J. Sancho. Vitoria (Espanha): El Carmen, 2003, p. 555-749. v. 4.; STEIN, Edith. Acto y potencia: estudos sobre una filosofía del ser. *In*: STEIN, Edith. *Obras completas*. Escritos filosóficos (etapa de pensamiento cristiano). Tradução de A. Pérez, J. Mardomingo & C. R. Garrido. Burgos (Espanha): Monte Carmelo, 2007. p. 241-536. v. 3.

nhã a outra... Enquanto afirmar o ser dá essa possibilidade de mover o motor humano, fortalecendo a dinâmica da virtude.

## 10. Liberdade, companhia e autonomia

Que grande responsabilidade a nossa! Responsabilidade, primeiramente, de ter claro o que é afirmar o ser: entrar na relação com consciência viva disso e, então, poder sofrer com o outro que está envolto em seu próprio sentimento. Sofrer com o outro que está fazendo opções que doem em mim por perceber que não correspondem às suas exigências constitutivas. Permanecer no relacionamento afirmando a pessoa, sem dar direção ao processo, que só pode ser direcionado por ela, continuamente esperando brotar a atitude de alguém que quer ir em frente em função de uma verdade de si, de uma realização de sua pessoa.

– *Ontem, depois de um encontro cultural, meu filho veio conversar comigo sobre os direitos humanos e dizia que frequentemente consideramos como digno o que está descrito na Declaração Universal de Direitos Humanos. Mas ele se perguntava: "Quem resolveu que aquilo é a dignidade da pessoa?". Foi um reconhecimento da dimensão universal da experiência humana. Acham que vale porque está lá escrito, mas não percebem que está escrito porque é a verdade da pessoa. Os valores partem da experiência das pessoas. E muitas vezes percebemos como descoladas da experiência: você tem o seu, eu tenho o meu...*

– *...E eu escolho quais valores usar. Um texto usado em sala de aula dizia que respeitar a autonomia da pessoa é um valor que você escolhe ou não: escolhendo, você pode direcionar o outro. E assim ficamos muito perdidos. O que é da pessoa? A discussão foi muito ruim, ficou tudo muito solto. Então, em que eu me pauto para ser profissional? Na minha própria escolha, só?*

Então, para quê fazer discussão? Se cada um tem a sua posição, é inútil conversar. Escrever um texto para dizer "cada um tem a sua posição" é uma situação contraditória. Por que você quer influenciar os outros com essa sua posição? Na verdade, se eu tenho uma compreensão, tenho necessidade de compartilhá-la. Mas para que você escreve um livro sobre a impossibilidade de se compreender? Seria o caso de calar; mas é impossível, não conseguimos não comunicar, não desistimos de comunicar. Que existam limites é um fato, que devamos ou possamos renunciar a isso é completamente distinto.

Com todo o trabalho aqui realizado, estamos identificando elementos que são motor humano, mesmo daquela pessoa que objetaria afirmando que essa discussão não passaria de valores abstratos, construídos socialmente e, por isso, relativos. Estamos fazendo o trabalho de tomar esses elementos essenciais e entender o motor humano na afirmação de significado, sem o qual o humano nem existe. Dentro de uma relação, o motor humano vem a ser solicitado. Quando dizemos "faça o que quiser", nós deixamos a pessoa só. Sem o fator ou o fenômeno com unitário – que é solicitador do movimento de responder àquilo que cada um reconhece como importante – a pessoa não teria condições de elaborar sua experiência a ponto de tornar-se si mesma.[26]

Não posso simplesmente dizer ao outro "faça o que quiser". Ele não o faria. Se me eximo para que ele faça o próprio caminho, contribuo para inviabilizar que ele o percorra. Mas quando alguém afirma "estou contando com a sua mão aqui; posso ir em frente, por mim mesmo, porque sei que posso contar com ela", vê-se a força do fator comunitário.[27]

A experiência do Plantão Psicológico[28] é essa. Num momento de dor, a pessoa faz uma experiência de ter uma companhia, de tal modo que pode tomar o próprio caminho, sabendo que, no momento em que precisar, pode continuar a contar com aquele fenômeno comunitário. O fato de aquela experiência de companhia humana existir e continuar disponível, possibilita movimento para o outro, possibilita a autonomia que tantos procuram conceder em suas técnicas psicológicas. Quando aceitamos nos envolver – nesse

**26** GUIMARÃES, Ana Cláudia Bernardes; MAHFOUD, Miguel. Tornar-se si mesmo: elaborações a partir de Luigi Giussani e Edith Stein. *In*: MAHFOUD, Miguel; MASSIMI, Marina (org.). *Edith Stein e a Psicologia*: teoria e pesquisa. Belo Horizonte: Artesã, 2013. p. 195-216.

**27** MAHFOUD, Miguel. Autoconsciência no relacionamento com uma presença: teu nome nascia do que fitavas. *In*: MAHFOUD, Mahfoud. (org.). *Quem sou eu?*: Um tema para a Psicologia. Belo Horizonte: Artesã, 2017. p. 69-109.

**28** MAHFOUD, Miguel. A vivência de um desafio: plantão psicológico. *In*: ROSENBERG, Rachel Lea (org.). *Aconselhamento psicológico centrado na pessoa*. São Paulo: EPU, 1987, p. 75-83.; MAHFOUD, Miguel. (org.). *Plantão psicológico...*, op. cit.

sentido essencial – é que o outro pode ser autônomo. E essa autonomia não quer dizer ficar isolado, mas caminhar com as próprias pernas em direção ao que ele reconhece como realizador.

– Às vezes, *ouvimos a objeção de que não há como ajudar o outro a caminhar por suas próprias pernas, porque ele vai necessariamente buscar responder* às *minhas expectativas.*

Essa objeção parte do conceito de **indivíduo**: o outro só pode ser ele mesmo se ninguém o influenciar. Nós estamos falando de **pessoa**: ela só pode ser si mesma se estiver em relação.[29] Sem relação, o motor humano não se move. Pessoa existe, indivíduo não. Pode existir alguém que não foi influenciado? Algum humano existe sem cultura?

Quem insiste naquela posição, inicialmente defende a autonomia como o aspecto mais importante para a liberdade; mas, em seguida, acaba por afirmar que liberdade não existe.

A questão da liberdade de escolha é também muito controversa: se é precisão não influenciar em nada, não existiria a liberdade, nem teria sentido liberdade de escolha.

Certa vez conheci um psicólogo cujo filho estava prestando exame vestibular e perguntei sobre a escolha do curso, e ele me respondeu: "Não sei. Não perguntei para não interferir". E o dizia com orgulho. Pergunto-me sobre a disposição daquele jovem para se lançar no mundo, para assumir seus próprios riscos.

– *Quanto esse psicólogo está negando a si mesmo!*

Crê estar respeitando o outro. Mas Giussani[30] nos convida a atentar para uma relação em que meu ser seja afirmado. Uma pessoa se realiza como pai afirmando o filho num relacionamento vivo. Ainda que dramaticamente. Ninguém nega o risco de impor algo. Mas não se envolver para deixá-lo livre é uma fórmula contra a dinâmica de como a vida se dá.

– *Atendi uma jovem que não conseguia se decidir por profissão alguma na época do vestibular porque não sabia se podia confiar no seu talento artístico. O pai, artista bem sucedido, nunca comentava o talento dela para não a influenciar. Ela ficara sem saber o valor de seu talento, porque lhe faltara o outro significativo.*

**29** STEIN, 2003, op. cit.

**30** Cf. GIUSSANI, 2017, op. cit., p. 198 et seq.

Pensem na experiência do adolescente: “meu braço é fino, meu nariz é grande, meu cabelo não é como o daquele modelo...”. Todo complicado consigo mesmo porque não é o que deveria ser. De repente, surpreende-se olhado por aquela garota e se descobre. Mas se descobre porque ele olha para alguém que olha para ele: desfoca o olhar de um detalhe e outro, e afirma o ser – próprio e do outro contemporaneamente – e brota um desejo de bem para a vida, um ideal, um posicionamento político, um desejo de que a vida seja isso ou aquilo, uma radicalidade crítica. Põe o dedo na ferida apontando incoerências e vai se tornar muito exigente, com seu motor humano muito ativo. Mas toda aquela exigência, enquanto ele não se percebia olhado, eram complicações amontoadas.

Ou seja, se deixo o outro sozinho na sua experiência, ele vive muitas reações, imagens, ideais, que não se coadunam. Quando o outro é afirmado no seu ser, esse mesmo conjunto de exigências começa a tomar forma numa unidade, e começa a ter um movimento com direção própria. Assim, a pessoa emerge como capacidade de construtividade, de risco, de sacrifício, de ideal, de afirmação de bem com clareza e decisão, de crítica para consigo mesma e para com os outros... E a descoberta dessas possibilidades é algo tão importante que o adolescente passará a carregá-la consigo – como uma tensão própria na relação com a realidade – para o resto da vida. E tudo isso emerge do fato de ter sido olhado de modo significativo.

## 11. Liberdade, limite, criatividade

No filme *Náufrago*,[31] o personagem principal estava ilhado, isolado, sem saída. Não conseguia determinar seu percurso em nada, até que conclui que a única forma de afirmação de si como sujeito seria se matar, definindo ele mesmo quando e como morrer; seria a única forma de liberdade frente a um destino inevitável e certo. Então, se era a única coisa que ele podia fazer para afirmar sua pessoa, o faria, devia fazê-lo. É como uma certa leitura

31 NÁUFRAGO. Direção de Robert Zemeckis. São Paulo: Paramount Pictures, 2000. 1 DVD (144 min.), Widescreen, son., color., legendado.

de Sartre[32] leva a concluir: a liberdade última é o suicídio.[33] Mas seus planos se mostram frágeis: ele não conseguia garantir que morreria ao utilizar seu método de suicídio. Nem mesmo a morte estava em suas mãos. Mas, justamente pelo fato de não ser ele quem determina o que lhe acontece, o protagonista percebe que tudo revela limite, mas também possibilidades. Algo o mantinha vivo: era uma evidência; emerge curiosidade e interesse pelo que está por acontecer, interesse pelas possibilidades. A partir dessa percepção e dessa vivência, a exigência de sentido se exalta. Quando a concepção é a de que as coisas e a vida mesma valem a pena por estarem nas próprias mãos, não se encontra sentido propriamente dito: o ponto forte da experiência são as realizações. De fato, o protagonista antes do naufrágio era um executivo exitoso justamente por manter tudo sob controle. Agora, colocada em xeque a capacidade de controle da situação, atento às possibilidades emergentes na realidade mesma, o náufrago apreendeu sentido no fato de um simples pedaço de plástico ter chegado à ilha, pelo mar. Aberto, lê a realidade colhendo sentido com surpresa e se empenha com vigor, esperança e criatividade, baseado no seu profundo desejo de ultrapassar os limites da ilha e seu isolamento, impulsionado por sua profunda exigência de liberdade.

Mesmo depois de voltar ao convívio com os seus, a experiência de liberdade e a vivida ao afirmar, na prática, a intuição de possibilidades reais para sua pessoa, esperando algo de grande que estaria por acontecer. Uma grande oportunidade poderia surgir nas circunstâncias casuais e isoladas da vida, assim como pôde surgir nos limites estreitos da ilha. Poderia chegar algo abrindo possibilidades de vida, realização, liberdade, assim como a placa de plástico que aportou na praia transformou-se em vela impulsionadora para enfrentar as fortes ondas que o mantinham prisioneiro, provocandoo a se lançar em mar aberto, abrindo oportunidades de encontros que o devolvessem ao mundo humano.

Quando a liberdade depende do que eu posso fazer e controlar, o mar ao meu redor é inundação de não-sentido, *non sense*.

32 SARTRE, Jean-Paul. *O ser e o nada*. 13. ed. rev. Tradução de Paulo Perdigão. Petrópolis - RJ: Vozes, 2005. 782 p.

33 BLONDEL, Maurice. A inconsistência da lógica de Sartre. Revista portuguesa de filosofia. Braga, v. 4, n. 1, p. 48-52, jan.-mar. 1948. Não há indicação de tradutor.

A última cena do filme afirma a apreensão de sentido emergindo nos encontros quase casuais, um sentido intuído, ao qual aderir com liberdade.

– *Estou pensando também no filme* A vida é bela[34] *que traz um contraste entre a prisão e a liberdade.*

Trata-se do sentido da poética, no sentido de *poiesis*,[35] que se refere à grande capacidade humana de se colocar dentro do limite recriando a configuração da realidade. E esse filme descreve a *poiesis* em ação devido às exigências de liberdade, realização, beleza, amor, etc., vividas no relacionamento com o filho. Não se trata de pura fantasia, mas recurso para continuar a cuidar e proteger seu filho. Nesse sentido, o protagonista estava apostando no real, criando formas de se manter em relação com o filho, de modo que ele pudesse continuar a esperar algo de grande da vida. Ali, há forte adesão ao bem do filho. Tal adesão ao filho permite ao pai usar, inclusive, recursos da fantasia, para afirmar a realidade.

No filme brasileiro *A máquina*,[36] o personagem principal também está em uma cidade marcada por fortes limites: extremamente pequenina, não havia recursos ali. Em situação limitada, todos os moradores afirmavam que era preciso ir além. São muito bonitas as passagens do filme em que moradores, olhando o horizonte, perguntam-se sobre ele: haveria uma linha no chão lá? E o que haveria para além da linha do horizonte? Há essa urgência de ir além, ainda que seja lançando-se no desconhecido. O filme mostra os moradores enfrentando o drama do risco da perda de identidade numa megalópole, no mundo onde cada um é só mais um. Perdendo, lá, a vinculação com as raízes, voltar passa a não ter mais sentido, ficando em lugar nenhum.

Mas um único rapaz não aceitava ir embora: estava apaixonado por uma garota do lugar. Então, a questão não era ir embora, mas ir além do estabelecido estreitamente se configura com o desejar que o mundo inteiro estivesse ali, de modo tal que sua

34 A VIDA é bela. Direção de Roberto Benigni. Rio de Janeiro: Downtown Filmes, 1997. 1 DVD (116 min.). Widescreen, son., color., legendado.

35 BASTOS, Ana Cecília de Souza; RABINOVICH, Elaine Pedreira (org.). *Living in poverty*: developmental poetics of cultural realities. Introdução de Jaan Valsiner. Charlotte (Estados Unidos da América): Information Age Publishing, 2009. 476 p.

36 A MÁQUINA. Direção de João Falcão. Rio de Janeiro: Diler & Associados; Miravista; Globo Filmes, 2006. 1 DVD (90 min.), Widescreen, son., color.

amada não precisasse ir embora. O filme tematiza, assim, a urgência de totalidade que nos constitui a todos. Ou corremos atrás sabe-se lá de quê, ou nos colocamos a questão da totalidade presente ali, a questão da correspondência da qual necessitamos, vivendo onde vivemos. E, assim, começamos a fazer experiência de liberdade: não definidos pelo modo com que as coisas acontecem, afirmamos algo de grande, ditado pelas exigências fundamentais, dentro da situação limitada.

O filme *A máquina* coloca a tema esse ponto importante: sem um horizonte de totalidade, sem um horizonte aberto, o pequeno passa a ser o lugar do nada; mas por causa da afirmação do amor, o protagonista foi capaz de ser criativo, trazendo a totalidade no fragmento.

E o filme nos leva à interrogação: ele é louco ou é alguém que coloca algo novo na história? Essas são as alternativas. O filme não responde: essa resposta não pode ser dada pelo poder, seja o poder da psiquiatria, da polícia ou da família. Cada um de nós precisa responder por si e para si mesmo. Afirmar as possibilidades numa experiência de totalidade é loucura ou é uma forma de você contribuir para a história? Você faz uma experiência de liberdade quando adere ao juízo do poder que lhe diz "larga de bobagem"? Ou quando você afirma possibilidades reais e horizontes amplos no presente? O que o realiza? Ninguém pode responder por você! E esse é também um aspecto da liberdade.[37]

O medo que acompanha essa experiência sinaliza que tem alguma coisa grande para acontecer. Não aconteceu assim no dia em que você conheceu aquela pessoa muito significativa? Surge o medo porque se abrem horizontes. E abrir horizontes não é justamente o que estamos esperando? E surge medo pela opinião desqualificante de outros. Mas você não tem urgência justamente de não ser definido pelo outro? O medo faz parte da experiência de liberdade e sinaliza justamente os aspectos que – sabemos em nosso coração – não podem ser vividos superficialmente e aos quais precisamos responder pessoalmente.

37 GIUSSANI, 2017, op. cit., p. 184 et seq.

## 12. Liberdade: retomar continuamente

Experiências em que vivemos a realização pessoal por um posicionamento livre deixam marcas em nós, tornam-se referência, podemos voltar a elas. Mesmo experiências de outras pessoas, que nos comovem pela liberdade com que se efetivam, ainda que sejam gestos simples e pequenos, também a elas podemos voltar. Cada um tem pontos, em sua própria experiência, aos quais se referir para se posicionar, para tomar decisões, para construir a partir de suas próprias exigências.

Desde trabalho de acompanhamento individual até o trabalho de intervenção em comunidades, em todo processo humano podemos ajudar as pessoas a identificar o gosto pelas experiências radicalmente importantes para elas, abrindo caminho para a liberdade de voltar a essas experiências como referência em diversas ocasiões. A memória é a guardiã da experiência, nos aponta Giussani.[38]

Mantendo essas referências, não estamos "à deriva". Liberdade se refere a não precisar ficar "à deriva", não ficar ao sabor do vento que leva para cá e para lá; não ficar ao sabor do poder ou das reações e fantasias. Liberdade se refere a experiências de realização às quais podemos voltar, com as quais podemos retomar o vigor pessoal e dar direção à vida segundo nossos anseios inalienáveis. Sabendo que certo caminho é correspondente, é para mim, ainda no vislumbre de que vale a pena, já tenho forças para sustentar a caminhada mesmo diante de dificuldades.

É importante ajudar as pessoas a não se pautarem na busca de liberdade somente como livrar-se de certas situações ou evitar determinações externas, mas reconhecerem a inicial experiência de liberdade já na adesão ao que reconhecem como correspondente, para que ela possa dar os próprios passos em direção a portas que a própria experiência abre.

Nessa retomada das próprias referências experienciais, retoma-se, continuamente, a construção de nossa própria pessoa e, simultaneamente, a nossa contribuição à construção do mundo. E essas são também experiências de realização e liberdade.

38 Cf. Ibid., p. 131.

Trata-se do que a professora Isabel Lima[39] discute a respeito dos operadores do Direito, e que vale para todos nós. Se me abro à provocação que o outro é para mim, tenho como ajudá-lo a enfrentar o drama da vida dele, das contradições radicais e inaceitáveis. Se não temos um ponto com o qual dialogar, sequer suportamos ficar perto daquele drama. Uma relação realmente pessoal possibilita que o cliente possa ter acesso a seus direitos. Não basta afirmar que se tem direitos. É necessário enxergar algo além do limite para ajudar que o limite seja enfrentado, para poder entrar na realidade com tudo o que ela é.

O ponto para o qual voltar é o ponto no qual nos sentimos em casa conosco mesmos. O ponto para o qual voltar é o ponto onde o nosso posicionamento nos realiza. E ele pode se dar diante de uma grande injustiça ou diante de uma grande beleza. Podemos ajudar o mundo a se tornar uma morada humana porque temos a experiência elementar continuamente viva em nós.

A intensidade e a tensão na retomada de si mesmo sempre será possível. Coincide com "abrir as portas, às vezes prematuramente já fechadas, ainda que por razões compreensíveis: a qualquer hora, mesmo à noite, a consistência da realidade pode vir bater à nossa porta".[40]

39 LIMA, Isabel Maria Sampaio Oliveira. The face of law in everyday life: a case study in Novos Alagados, Salvador, Bahia. *In*: BASTOS, Ana Cecília de Souza; RABINOVICH, Elaine Pedreira (org.). *Living in poverty*: developmental poetics of cultural realities. Introdução de Jaan Valsiner. Charlotte (Estados Unidos da América): Information Age Publishing, 2009. p. 213-236.

40 GIUSSANI, 2017, op. cit., p. 192.

## À GUISA DE CONCLUSÃO

# DA ATENÇÃO À EXPERIÊNCIA, TUDO

Todo o trabalho proposto no presente volume tem seu ponto forte na atenção à experiência. Nasceu de encontros simples onde a tônica dada pelo reconhecimento de experiências significativas favoreceu amadurecimento e sistematização, chegando a se configurar como proposta para a Psicologia. O cuidado para com a experiência é fecundo.

Da provocação que nossa humanidade adverte ao entrar em contato com o pensamento de Luigi Giussani colhemos a força crítica e construtiva que a Antropologia giussaniana pode passar a ter para a ciência psicológica. O futuro dessa novidade depende da resposta autêntica que cada leitor dará às provocações advertidas, depende da formulação de juízos quanto à experiência pessoal e profissional vislumbrada.

"Não há outro caminho, no fundo, além dessa curiosidade desejosa despertada pelo pressentimento do verdadeiro",[1] já nos alertara Giussani. Continuará a ser assim. Toda a argumentação desenvolvida no presente livro só tem sentido na medida em que cada um de nós aceitar o desafio de um trabalho intelectual que seja contínua atenção à experiência, identificando nela uma dada dinâmica. Evitemos a fácil tendência de transformar esse conteú-

1 GIUSSANI, Luigi. Decisão para a existência. *In*: GIUSSANI, Luigi. *Em busca do rosto do homem*. Tradução de Neófita Oliveira. Rio de Janeiro: Nova Fronteira, 1996. p. 151.

do em algo formatado que serviria para modular pessoas – a própria e a dos outros.

A proposta de aplicação da experiência elementar à Psicologia não é um recorte teórico a ser colado sobre sua experiência; não quer ser apenas a escolha de um modo de ver. Giussani incita o interesse pelo humano, como vivência, como fato advertido, como o reconhecimento do surgir de uma bela manhã. A dinâmica que reconhecemos em nós resiste a ser transformada em mera teoria aplicativa. Trata-se, antes, do inverso: observando, identificar na nossa experiência as provocações, dar espaço à sua dinâmica própria, com elaboração, tirando consequências para a vida profissional e pessoal, para a maneira com a qual lemos a experiência humana. Assim poderemos contribuir efetivamente no trabalho psicológico: para que o outro – elaborando suas experiências – reconheça os elementos fundamentais de sua vivência, a dinâmica que o caracteriza, seu rosto próprio, sua contribuição única para o mundo; reconheça os elementos do mundo que seriam correspondentes à sua estrutura humana e possa viver da afirmação de correspondências.

O convite que Giussani faz de permanecermos atentos à experiência não resulta em voltarmo-nos para nós mesmos no sentido de um subjetivismo ou individualismo. É provocação como despertar da consciência para alguns elementos fundamentais do humano. Somos provocados, convidados e auxiliados a reconhecer uma dinâmica fundante, que coincide com o atuar de nossa própria pessoa.

Aceitando a provocação e o convite a atentar à experiência, podemos colher em nós o elemento propriamente humano, aquele que permite que sejamos contemporaneamente humanos e nós mesmos em cada gesto; podemos reconhecê-lo também no outro; podemos ser – no âmbito pessoal ou profissional – críticos e propositivos.

Mesmo para nós das ciências humanas, não é fácil responder a esta pergunta: "O que seria o elemento propriamente humano da experiência?". Giussani não pretende colocar apenas mais uma resposta parcial ou abstrata à questão. Como grande educador, quer despertar-nos para que possamos tomá-la – na experiência e na ciência – em toda sua grandeza, em sua complexidade peculiar.

Contribui – ao tirar a questão da obviedade – para que seja descoberta como questão significativa para todo sujeito humano, para que venha a ser examinada apropriadamente, e então cuidada. Contribui desvelando o que está na raiz de nosso interesse pelo humano, abrindo caminho para que realizemos uma Psicologia da pessoa (não apenas de aspectos dela ou de funções psíquicas). Tirando o véu da obviedade, podemos cuidar pessoal e profissionalmente da dinâmica que nos constitui como sujeitos.

O percurso realizado no presente livro examinou o conceito de experiência elementar assumindo o trabalho de sistematizar algumas implicações para a Psicologia, portanto, vimos algumas consequências tanto do ponto de vista cultural como da dinâmica humana; examinamos esvaziamentos e reduções frequentes, bem como suas importantes consequências para a vida pessoal e social; identificamos também a permanência da possibilidade de retornar ao percurso propriamente humano, dentro das limitações em que vivemos – retomada esta que se configura justamente como liberdade (ou seja, tudo o que nos determina não é a última palavra); cabe aos próprios sujeitos a tomada de posição diante de sua história concreta, diante de suas tendências e diante de suas exigências constitutivas.

Giussani nos ajuda a reconhecer – enquanto experiência – que a dinâmica que nos caracteriza não emerge somente em momentos isolados, mas nos é estrutural: a todo momento nossas exigências instauram uma tensão que nos constitui como sujeitos.

Certa vez, observando algumas pessoas numa plataforma de estação ferroviária, Giussani notou que, embora parecessem passivas, estavam esperando. De fato, se retirássemos a dimensão da espera daquela cena, o que sobraria? Se você eliminasse a dimensão de espera deste momento atual, enquanto lê estas linhas, o que sobraria? Desapareceria uma dinâmica que efetivamente permite que este momento se dê e aconteça com sentido.

A mesma dinâmica se dá num relacionamento, diante da presença de alguém. Às vezes acontece de estarmos um diante do outro sem estarmos presentes, sem espera: até o voltar-se para si mesmo se esvai, o "eu" se apresenta evanescente. A espera – com sua tensão própria – é estrutural, constitutiva, fundante de nossa pessoa enquanto sujeitos.

Sendo tal vivência fundamental para a pessoa, para sua posição no mundo, para sua contribuição na construção do mundo, precisamos nos interrogar: Como se dá a formação do sujeito através dessa vivência? Qual é a maneira de se voltar para o real (minha pessoa, o outro, o mundo) que possibilita constituir sentido? Quais as modalidades de voltar-se para si e para o mundo que inviabilizam tal dinâmica? São questões que se identificam com o interesse pelo ser humano e pelo mundo que possa ser caracterizado como humano.

Ainda que não saibamos explicitar com clareza qual seria o objeto de tal espera, temos experiência de que não nos serve qualquer resposta. Você pode ter levantado esta manhã sem saber dizer o que esperar do dia, mas alguns acontecimentos lhe fazem dizer: "Ganhei o meu dia! O dia de hoje valeu a pena!". Como pode chegar a dizê-lo com clareza? Porque você compara aquilo que está acontecendo com uma espera e, por meio, dela você pode chegar a afirmar "isso tem a ver, isso não tem a ver". Não se refere ao planejamento do dia, mas a uma espera que o habita ainda que até então você não tivesse dado atenção a ela; tem a ver com o motivo pelo qual você levantou hoje, mesmo que não tenha refletido sobre ele. Não sabemos com clareza o que esperamos, não sabemos bem que dinâmica é essa; no entanto, aquela espera é um critério muito claro: emerge uma dor quando algo não tem a ver; quando chegamos a afirmar que algo tem a ver conosco emerge o desejo profundo de adentrar mais. Poderíamos até temer, ficar incomodados, deixar para depois... Mas sabemos que algo ali nos corresponde.

Na vivência da espera, o reconhecimento do que corresponde é possível:

> Se estamos à espera de uma determinada pessoa, avistamo-la logo de muito longe, inclusive no meio do bulício da multidão; se estamos à espera de alguém, mesmo no meio da confusão dos rostos conseguimos identificar esse alguém. A mesma coisa se passa no mundo, assim é na vida: se estamos à espera do destino, se estamos à espera daquilo para que estamos feitos, se estamos na expectativa daquilo que o coração espera, então, no meio do torvelinho das coisas, o olhar torna-se cada vez mais agudo. Se não nos deixamos per-

> turbar e distrair pelos detalhes que o tempo converte em cinzas, inclusivamente no meio da confusão geral, identificamos o rosto para o qual foi feita a nossa vida, o rosto para o qual foi feito o nosso coração, o rosto que buscamos, o rosto da beleza, o rosto do Destino, o rosto do Ser.[2]

Trata-se de um critério "levemente delineado, mas nitidamente delineado",[3] usando a belíssima expressão de Giussani.

A experiência elementar – básica, fundante, originária – que nos constitui como sujeitos diante da própria vivência e diante dos desafios de construção do mundo, dá força e tensão para cada momento, palavra e gesto. Desqualificada tal experiência, dá-se alienação, violência para consigo mesmo e para com os outros, dá-se redução do humano.

Giussani indica que a experiência elementar instaura uma dinâmica de abertura de horizontes sempre mais amplos: realidade descortinando-se em sua complexidade à medida que o sujeito busca correspondências às suas exigências constitutivas. Trata-se de um processo infindável: cada exigência vivida tem uma perspectiva de totalidade. De fato, a cada correspondência, busca-se mais; a cada afirmação de limite, buscam-se novas possibilidades... Negar tal abertura para a totalidade coincide com a negação da própria dinâmica pessoal.

Cada vivência contém em seu bojo uma radicalidade que vislumbra totalidade: estudamos, mas temos exigência de verdade; gostamos um do outro, mas não nos bastariam camaradagens ou sensações, temos urgência de amor propriamente dito. E cada experiência de radicalidade se conecta a outras igualmente radicais: de fato, muitas vezes, estudando, colhemos com clareza que verdade e beleza têm profundas conexões. E vivendo uma experiência assim é que se reconstitui uma unidade em nós e entre nós.

As exigências se referem a experiências de correspondências inegociáveis. Podemos optar por continuar a estudar o que não

2 GIUSSANI, Luigi. *Realidade e juventude:* o desafio. Tradução de Maria José Miranda Mendes. Lisboa: Diel, 2003. p. 61.

3 GIUSSANI, Luigi. *É possível viver assim?:* uma abordagem diferente da existência cristã. 2. ed. Tradução de Neófita Oliveira e Francesco Tremolada. Rio de Janeiro: Nova Fronteira, 2008. p. 88.

tem a ver com a experiência da verdade, mas cada um de nós sabe bem que dor e fragmentação nascem dali; podemos afirmar que não nos pautamos pelo olhar de outros, mas não há como arrancar de nós a espera de reconhecimento (Até mesmo o perverso quer afirmar sua condição diante de outro). Cada experiência – de dor ou realização – contém em si uma exigência inegociável: são exigências de verdade, de justiça, de beleza, de amor, de realização.

Limites e correspondências, ambos tendem a afirmar que esperamos algo radical.

Esta obra tem em seu bojo essa espera. Como semente, é viva enquanto espera a vida desabrochar.

# REFERÊNCIAS

A FLAUTA Mágica. Direção de Ingmar Bergman. São Paulo: Versatil Home Vídeo, 2006. 1 DVD (135 min.), Fullscreen, son., color.

A LENDA do santo beberrão. Direção de Ermanno Olmi. São Paulo: Look Video, 1992. 1 fita de vídeo. (127 min.), VHS, son., color., legendado.

A MÁQUINA. Direção de João Falcão. Rio de Janeiro: Diler & Associados; Miravista; Globo Filmes, 2006. 1 DVD (90 min.), Widescreen, son., color.

A VIDA é bela. Direção de Roberto Benigni. Rio de Janeiro: Downtown Filmes, 1997. 1 DVD (116 min.), Widescreen, son., calor., legendado.

ALES BELLO, Angela. *Fenomenologia e ciências humanas*: psicologia, história e religião. Edição e tradução de Miguel Mahfoud e Marina Massimi. Bauru - SP: Edusc, 2004. 330 p.

ANÔNIMO A. B. La via per cambiare. *In*: SAMIZDAT: cronaca di una vita nuova nell' URSS. Milano: Russia Cristiana, 1975, p. 156.

ARENDT, Hannah. *Origens do totalitarismo*. Tradução de Roberto Raposo. São Paulo: Companhia das Letras, 1998. 562 p.

ARENDT, Hannah. *Eichmann em Jerusalém*: um relato sobre a banalidade do mal. Tradução de José Rubens Siqueira. São Paulo: Companhia das Letras, 1999. 338 p.

AURORA. Direção de Friedrich Wilhelm Murnau. São Paulo: Versatil Home Video, 2007. 1 DVD (94 min.), Fullscreen, son., p&b., legendado.

BASTOS, Ana Cecília de Souza; RABINOVICH, Elaine Pedreira (org.). *Living in poverty*: developmental poetics of cultural realities. Introdução de Jaan Valsiner. Charlotte (Estados Unidos da América): Information Age Publishing, 2009. 476 p.

BERGAMINI, Paola; BOSCOLETTO, Nicola, SAVORANA, Alberto; VITTADINI, Giorgio (org.). *Libertà va cercando, ch'è si cara*: vigilando redimere. Castel Bolognese (Itália): Itaca, 2008. 72 p.

BERGER, Peter Ludwig; LUCKMANN, Thomas. *Modernidade, pluralismo e crise de sentido*: a orientação do homem no mundo moderno. 2. ed. Tradução de Edgar Orth. Petrópolis - RJ: Vozes, 2004. 94 p.

BERGER, Peter Ludwig; LUCKMANN, Thomas. *A construção social da realidade*: tratado de sociologia do conhecimento. 32. ed. Tradução de Floriano de Souza Fernandes. Petrópolis - RJ: Vozes, 2010. 239 p.

BERSANELLI, Marco. El valor de la hipótesis positiva en la investigación: Sofia e el descubrimiento de las fresas. *In*: RUIZ, Guiomar (org.). *La aventura del descubrimiento*. Tradução de Guiomar Ruiz. Madrid: Encuentro, 2009. p. 43-50.

BERSANELLI, Marco; GARGANTINI, Mario. *Solo lo stupore conosce*: l'avventura della ricerca scientifica. Milano: Rizzoli, 2003. 389 p.

BERSANELLI, Marco; GARGANTINI, Mario. *Sólo el assombro conoce*: La aventura de la investigación científica. Tradução de Javier Corona. Madrid: Encuentro, 2006. 358 p.

BICCA, Luiz. *Racionalidade moderna e subjetividade*. São Paulo: Loyola, 1997. 334 p.

BLONDEL, Maurice. A inconsistência da lógica de Sartre. *Revista portuguesa de filosofia*, Braga, v. 4, n. 1, p. 48-52, jan.-mar. 1948. Não há indicação de tradutor.

BLONDEL, Maurice. *La acción: ensayo de una crítica de la vida y de una ciencia de la práctica*. Tradução de Juan María Isasi e Cesar Izquierdo. Madrid: BAC, 1996. 554 p.

BONOWITZ, Bernardo. *Conhecimento de si mesmo como condição da fé*: uma reflexão monástica. Belo Horizonte: Universidade Federal de Minas Gerais, 2008. Palestra proferida no Debate Fé e Conhecimento: a perspectiva do cientista, do poeta e do monge.

BUBER, Martin. *Il cammino dell'uomo: secondo l'insegnamento chassidico*. Prefácio de E. Bianchi; tradução de G. Bonola. Magnano (Itália): Qiqajon, 1998. 72 p.

BUBER, Martin. *Eu e Tu*. 49. ed. Tradução, introdução e notas de Newton Aquiles von Zuben. São Paulo: Centauro, 2004. 154 p.

BUZZI, Elisa (org.). *A generative thought: an introduction to the works of Luigi Giussani*. Montreal: McGill-Queen's University Press, 2003. 200 p.

CARTABIA, Marta. Diritti umani e pluralità delle culture: un percorso possibile. *In*: PRADES, Javier (org.). *All'origine della diversità*: le sfide dei muticulturalismo. Prefácio de Angelo Scola. Milano: Guerini, 2008. p. 33-47.

CESANA, Giancarlo. *O sentido promove o homem*. Passos, São Paulo, n. 16, p. 11-13, mar. 2001.

CESANA, Giancarlo. *Il "ministero" della salute*: note introduttive alla medicina. 2. ed. Firenze: Studio Editorial Fiorentino, 2005. 268 p.

CHIOSSO, Giorgio. *Teorie dell'educazione e della formazione*. Milano: Mondadori università, 2004. 192 p. (Coleção Azimut).

CHIOSSO, Giorgio (org.). *Sperare nell'uomo*: Giussani, Morin, MacIntyre e la questione educativa. Torino: SEI, 2009. 275 p.

CLAUDEL, Paul. *A anunciação a Maria*. Tradução de Sophia de Mello Breyner Andresen. Lisboa: Lucerna, 2006. 200 p.

COELHO JR., Achilles Gonçalves; MAHFOUD, Miguel. As dimensões espiritual e religiosa da experiência humana: distinções e inter-relações na obra de Viktor Frankl. *Psicologia USP*, São Paulo, v. 12, n. 2, p. 95-103, 2001.

CRIME E CASTIGO. Direção de Joseph Sargent. São Paulo: Rádio e Televisão Record, 1999. 1 fita de vídeo (120 min.), VHS, son., color., legendado.

DE LA TAILLE, Yves; CORTELLA, Mario Sérgio. *Nos labirintos da moral*. São Paulo: Papirus, 2005. 112 p.

DEBORD, Guy. *A sociedade do espetáculo*. Tradução de Estela dos Santos Abreu. Rio de Janeiro: Contraponto, 1997. 237 p.

DEWEY, John. *The quest for certainty*: a study of the relation of knowledge and action. London: George Allen & Unwin, 1930. 318 p.

DI MARTINO, Carmine. L'incontro e l'emergenza dell'umano. *In*: FRADES, Javier (org.). *All'origine della diversità*: le sfide dei muticulturalismo. Prefácio de Angelo Scola. Milano: Guerini, 2008. p. 85-103.

DI MARTINO, Carmine. *El conocimiento siempre es un acontecimiento*. Tradução de Ignacio de los Reyes Melero. Madrid: Encuentro, 2010. 64 p.

DI NOLA, Alfonso M. *Le livre d'or de la priére*. Verviers (Bélgica): Marabout Université, 1956. 378 p.

DOSTOIEVSKI, Fiódor. *Os irmãos Karamazov*. Tradução de Natália Nunes e Oscar Mendes. Rio de Janeiro: Abril Cultural, 1970. 535 p.

DOSTOIEVSKI, Fiódor. *Crime e castigo*. Tradução de Rosário Fusco. São Paulo: Nova Cultural, 2003. 2 v.

DOSTOIEVSKI, Fiódor. O sonho de um homem ridículo. *In*: DOSTOIEVSKI, Fiódor. *Duas narrativas fantásticas*: A dócil e O sonho de um homem ridículo. Tradução de Vadim Nikitin. São Paulo: Ed. 34, 2003. p. 91-123.

DRUMMOND, Daniel Marinho. *Liberdade e realização da pessoa numa comunidade tradicional*: um estudo fenomenológico. 2002. 225 f. Dissertação (Mestrado em Psicologia) - Faculdade de Filosofia e Ciências Humanas, Universidade Federal de Minas Gerais, Belo Horizonte, 2002.

ESPOSITO, Costantino; MADDALENA, Giovanni; PONZIO, Paolo. *Felicità e desiderio*: letture di filosofia. Bari: Edizione di Pagina, 2004. 120 p.

ESPOSITO, Costantino; MADDALENA, Giovanni; PONZIO, Paolo. *Bellezza e realtà*: letture di filosofia. Bari: Edizione di Pagina, 2007. 136 p.

ESPOSITO, Costantino; MADDALENA, Giovanni; PONZIO, Paolo. *Finito infinito*: letture di filosofia. Bari: Edizione di Pagina, 2007. 128 p.

FERLA, Maria Teresa. *O homem da morte impossível e outras histórias*: psicopatologia fenomenológica. Prefácio de Eugenio Borgna. Tradução de Guilherme Wykrota Tostes. Belo Horizonte: Artesã, 2011. 140 p.

FERRY, Luc. *Famílias, amo vocês*: política e vida privada na era da globalização. Tradução de Jorge Bastos. Rio de Janeiro: Objetiva, 2008. 141 p.

FORNARI, Anibal. *Memória, história e identidade em Paul Ricoeur*. Belo Horizonte: Faculdade de Filosofia e Ciências Humanas da UFMG, 1999. 227 f. Apostila.

FRANKL, Viktor Emil. *Fundamentos antropológicos da psicoterapia*. Tradução de Renato Bittencourt. Rio de Janeiro: Zahar, 1978. 289 p.

FRANKL, Viktor Emil. *Psicoterapia e sentido da vida*: fundamentos da logoterapia e análise existencial. 4. ed. Tradução de Alípio Maia de Castro. São Paulo: Quadrante, 2003. 352 p.

GASPAR, Yuri Elias. *Ser voluntário, ser realizado*: investigação fenomenológica numa instituição espírita. Belo Horizonte. 2010. 186 f. Dissertação (Mestrado em Psicologia) - Universidade Federal de Minas Gerais, Belo Horizonte, 2010.

GASPAR, Yuri Elias Gaspar. *Unidade na diversidade*: investigação fenomenológica de experiências de encontro inter-religioso. 2014. 260 f. Tese (Doutorado em Psicologia) Universidade Federal de Minas Gerais, Belo Horizonte, 2014.

GASPAR, Yuri Elias; MAHFOUD, Miguel. Uma leitura histórica do conceito de experiência e uma proposta de compreensão do ser humano em seu caráter essencial: experiência elementar e suas implicações para a psicologia. *In*: Seminário Internacional de Pesquisa e Estudos Qualitativos, 3, 2006, São Bernardo do Campo. *Anais*... São Paulo: SP&EQ, 2006. 1 CD-RO M. Disponível em: http://www.sepq.org.br/IIIsipeq/anais/pdfs/pchf11.pdf. Acesso em: 19 nov. 2010.

GIRARDI, Enzo Noè. Letteratura e bellezza. *Il Nuovo Areopago*, Forlì, v. 21, n. 2, p. 18-24, apr-giu. 2002.

GIUSSANI, Luigi. Decisão para a existência. *In*: GIUSSANI, Luigi. *Em busca do rosto do homem*. Tradução de Neófita Oliveira. Rio de Janeiro: Nova Fronteira, 1996. p. 111-151.

GIUSSANI, Luigi. A consciência religiosa no homem moderno. *In*: GIUSSANI, Luigi. *O senso de Deus e o homem moderno*. Tradução de Durval Cordas e Paulo Afonso E. Oliveira. Rio de Janeiro: Nova Fronteira, 1997. p. 87-159.

GIUSSANI, Luigi. *L'autocoscienza del cosmo*. Milano: BUR, 2000. 416 p. (Coleção Quasi TISCHREDEN, 4).

GIUSSANI, Luigi. *O eu, o poder, as obras*. Tradução de Neófita Oliveira e Virgilio Resi. São Paulo: Cidade Nova, 2002. 288 p.

GIUSSANI, Luigi. *Realidade e juventude*: o desafio. Tradução de Maria José Miranda Mendes. Lisboa: Diel, 2003. 254 p.

GIUSSANI, Luigi. *Educar é um risco*: como criação de personalidade e de história. Tradução de Neófita Oliveira. Bauru - SP: Edusc, 2004. 220 p.

GIUSSANI, Luigi. *É possível viver assim?*: uma abordagem diferente da existência cristã. 2. ed. Tradução de Neófita Oliveira e Francesco Tremolada. Rio de Janeiro: Nova Fronteira, 2008. 376 p.

GIUSSANI, Luigi. *O senso religioso*. Tradução de Paulo Afonso E. de Oliveira. Judiaí - SP: Paco, 2017. 244 p.

GIUSSANI, Luigi. *L'io rinasce in un incontro*. Milano: Rizzoli, 2010. 480 p.

GONZAGA, Luiz. Boiadeiro. *In*: GONZAGA, Luiz. 50 *anos de chão*. São Paulo: RCA; BMG, 1996. Faixa 10. 3 CDs.

GOULDNER, Alvin. *La crisis de la sociologia occidental*. Tradução de Nestor Miguez. Buenos Aires: Amorrortu, 1973. 467 p.

GRYGIEL, Stanislaw. L'uscita dalla caverna e la salita al Monte Moria: saggio su natura e civiltà. *Il nuovo Areopago*, Forlì, v. 19, n. 2-3, p. 25-61, apr-set. 2000.

GRYGIEL, Stanislaw. Esperienza primordiale. Trabalho apresentado no Seminário Esperienza elementare, rivelazione e dialogo con le culture, 1, 2004, Roma, Itália.

GRYGIEL, Stanislaw. *La persona umana e la sua trascendenza*. Disponível em: https://www.culturacattolica.it/cultura/antropologia/la-persona-umana-e-la-sua-trascendenza-2. Acesso em: 01 jul. 2022.

GUIMARÃES, Ana Cláudia Bernardes. *Realização pessoal na experiência comunitária em Alcoólicos Anônimos*: uma pesquisa fenomenológica. 2014. 265 f. Dissertação (Mestrado em Mestrado em Psicologia) - Universidade Federal de Minas Gerais, Belo Horizonte, 2014.

GUIMARÃES, Ana Cláudia Bernardes; MAHFOUD, Miguel. Tornar-se si mesmo: elaborações a partir de Luigi Giussani e Edith Stein. *In*: MAHFOUD, Miguel; MASSIMI, Marina (org.). *Edith Stein e a psicologia*: teoria e pesquisa. Belo Horizonte: Artesã, 2013. p. 195-216.

HALBWACHS, Maurice. *A memória coletiva*. Tradução de Laís Teles Benoir. São Paulo: Centauro, 2004. 189 p.

HORKHEIMER, Max; ADORNO, Theodor. *Dialettica dell'Illuminismo*. 2. ed. Tradução de Renato Solmi. Torino: Einaudi, 1976. 274 p.

JOSÉ, Flávio. *Para amar e ser feliz*. Monteiro - PB: LBC, 2004. 1 CD.

KANT, Immanuel. *Textos seletos*. Tradução de Raimundo Vier e Floriano de Souza Fernandes. Petrópolis - RJ: Vozes, 1974. 181 p.

LEITE, Roberta Vasconcelos. Viver a tradição e encontrar a alteridade cultural: investigação fenomenológica na comunidade rural de Morro Vermelho. Belo Horizonte. 2011. 140 f. Dissertação (Mestrado em Psicologia) - Universidade Federal de Minas Gerais, Belo Horizonte, 2011.

LEITE, Roberta Vasconcelos. Experiência ontológica e tradição na experiência de guardiões de memórias. Belo Horizonte. 2015. 229 f. Tese (Doutorado em Psicologia) - Universidade Federal de Minas Gerais, Belo Horizonte, 2014.

LEOPARDI, Giacomo. *Cara beltà...*: poesie. 6. ed. Introdução de Luigi Giussani; posfácio de Mario Luzi. Milano: Biblioteca Universale Rizzoli, 2005. 119 p.

LIMA, Isabel Maria Sampaio Oliveira. The face of law in everyday life: a case study in Novos Alagados, Salvador, Bahia. *In*: BASTOS, Ana Cecília de Souza; RABINOVICH, Elaine Pedreira (org.). *Living in poverty*: developmental poetics of cultural realities. Introdução de Jaan Valsiner. Charlotte: Information Age Publishing, 2009, p. 213-236.

LIPOVETSKY, Gilles. *A era do vazio*: ensaio sobre o individualismo contemporâneo. Tradução de Miguel Serras Pereira e Ana Luisa Faria. Lisboa: Relógio d'Água, 1989. 205 p.

LIPOVETSKY, Gilles; CHARLES, Sébastien. *Os tempos hipermodernos*. Tradução de Mário Vilela. São Paulo: Barcarolla, 2004. 129 p.

LIPOVETSKY, Gilles; SERROY, Jean. *Cultura-Mundo*: resposta a uma sociedade desorientada. Tradução de Maria Lucia Machado. São Paulo: Companhia das Letras, 2011. 208 p.

LYOTARD, Jean François. *A condição pós-moderna*. 9. ed. Tradução de Ricardo Corrêa Barbosa. São Paulo: José Olympio, 2006. 131 p.

MACINTYRE, Alasdair. *Animales racionales y dependientes*: por qué los seres humanos necesitamos las virtudes. Tradução de Beatriz Martinez de Murguía. Revisão técnica de Fernando Escalante Gonzalbo. Barcelona: Paidós, 2001. 204 p. (Coleção Paidós Básica, 111).

MAHFOUD, Miguel. A vivência de um desafio: plantão psicológico. *In*: ROSENBERG, Rachel Lea (org.). *Aconselhamento psicológico centrado na pessoa*. São Paulo: EPU, 1987. p. 75-83.

MAHFOUD, Miguel. *Folia de reis: festa raiz*: psicologia e experiência religiosa na Estação ecológica Juréia-Itatins. São Paulo: Companhia Ilimitada; Campinas: Centro de Memória da Unicamp, 2003. 163 p.

MAHFOUD, Miguel. Formação da pessoa e caminho humano: Edith Stein e Martin Buber. *Memorandum*, Belo Horizonte, v. 8, p. 52-61, abr. 2005. Disponível em: https://periodicos.ufmg.br/index.php/memorandum/article/view/6761/4334. Acesso em: 01 jul. 2022.

MAHFOUD, Miguel. Acompanhamento de jovens na verificação pessoal de uma hipótese educativa. *In*: OLIVEIRA, Neófita; CAPITANIO, Giorgio (org.). *Vida e trabalho*: o risco de educar. Belo Horizonte: AVSI, 2008. p. 133-152.

MAHFOUD, Miguel. La dimensione della responsabilità nella motivazione dell'operatore e nella libertà del soggetto. *In*: CERATI, Giorgio; MONZANI, Emiliano; TERRIZZI, Fiorella (org.). *Il fattore umano*: L'incontro tra paziente e operatore, la speranza, i modelli psicosociali di cura. Milano: Medicina & Persona, 2011. p. 73-85.

MAHFOUD, Miguel (org.). *Plantão psicológico*: novos horizontes. 2. ed. revista e ampliada. São Paulo: Companhia Ilimitada, 2012. 156 p.

MAHFOUD, Miguel. O coração como núcleo pessoal: contribuições de Luigi Giussani. *In*: HOFFMANN, Anette; OLIVEIRA, Leda Menescal de; MASSIMI, Marina (org.). *Polifonias do coração*. Ribeirão Preto - SP: FUNPEC, 2014. p. 117-138.

MAHFOUD, Miguel. Autoconsciência no relacionamento com uma

presença: teu nome nascia do que fitavas. *In*: MAHFOUD, Mahfoud (org.). *Quem sou eu?*: Um tema para a Psicologia. Belo Horizonte: Artesã, 2017. p. 69-109.

MAHFOUD, Miguel. Vale a pena viver? A pergunta radical requer resposta pessoal. *In*: ANGERAMI, Valdemar Augusto (org.). *Sobre o suicídio*: a psicoterapia diante da autodestruição. Belo Horizonte: Artesã, 2018. p. 423-433.

MAHFOUD, Miguel. Gesto fenomenológico diante do acontecimento da subjetividade. *In*: FEIJOO, Ana Maria Lopez Calvo de; LESSA, Maria Bernadete Medeiros Fernandes (org.). *O gesto fenomenológico*: corpo, afeto e discurso na clínica. Rio de Janeiro: IFEN, 2019. p. 53-76.

MAHFOUD, Miguel. Reconhecer o movimento do eu: processos psicoterápicos. *In*: ANGERAMI, Valdemar Augusto (org.). *Atualidades em psicoterapia fenomenológico-existencial*. Belo Horizonte: Artesã, 2020. p. 75-83.

MAHFOUD, Miguel. Vida e morte no filme Todas as Manhãs do Mundo: entre sensações, interioridade pessoal e intersubjetividade. *In*: ANGERAMI, Valdemar Augusto (org.). *O suicídio no cinema*. Belo Horizonte: Artesã, 2021. p. 321-349.

MAHFOUD, Miguel; MASSIMI, Marina. A pessoa como sujeito da experiência: contribuições da fenomenologia. *Memorandum*, Belo Horizonte, v. 14, p. 52-61, abr. 2008. Disponível em: https://periodicos.ufmg.br/index.php/memorandum/article/view/6692/4265. Acesso em: 01 jul. 2022.

MAIA, Lícia Caetano; MAHFOUD, Miguel. Experiência elementar em psicologia: da consciência de si à construção do contexto educacional. *In*: SANTIAGO, Ana Lydia; CAMPOS, Regina Helena de Freitas (org.). *Educação de crianças e jovens na contemporaneidade*: pesquisas sobre sintomas na escola e subjetividade. Belo Horizonte: PUC-Minas, 2011. p. 349-361.

MALRAUX, André. *A tentação do Ocidente*. Tradução de António Ramos Rosa. Lisboa: Livros do Brasil, 2005. 84 p.

MANN, Thomas. *José e seus irmãos*. 2. ed. Tradução de Agenor Soares de Moura. Rio de Janeiro: Nova Fronteira, 2000. v. 1. 640 p.

MARSHALL, Berman. *Tudo que é sólido desmancha no ar*: a aventura da modernidade. Tradução de Carlos Felipe Moisés e Ana Maria Ioriatti. São Paulo: Companhia de Bolso, 2007. 465 p.

MASSIMI, Marina; MAHFOUD, Miguel. A pessoa como sujeito da experiência: um percurso na história dos saberes psicológicos. *Memorandum*, Belo Horizonte, v. 13, p. 14-30, out. 2007. Disponível em https://periodicos.ufmg.br/index.php/memorandum/article/view/6701/4274. Acesso em: 01 jul. 2022.

MOZART, Wolfgang Amadeus; SCHIKANEDER, Emanuel. *Die Zauberflote*. Hamburg: Deutsche Grammophon; Polydor (distribuidor), 1980. 4 discos sonoros.

MURARO, Rose Marie. *As mais belas orações de todos os tempos*. São Paulo: Pensamento, 2001. 204 p.

NÁUFRAGO. Direção de Robert Zemeckis. São Paulo: Paramount Pictures, 2000. 1 DVD (144 min.), Widescreen, son., color., legendado.

O MASSACRE de Tiananmen: a memória chinesa proibida. Direção de Nicolas Wiart. Lisboa: RTP2, 2009. 1 DVD (51 min.). Widescreen, son., color., legendado.

PAVESE, Cesare. *O ofício de viver*. Tradução de Homero Freitas de Andrade. Rio de Janeiro: Bertrand Brasil, 1988. 411 p.

PESSOA, Fernando. *Mensagem*: poemas esotéricos. 2. ed. Edição multilíngue coordenada por José Augusto Seabra. São Paulo: Allca XX; Edusp, 1996. 551 p.

PETRINI, João Carlos. Mudanças sociais e mudanças familiares. *In*: PETRINI, João Carlos; CAVALCANTI, Vanessa Ribeiro Simon (org.). *Família, sociedade e subjetividade*. Petrópolis - RJ: Vozes, 2005. p. 29-53.

PETRINI, João Carlos. *Pós-modernidade e família*: um itinerário de compreensão. Bauru - SP: Edusc, 2003. 230 p. (Coleção Ciências da Família)

PRADES, Javier (org.). *All'origine della diversità*: le sfide del muticulturalismo. Prefácio de Angelo Scola. Milano: Guerini, 2008. 240 p.

PRADO, Adélia. Arte como experiência religiosa. *In*: MASSIMI, Marina; MAHFOUD, Miguel (org.). *Diante do Mistério*: Psicologia e senso religioso. São Paulo: Loyola, 1999. p. 15-32.

PROGRAMA Roda Viva: Adélia Prado - 05 de setembro de 1994. Disponível em: https://rodaviva.fapesp.br/materia/716/entrevistados/adelia_prado_1994.htm. Acesso em: 01 jul. 2022.

PROGRAMA Roda Viva: Adélia Prado - 05 de setembro de 1994. São Paulo: TV Cultura - Fundação Padre Anchieta, 1994. 1 fita de vídeo (119 min.), VHS, son., color.

RICOEUR, Paul. *Mal*: um desafio à filosofia e à teologia. Tradução de Maria da Piedade Eça de Almeida; prefácio de Pierre Gisel. CampinasSP: Papirus, 1988. 53 p.

RICOEUR, Paul. *Leituras 2*: a região dos filósofos. Tradução de Marcelo Perine e Nicolas Nyimi Campanario. São Paulo: Loyola, 1996. 343 p.

ROTH, Joseph. *A lenda do santo beberrão*. Tradução de Marcus Tulius Franco Morais. São João Del Rei-MG: Ugrino, 2000. 90 p.

RUAS SOUZA, Bianca Gabrielle. *A arte como expressão do humano*. 2019. Monografia. (Especialização em Curso de Especialização em Psicologia Clínica: Gestalt-terapia e Análise Existencial) – Universidade Federal de Minas Gerais, Belo Horizonte, 2019.

SAFRA, Gilberto. *A face estética do* self. Teoria e clínica. 3. ed. São Paulo: Ideias e Letras, 2005. 174 p.

SARTRE, Jean-Paul. *O ser e o nada*. 13. ed. rev. Tradução de Paulo Perdigão. Petrópolis - RJ: Vozes, 2005. 782 p.

SARTRE, Jean-Paul. *Entre quatro paredes*. 3. ed. Tradução de Alcione Araújo e Pedro Hussak. Rio de Janeiro: Civilização Brasileira, 2007. 130 p.

SCHMIDT, Maria Luísa Sandoval; MAHFOUD, Miguel. Halbwachs: memória coletiva e experiência. *Psicologia USP*, São Paulo, v. 4, n. 1-2, p. 285-298, 1993.

SCOLA, Angelo. *L'esperienza elementare*: la vena profonda dei Magistero di Giovanni Paolo II. Milano: Marietti, 2003. 175 p.

SCOLA, Angelo. *Luigi Giussani*: un pensamiento original. Tradução de Antonio Cuidad. Revisão de José Miguel Oriol. Madrid: Encuentro, 2006. 88 p.

SEMPRINI, Andrea. *Multiculturalismo*. Tradução de Laureano Pelegrin. Bauru - SP: Edusc, 1999. 178 p.

SIMONCINI, Andrea; VIOLINI, Lorenza; CAROZZA, Paolo; CARTABIA, Marta. *Esperienza elementare e diritto naturale*. Milano: Guerini, 2011. 128 p.

STEIN, Edith. Estructura de la persona humana. *In*: STEIN, Edith *Obras completas*: vol. IV: Escritos antropológicos y pedagógicos. Tradução de Francisco Javier Sancho. Vitoria (Espanha): El Carmen, 2003. p. 555-749.

STEIN, Edith. Contribuiciones a la fundamentación filosófica de la psicología y de las ciencias del espíritu. *In*: STEIN, Edith. *Obras completas*: vol. II: Escritos filosóficos (etapa fenomenológica: 1915-1920). Tradução de Francisco Javier Sancho. Burgos (Espanha): Monte Carmelo, 2005. p. 207-520.

STEIN, Edith. Introducción a la filosofía. *In*: STEIN, Edith. *Obras completas*: vol. II: Escritos filosóficos (etapa fenomenológica: 1915-1920). Tradução de Constantino Ruiz Garrido e José Luis Cabalerro Bono. Burgos (Espanha): Monte Carmelo, 2005. p. 657-913.

STEIN, Edith. La filosofía existencial de Martin Heidegger: ser y tiempo. *In*: STEIN, Edith. *Obras completas*: vol. III: Escritos filosóficos (etapa de pensamiento cristiano). Tradução de Alberto Pérez, OCO; José Mardomingo e Constantino Ruiz Garrido. Burgos (Espanha): Monte Carmelo, 2007. p. 1.137-1.200.

TAVARES, Manuel. Fundamentos metodológicos do pensamento antropológico e ético de Paul Ricoeur: o problema do mal. *Memorandum*, Belo Horizonte, v. 10, p. 136-146, abr. 2006. Disponível em: https://periodicos.ufmg.br/index.php/memorandum/article/view/6739/4312 Acesso em 02 jul. 2022.

TEILHARD DE CHARDIN, Pierre. *O fenômeno humano*. 14. ed. Tradução de José Luiz Archanjo. São Paulo: Cultrix, 1995. 386 p.

TEIXEIRA, Renato. Romaria. *In*: TEIXEIRA, Renato. *Romaria*. São Paulo: RCA, 1978. 1 disco de vinil.

TERENZIO. *Comoediae*: le comedie di Terenzio. Edição bilíngüe. Tradução de Giovanni Latanzi. Milano: Garzanti, 1947. 425 p.

VALENÇA, Alceu. *Ao vivo em todos os sentidos*. Rio de Janeiro: Indie

Records, 2003. 1 CD.

VANDENBERGUE, Frédéric. *Teoria social realista*: um diálogo franco-britânico. Belo Horizonte: UFMG; Rio de Janeiro: Iuperj, 2010. 365 p.

VELOSO, Caetano. *Noites do norte ao vivo*. Rio de Janeiro: Universal Music, 2001. 2 CDs.

VENCENDO a desnutrição. Direção de Canevo Cavano Filho. São Paulo: CREN; Unifesp; BNDES, 2002. 1 fita de vídeo (47 min.), VHS, son., colar.

WEBER, Max. *Ensaios de Sociologia*. 3. ed. Tradução de Waltensir Dutra. Rio de Janeiro: Zahar, 1974. 270 p. (Coleção Os Pensadores, 37).

WEIL, Simone. *O enraizamento*. Tradução de Maria Leonor Loureiro. Bauru - SP: Edusc, 2001. 272 p.

WITTGENSTEIN, Ludwig. *Tractatus logico-philosophicus*. Tradução de Luiz Henrique Lopes dos Santos. 3. ed. São Paulo: Edusp, 2001. 299 p.

Construindo ideias
e conectando mentes

Esta obra foi editorada e impressa pela Artesã Editora e impressa no papel Off Set LD 75g, Capa Cartão Supremo LD 250g. no tamanho 140X210mm Na Promove Artes Gráficas em Agosto de 2022